吉林大学哲学社会科学学术文库

经济民主论

Theory and Practice
of Economic Democracy

吴宇晖 ◎ 著

社会科学文献出版社
SOCIAL SCIENCES ACADEMIC PRESS (CHINA)

摘　要

作为一种新型的企业制度，经济民主是针对以资本所有权为权力核心的资本主义企业制度的非正义性和剥削性而设计出来的。经济民主企业通行的原则是劳动雇佣资本，它将对经济组织的控制和管理的权力基础授予具有平等权利和同等重要性的全体劳动者，这种控制和管理将在一人一票制的基础上进行。经济民主企业的经济权力配置结构决定了它的两个最显著特征，即由劳动组织的全体劳动者参与集体决策（参与制经济）和分享集体收入（分享经济）。

经济民主企业是根据"罗尔斯标准"来配置经济权力的，在"原初状态"和"无知之幕"下，它一定是全体劳动者一致同意的选择，因而具有正义性。同时，经济民主是政治民主在经济领域的延伸和发展，两者基于同样的理念、同样的原则、同样的方式来处理社会事务，它们相互补充，共同完善，必将成为获得政治权力和经济权力的唯一合法性基础。

民主制经济在经济绩效方面表现出资本主义经济无可比拟的优越性。在微观层面上，它将提高稀缺资源的配置效率和非配置效率，促使收入分配更加平等；在宏观层面上，如果不是来自供求和政策的外部冲击，它将实现充分就业、价格稳定和经济的长期稳定增长。在经济领域之外，它也将发挥积极、有益的作用。

经济民主也是东、西方国家的劳动阶级为了赢得自身的解放而进行的一场广泛、持久的实践。对经济民主企业运行效率的研究，一直是西方经济学界（许多著名的东方经济学家也参与其中）的一个经久不息的话题，并且吸引了具有不同立场和观点的众多经济学家参与到讨论之中，以至于产生了一门新的经济学分支——劳动者管理型企业的经济学。

如果一个社会的基本经济制度安排既是正义的又是有效率的，它就是一个"好社会"。经济民主并非是不现实和不可行的。在社会正义和政治民主已经被广泛接受、生产力高度发展的当代社会里，只要它成为全体一致同意的选择，它就能实现。

| Abstract |

As a new enterprise institution, economic democracy is aiming at injustice and exploitation of the capitalist enterprise in which capital ownerships the power core. The prevailing principle of economic democratic firm is that labor employs capital. It will grant the power base of the control and management of economic organization to all workers who have equal rights and same importance, which is carried out on the basis of "one person, one vote". This type of economic power allocation structure determines the firm's two most significant features, namely participating in collective decision-making (participatory economy) and sharing the collective income (sharing economy).

The economic democratic firm allocates its economic power according to "Rawls' Standard", which means under the conditions of "original position" and "veil of ignorance", it must be a unanimous choice among the entire labor force. Therefore it is justice. At the same time, economic democracy is the extension and development of political democracy into the economic field. Both are based on the same ideas, the same principles, and the same ways of dealing with social affairs. They complement and supplement each other, and will definitely become the only legitimate foundations for acquiring political power and economic power.

In terms of economic performance, democratic economy exhibits the unparallel superiority of the capitalist economy. At the microlevel, it will improve the allocative efficiency and non-allocative efficiency of scarce resources, and promote a more equal distribution of income. At the macrolevel, if there are no external shocks from supply, demand and policy, it will achieve full employment, price stability and long-term steady growth. Outside the economic sphere, it will also play an active and useful role.

Furthermore, economic democracy is an extensive and enduring practice by working class in the East and West in order to win their liberation. The study on operating efficiency of economic democratic firm has been a prolonged topic in Western economic circles (many famous Oriental economists have also been involved). It has attracted many economists with different stances and views to join the debate. Consequently, a new branch of economics, economics of labors-managed firm, has emerged.

If a society's basic economic institutional arrangements are both just and efficient, it is a good society. Economic democracy is not unrealistic or unfeasible. In modern society, social justice and political democracy are widely accepted, and productivity is highly developed. Economic democracy can be achieved so long as it becomes the choice of unanimous consent.

前言
"好社会"的政治经济学和经济学

> 人类最终的政治问题是如何把经济效率、社会正义和个人自由这三样东西结合起来。
>
> ——约翰·梅纳德·凯恩斯

本书是关于一种企业制度的设计，此种企业制度构成我称为"好社会"的基本经济制度和基本经济结构，我将其称为"经济民主"（Economic Democracy）。当然，"经济民主"并不是我的专利，正如我在正文中将要详尽阐述的那样，它是东西方经济学家致力于经济和社会改革事业的一种主张。同时，经济民主也不是仅仅停留在纸面或脑海里的一种理想主义的设计，它是历史上许许多多知名的和不知名的有识之士为实现更人道、更美好社会而对现存的、不合理的劳动组织和经济制度进行改造的实践。本书的任务是，论证经济民主在道义上和经济效率上更加具有合意性和合理性；换言之，我在本书中将运用规范分析和实证分析方法，调动社会哲学、政治哲学和经济学等方面的知识，论述经济民主作为一种新型企业制度的正义性和效率性，因而证明它比现存的企业制度能更好地解决我们所面临的种种经济问题。本书旨在说服人们接受经济民主的主张，或至少使人们了解它和对它产生兴趣。在前言中，我主要阐述我对"好社会"的政治经济学和经济学的解释。

"好社会"（The Good Society）这个概念不是我的发明。早在1937年，美国著名作家、记者和政治评论家沃尔特·李普曼（Walter Lippmann，1889–1974）——他也是最早发明"冷战"（Cold War）一词的人——就出版了名为《好社会》的书。美国著名经济学家、新制度学派代表人物约翰·肯尼思·加尔布雷斯（John Kenneth Galbraith，1908－2006）在他接近90岁的时候也出版了名为《好社会》的新作[①]。就像弗里德里希·哈耶克（Friedrich Hayek，1899－1992）生前最后一部著作《致命的自负：社会主义的谬误》是对自己毕生反对"极权社会主义"思想的总结一样，美国著名的比较经济体制学家约瑟夫·伯林纳（Joseph Berliner，1921－2001）也将他毕生所从事的苏联经济制度与资本主义经济制度比较的研究成果浓缩为生前最后一部著作——《好社会的经济学：各种经济体制安排》（*The Economics of the Good Society：The Variety of Economic Arrangements*，1999）。

"好社会"不是指现存的或现实的社会，而是指一个与之相比更好的社会。"好社会"这一术语的提出，本身就意味着现实社会并不那么好，即使它并不那么坏；换言之，现实社会是有缺陷的，需要和必须做出某种改善或改变。"好社会"并不是一个理想主义的社会，就是说，它不是一个完美无缺的社会。"好社会"仍然是有缺陷的，仍然存在着需要解决的各种问题，只是与现存社会相比，它是较好的或是更好的，它是对现实社会种种不尽如人意之处的某种改革和改进。

"好社会"这一术语在我的用法中还包含着一些特殊含义：首先，它不是指现存的或现实的社会主义社会。经济民主应该是社会主义题中的应有之义，因此，主张经济民主的政治经济学家都具有一种明显的社会主义意识形态倾向。但考虑到现实的社会主义国家并没有接受经济民主的主张，所以我宁可用"好社会"这个词来代替"社会主义"这个术语。对于那些生活在西方国家、对社会主义怀有误解和恐惧、但又对资本主义不满的人们而言，"好社会"是可以接受的概念。顺便指出，经济民主的主张，主要不是针对社会主义国家的经济情况，而是针对资本主义国家的经济实际而提出来的。

其次，我试图模糊历史必然性与乌托邦之间被人为划分出来的明显的界限。在我看来，一方面，"好社会"是可以实现的乌托邦。如果把一个

[①] Galbraith, John Kenneth, *The Good Society：the Human Agenda*, Houghton Mifflin Company, 1996。中译本把该书译成《好社会：人道的记事本》，我认为应该译成《好社会：人类的日程》为好。

人为设计出来的、未曾实现的或者许多人为实现它而进行的社会活动被证明是失败了的社会叫作乌托邦，那它就是乌托邦。然而，如果"好社会"不仅是理论设计的蓝图，它本身也是现实的一部分，并且有许多社会力量推动着向其靠近，那么，这样的社会就不是乌托邦，或者更准确地说，它是可以实现的乌托邦。"好社会"是看得见，摸得着的，它就在那里，只要克服惰性和阻力，我们就能够到达那里。在本书的结束语部分，我要为乌托邦正名。另一方面，"好社会"并不一定必然是历史的下一步，就是说，存在着巨大的阻力，会使"好社会"无法实现。正如加尔布雷斯在上述著作中所言："本书描绘的是一个可以实现的好社会。它承认有些重大阻力无法克服，只有与之共存。但有些目标是断然不能牺牲的。"[①] "好社会"只是提供了一种选择，如果社会选择了它，它就能实现；如果社会没有选择它，它就是乌托邦。即使未能实现，"好社会"的存在也是有意义的，因为它鼓舞对现存社会的批判和推动社会进步。在现今的条件下，如果"好社会"得以实现，那一定是全体或大多数人一致同意的选择。

何者为"好"，何者为"不好"，涉及价值判断，仁者见仁，智者见智。据说价值判断涉及意识形态，因而不存在统一的价值标准。这种观点是错误的。实际上，现代社会已经建立起这样一个价值标准，这一标准由于无可争辩的优越性而为大多数社会科学家所接受，并且成为判定制度、法律、政治、政策取舍的唯一标准。这一价值标准就是正义。尽管政治哲学家们对什么是正义存在着较大的分歧，但普遍认同正义应该包括自由、平等和博爱这些值得珍重的基本价值观。现代的社会哲学、政治哲学、道德哲学都证明了这样一个价值判断的标准体系是唯一可以接受的，以至于还没有哪一个社会哲学家能够或敢于建立另外的价值判断标准体系并证明其优越性。正义的价值判断标准体系并不能解决意识形态方面的分歧，但它提供了价值判断的统一标准，这个标准具有如此之大的震撼力，以至于多少进步因你而生，多少罪恶假汝之名以行。

一个好的社会一定是一个正义的社会，这意味着"好社会"的基本社

[①] 〔美〕约翰·肯尼思·加尔布雷斯：《好社会：人道的记事本》，胡利平译，译林出版社，1999，第3页。

结构和社会主要政治经济制度的安排必须符合"罗尔斯标准"（详见本书第二章）。然而，我认为"罗尔斯标准"并不是衡量"好社会"的唯一标准，因为正义并不能代替面包，我更愿意接受"凯恩斯标准"。约翰·梅纳德·凯恩斯（John Maynard Keynes, 1883 – 1946）曾深刻地指出："人类的政治问题是要把三样东西结合起来：经济效益、社会公平和个人自由。"[①] 因为罗尔斯的正义概念已经涵盖凯恩斯所说的社会公正和个人自由，所以，这三样东西实际上可以归结为两种东西或价值：正义和经济效率。美国著名政治哲学家约翰·罗尔斯（John Rawls, 1921 – 2002）也表达了同样的意思，他这样写道："一个社会，当它不仅被设计得旨在推进它的成员的利益，而且也有效地受着一种公开的正义观管理时，它就是组织良好的社会。"[②]

为什么把经济效率作为衡量好社会的标准之一？因为我们生活在一个资源稀缺的世界里，经济效率是决定我们物质福利或经济福利的关键。正如加尔布雷斯所言，"在'好社会'里，所有的公民必须享有个人自由、基本的生活水准、种族和民族平等以及过有价值生活的机会"[③]。必须看到，对个人自由最彻底的剥夺莫过于一贫如洗，对个人自由最大的损害莫过于囊中羞涩。我国古代著名政治家管仲有言："仓廪实而知礼节，衣食足而知荣辱"。显然，只有当温饱问题解决之后，人们才能提出对正义的需要。然而，正义和效率是两种不同性质的问题，它们之间存在着孰先孰后的关系，但不存在替代关系。如果将这两个衡量"好社会"的标准按"词典式序列"[④] 排序，则正义标准优先于效率标准。这是罗尔斯"作为公平的正义"的最基本的原则。一个正义的社会必定是有效率的社会，但不能反过来说，一个有效率的社会必定是正义的社会。当正义与效率存在着紧张关系时，以牺牲效率为代价换取正义是值得的；但也不能反过来说，

---

① 〔英〕约翰·梅纳德·凯恩斯：《劝说集》，《凯恩斯文集》下卷，管化译，改革出版社，2000，第343页。
② 〔美〕约翰·罗尔斯：《正义论》，何怀宏等译，中国社会科学出版社，1988，第3页。
③ 〔美〕约翰·肯尼思·加尔布雷斯：《好社会：人道的记事本》，胡利平译，译林出版社，1999，第3页。
④ "词典式序列"（lexical order）是指一种编辑词典时的次序安排，例如，只有列举完所有以 A 为首字母的单词或概念后，才能考虑以 B 为首字母的单词或概念。美国政治哲学家罗尔斯提出了两个正义原则，他认为这两个正义原则之间的关系是"词典式序列"，即只有满足第一个原则之后，才能考虑第二个原则。详见本书第二章。

以牺牲正义来换取效率，因为在没有正义的地方，也没有效率。对笔者而言，如果一个社会既是正义的又是有效率的，它就是"好社会"。

本书主要分析的是"好社会"的政治经济学和经济学。对于政治经济学和经济学之间的关系有必要进一步说明。"政治经济学"（Political Economy）这一著名的术语是在民族国家形成之后才出现的，它的出现表明现在的经济问题已经与家庭的财富管理无关了，因为要讨论的是与整个国家有关的富裕问题。可见，从一开始政治和经济就紧密地联系在一起，"政治经济学"这个概念清楚地表达了这一点。在重商主义和重农主义那里，政治经济学更像是一门教导国家如何迅速致富的经济政策学，而在亚当·斯密（Adam Smith, 1723－1790）那里，政治经济学只是道德哲学的一部分，这意味着政治经济学从属于社会哲学。斯密为自己规定的政治经济学的研究任务是：在什么样的经济制度、法律制度和产权结构下，分散的、自利的、独立的和无意识的个人行动之间的相互作用会导致社会所希求的自由、繁荣和秩序。在这里，规范分析与实证分析是紧密结合在一起的，而社会的、政治的、法律的和道德的诸种因素与经济力量一起决定着社会调节过程。虽然古典政治经济学极力撇清它与政治学之间的关系，但它并没有将政治经济学与政治学完全隔离开来。作为研究国民财富的生产、分配、交换和消费的政治经济学在以下两个方面与政治学和其他社会学科有着千丝万缕的联系：第一，决定人们经济行为和经济绩效的经济制度和财产制度必须并且主要由经济以外的力量（历史、文化、社会、政治、法律和道德的诸种力量）来说明。古典政治经济学的研究重点是，对财富的生产而言，什么样的制度是合理的，什么样的制度是不合理的，尽管制度的演进研究到了资本主义就戛然而止了，但是制度不是亘古不变的。第二，左右政治经济学研究并决定其研究目标和存在价值的是政治哲学观点，即斯密所说的"富国裕民"和杰里米·边沁（Jeremy Bentham, 1748－1832）所说的"最大多数人的最大幸福"。

卡尔·马克思（Karl Marx, 1818－1883）可以说是最后一位古典政治经济学家，他虽然不同意古典政治经济学家的结论，但使用同样的方法研究同样的问题。《资本论》的中心任务是证明资本主义经济制度是不合理的和必然要灭亡的，而资本主义的这种命运不仅仅是由其内在的经济逻辑所决定的,而且是由社会力量和政治力量所决定的。

然而,当政治变成了阶级厮杀的战场和沦为党派之争的战利品后,"政治经济学"这个古老的术语便不再受欢迎了,特别是修饰语"政治的"(political)容易引起歧义,它可能误导人们将像物理学一样纯正的经济学科贬低为一种关于利益集团的理论。所以,形容词"政治的"必须去掉,还要在"经济"一词上加上后词缀 ics,使之看上去更靠近自然科学。于是,到了新古典经济学那里,经济科学获得了新的名称——经济学(economics)。具有讽刺意义的是,"政治的"这一形容词之所以被采用是因为它是指整个国家或社会,而它之所以被放弃则是因为它成了党派斗争的代名词,不仅名字变了,内容也变了。决定经济制度的历史、文化、社会、政治、法律和道德的诸种力量和因素不见了。既然假定制度不变,那就意味着现存的制度是最好的制度,因而根本用不着为其正名。在"价值中立"的原则下,规范分析没有了,经济学变成了关于个人选择和社会配置稀缺资源的学问,变成了研究在既定制度约束下的最大化和最小化问题。这样一来,正如美国著名经济学家詹姆斯·布坎南(James Buchanan, 1919 -)在批评英国经济学家莱昂内尔·罗宾斯(Lionel Robbins, 1898 - 1984)的观点时所指出的那样,经济学研究就"变成一种比较简单的求最大值的应用计算技术……如果经济学没有比这更多的事情可做,我们最好就把经济学研究完全交给应用数学家"[1]。

直到20世纪的下半叶,"政治经济学"这个古老的术语才在公共选择理论家的著作中得以恢复。为了理清经济学研究方法、研究内容乃至名称上的混乱,布坎南区分了作为预测科学的"经济科学"和"作为科学的政治经济学"。前者是"作出和验证关于在现存一套约束和某种既定法律下的行为的预测";而后者的目的是为设计合适的法律和立宪约束而构建相互作用模式,即"用某种最终目标来评价约束结构或'法律结构',这种最终目标是为了提高潜在共同利益的开发效率而进行的重组或改革……这第二种'科学'还要求对现存约束制度下的那些被观察的结构,与对预测

---

[1] 〔美〕詹姆斯·布坎南:《经济学家应该做什么》,罗根基等译,西南财经大学出版社,1988,第8页。

会在各种可供选择的制度下出现的那些结果,进行某种比较"。他还指出,尽管作为预测的经济科学非常重要,"可是经济学家们必须理解,这全部运用的基本规范目的,是推进各种可选择的制度的比较"①。

我完全赞同布坎南阐述的把政治经济学与经济学作为关于人类经济福利的两门不同的科学加以区别的观点,尽管我对政治经济学的研究内容有不同的理解。在布坎南那里,所谓政治经济学是"政治的经济学"(economics of politics),即把经济学的分析方法运用于非市场或集体选择的政治过程。在我看来,则恰恰相反。所谓政治经济学是"经济的政治学"(politics of economics),即运用社会哲学、政治哲学和道德哲学的观点和方法分析社会经济问题。"政治经济学意味着一种跨学科的视角,政治经济学=经济学+政治。这种用法强调非经济因素,特别是政治因素对经济的影响,或经济与政治的相互作用。"② 在我看来,政治经济学研究的核心问题是经济权力的配置,这就像政治学研究的核心问题是政治权力的配置一样。政治经济学不仅研究经济权力是如何在现实社会中配置的,而且研究经济权力应当如何配置。在后一个问题上,政治经济学和政治哲学是一回事,即研究的主题都是有关社会基本制度的正义性问题。因此,我为政治经济学规定的研究任务是:第一,运用实证分析研究现实社会中的经济权力如何配置以及由此而产生的各种可观察的经济结果;第二,对现存的和可供选择的各种社会基本经济制度——它们决定了社会经济权力的配置——进行规范分析,以证明其正义性或非正义性。

经济科学发展到了今天,传统的体系框架肯定容纳不下如此丰富的思想、观点和方法,重新分类势在必行。把政治经济学和经济学作为两种具有不同研究对象和方法的经济学科分支明确加以区分,可能具有以下几个方面的意义:

第一,把古典政治经济学对制度和制度选择的分析传统重新引进经济学分析之中。政治经济学把经济制度作为内生变量,它研究社会如何通过

---

① 〔美〕詹姆斯·布坎南:《自由、市场与国家:80年代的政治经济学》,平新乔等译,上海三联书店,1991,第50、57页。
② 马春文:《什么是政治经济学?》,《社会科学战线》2005年第3期。关于新政治经济学的几种含义可参阅此文。

经济制度的变迁和重新选择改善和增进人民的经济福利问题，而经济学是在现存的经济制度既定或不变的前提下研究人们的经济行为及各种可能的结果，以便为经济决策、经济预测和经济政策提供有益的指导。很显然，这两种经济学都与改善和增进社会经济福利有关，因而都是我们所需要的。经济学上的"短期"和"长期"之分可能并不能十分恰当地描述这两种经济学之间的孰先孰后或孰轻孰重：在短期内，经济制度可以被视为固定不变，所以经济学可能是更重要的；而从长期来看，政治经济学是更重要的，因为它会提供给我们更多的制度选择，使我们通过制度的改革和改进获得更大的潜在利益。中国的经济体制改革就是这方面最好的证明。无论如何，政治经济学都具有优先性，这不仅是因为经济制度的改变将决定经济行为和经济绩效，还因为在主流的正统经济学那里，经济制度及其变迁的作用和影响被完全忽略了。我们可以有把握地说，没有哪一种经济制度会永远停留在我们所熟悉的状态上。在现代条件下，差不多每隔20年左右，经济体制就会有较大的改变。

第二，把古典政治经济学对制度的规范性分析重新引进经济学分析之中。政治经济学的一个重要任务是要解决经济制度的正义性问题，它必然要涉及社会哲学、政治哲学、道德哲学和法哲学的基本问题，而且需要更多的规范性分析。而我们在通常意义上所理解的经济学则是说明经济制度的效率问题，它在既定经济制度不变这一前提条件下，通过分析人们的经济行为及由他们之间相互作用而产生的某种复杂的、特定的总体结果来研究稀缺资源的有效配置和充分利用问题，它是一种技术性质的经济学，更多地涉及实证性分析。这两种经济学都是我们所需要的。不解决经济制度的正义性问题，它就没有存在的价值；而不解决经济制度的效率性问题，它就没有存在的理由。

第三，把古典政治经济学的社会—经济分析方法重新引进经济学分析之中。政治经济学把对人们的经济关系和经济行为的分析放到更为广阔的社会背景下进行，从哲学、社会学、政治学和伦理学等更为广阔的角度和视野来分析社会经济问题。所有的社会经济制度都必须在社会哲学、政治哲学和道德哲学面前证明其正义性和正当性，否则"就必须加以改造或废除"。而作为技术性质的经济学的研究方法则包括实证主义或证伪主义、个人最大化选择和最优行为以及数理分析和统计分析等。

总之，把政治经济学和经济学区分开来，可以将300多年来经济学家们有关经济学的研究对象、研究方法、研究任务、研究内容以及经济学与其他学科方面的关系等方面的争论包容在两个各自平行的体系之中，这有助于争端的解决，并且避免了经济学家们在建立理论模型时做过多的、不必要的解释。在我看来，一个经济学家指责另一个经济学家的经济计量模型的主要缺陷是假定制度不变，或者指责其经济理论没有数学模型，或者指责其基本假设、定义都是不真实因而是错误的，等等，都有一种堂吉诃德大战风车的味道。不同的研究任务决定了研究方法和研究内容的不同，而研究任务的选择则取决于研究者的偏好。如果你具有很好的数理经济学和计量经济学的功底，你可能选择技术经济学方面的研究，如果你没有，也可以做政治经济学方面的研究。只有为数不多的几个经济学大师才能将这两方面的研究很好地结合起来。

把政治经济学和经济学区分开来，也是服从于笔者为自己规定的写作任务。本书的宗旨是证明经济民主是正义的和有效率的，因而它是一种更好的选择。对经济民主这一概念的诠释是第一章的主要内容。第二章是关于经济民主的政治经济学，即运用政治哲学和政治学的正义理论、权利理论、权力理论和民主理论证明经济民主的正义性和正当性。第三章是关于民主制经济的微观经济学和宏观经济学，即从经济效率的标准证明经济民主的优越性。第一、第二、第三章是本书的重点。第四章是关于经济民主的经济史，研究经济民主在东、西方国家中的实践情况。第五章是关于经济民主的思想史，介绍历史上的经济学家们对经济民主的赞成和反对的意见。

要完成笔者为本书规定的任务，需要调动方方面面的知识——社会哲学、政治哲学、政治学、社会学、伦理学、法学和经济学等。笔者显然不具备如此全面的知识，这意味着笔者为自己规定了虽竭尽全力仍无法企及的任务。我的专业是经济学，对其他社会科学知识一知半解，一个门外汉对自己并不熟悉的领域发表意见，不仅自不量力，而且难免产生一些幼稚甚至错误的观点。好在这方面有许多著作可供参考，我是站在巨人们的肩膀上的。本书的主要观点没有任何独创之处，许多著名的社会学家和经济学家都对经济民主作了极为深刻的阐释，我只不过是信奉他们的主张，并且把他们的观点表述在我所安排的逻辑体系之内。即便是如此，也是挂一漏万，更可能是丢了西瓜捡芝麻。一种学者的责任感促使我要把我这20多年来的研究成果作一总结，更何况为了完成义务我也要硬着头皮做下去。

　　本书的完成和出版首先要感谢吉林大学和吉林大学社会科学处。本书是我完成吉林大学精品项目"经济民主——社会主义和谐社会的政治经济学"的研究成果，书稿后又入选《吉林大学哲学社会科学学术文库》，获得了出版资助。如前文所述，中国人民大学的张宇教授、山东大学的于良春教授和吉林大学的谢地教授，他们对书稿提出了许多宝贵的意见。在写第二章时，我参考了姚大志所著的《何谓正义：当代西方政治哲学研究》（人民出版社2007年版）和《当代西方政治哲学》（北京大学出版社2011年版），他审阅了本书的第二章，指出了我的许多错误并提出了中肯的修改意见。在写作过程中产生问题时，我总是去烦扰吉林大学经济学院马春文教授，他虽然不同意我的观点，但总能给我以启迪。在写第五章时，我参考了张嘉昕的博士论文《劳动者管理型企业的经济学说述评》。对他们，我表示诚挚的感谢。在写作过程中，我还参考了网上大量的相关知识，恕我不能在书中一一列举。由于能力和知识所限，本书问题肯定不少，错误在所难免，欢迎批评指正。本书的主要缺陷是：第一，由于掌握的英文文献有限，对国内外有关经济民主的重要理论观点的表述有所遗漏；第二，由于本人的理论偏好，对经济民主企业制度可能产生的问题论述不够；第三，对现行企业制度向经济民主企业制度的过渡论述不够。对于我所认识到的这些缺陷，我是无力也不想再做修补，因为我已经写完了我要说的话，不会再回到这一题目上。

吴宇晖
2012年6月于长春·吉林大学

目 录
CONTENTS

第一章 何谓经济民主 1
　　第一节　企业制度 2
　　第二节　劳动雇佣资本 5
　　第三节　参与集体决策 13
　　第四节　分享集体收入 19

第二章 经济民主的政治经济学 25
　　第一节　方法论与政治哲学 25
　　第二节　选择正义 30
　　第三节　正义的选择 38
　　第四节　权利与权力 41
　　第五节　政治民主与经济民主 56
　　第六节　经济民主与民主的悖论 69
　　第七节　以民主原则配置经济权力 81

第三章 经济民主的经济学 89
　　第一节　经济绩效的衡量标准体系 90
　　第二节　X效率 96

第三节　监督成本和代理成本 …………………………… 106
  第四节　资源配置效率 …………………………………… 115
  第五节　收入分配 ………………………………………… 118
  第六节　民主制经济的宏观经济学 ……………………… 126
  第七节　经济民主的非经济福利效果 …………………… 141

第四章　经济民主的经济史 ………………………………… 149
  第一节　西方国家的工人合作运动 ……………………… 150
  第二节　罗奇代尔公平先锋社和罗奇代尔原则 ………… 155
  第三节　工人合作制企业的市场运行效率问题 ………… 161
  第四节　基布兹 …………………………………………… 166
  第五节　蒙德拉贡 ………………………………………… 170
  第六节　南斯拉夫 ………………………………………… 178
  第七节　劳资合伙制企业与利润分成 …………………… 183
  第八节　美国的劳资合伙制经济：ESOPs ……………… 189
  第九节　续前：美联航与 NUMMI ……………………… 195
  第十节　德国的共同决定制 ……………………………… 199
  第十一节　日本的"从业员主权" ………………………… 205

第五章　经济民主的思想史 ………………………………… 211
  第一节　分权的社会主义者 ……………………………… 212
  第二节　马克思和恩格斯 ………………………………… 240
  第三节　支持和反对的观点：西方经济学家们 ………… 250
  第四节　续前：劳动者管理型企业的经济学 …………… 256

跋 …………………………………………………………………… 265

参考文献 ………………………………………………………… 271

CONTENTS

Chapter 1   What is the Economic Democracy   / 1

Section 1   Enterprise Institution   / 2
Section 2   Labor Employs Capital   / 5
Section 3   Participating in Collective Decision   / 13
Section 4   Sharing Collective Income   / 19

Chapter 2   Political Economy of Economic Democracy   / 25

Section 1   Methodology and Political Philosophy   / 25
Section 2   Choosing Justice   / 30
Section 3   Choice of Justice   / 38
Section 4   Rights and Powers   / 41
Section 5   Political Democracy and Economic Democracy   / 56
Section 6   Economic Democracy and the Paradox of Democracy   / 69
Section 7   Allocating Economic Power by Democratic Principle   / 81

Chapter 3   Economics of Economic Democracy   / 89

Section 1   The Measuring Systems of Economic Performance   / 90
Section 2   X-efficiency   / 96
Section 3   Monitoring Costs and Agent Costs   / 106

Section 4	The efficiency of Resource Allocation	/ 115
Section 5	Income Distribution	/ 118
Section 6	Macroeconomics of Democratic Economy	/ 126
Section 7	The Non-economic Welfares of Economic Democracy	/ 141

Chapter 4 Economic History of Economic Democracy / 149

Section 1	The Cooperative Movements of Workers in Western Countries	/ 150
Section 2	The Rochdale Society of Equitable Pioneers and the Rochdale Principles	/ 155
Section 3	The Market Efficiency Problems of Workers Cooperation Enterprise	/ 161
Section 4	Kibbutz	/ 166
Section 5	Mondragon	/ 170
Section 6	Yugoslavia	/ 178
Section 7	Labor-capital Partnership and Profit Sharing	/ 183
Section 8	The United States: ESOPs	/ 189
Section 9	Continued: The United Airlines Inc. and NUMMI	/ 195
Section 10	Germany: Co-determination	/ 199
Section 11	Japan: Practitioners' Sovereignty	/ 205

Chapter 5 The History of Economic Democratic Thoughts / 211

Section 1	Decentralized Socialists	/ 212
Section 2	Marx and Engels	/ 240
Section 3	Supporting and Opposing Viewpoints: Western Economists	/ 250
Section 4	Continued: The Economics of Labor-managed Firm	/ 256

Postscript / 265

References / 271

第一章
何谓经济民主

> 一些人认为,人类生活的正常状态就是生存竞争;认为相互倾轧和相互斗争,是激动人心的社会生活,是人类的最佳命运,而绝不是产业进步诸阶段的可恶象征。坦白地说,我并不欣赏这种生活理想。
>
> ——约翰·穆勒

从广义上讲,经济民主是关于经济权力配置的一种主张,这种主张是针对资本主义政治民主的不完全性和片面性而提出来的,它要求将政治事务中的民主原则推广或延伸到经济事务之中;从狭义上讲,经济民主是一种企业制度,这种企业制度是针对以资本所有权为权力核心的资本主义企业制度的非正义性和剥削性而设计出来的。经济民主将对经济组织的控制和管理的权力基础授予具有平等权利和同等重要性的全体劳动者,这种控制和管理将在一人一票制的基础上进行。本书所使用的经济民主这个概念,更多的是从狭义即作为一种企业制度来理解。

作为一种企业制度,经济民主也有许多其他的称呼,如侧重于其决策结构的特点时,它被称为"参与制经济"(The Participatory Economy)或"劳动者管理的市场经济"(Labor-managed Market Economy),"劳动者自治经济"(Labor-governed Economy)或"自我管理的经济"(Self-managed Economy),劳动者管理型企业(Labor-managed Firm,LMF);侧重于其分配结构的特征时,它又被称为"分享经济"(Sharing Economy),等等。不过,我更愿意从一般意义上即从经济权力的配置上来阐述这种企业制度的性质,所以我将其称作"经济民主"。

我所谓的经济民主是指这样一种企业制度，在这种制度下，经济活动的基本单位即劳动组织是按照民主原则来配置经济决策的权力和进行管理的。因此，我的定义是：经济民主是指这样一种经济组织或劳动组织，该组织的决策和管理的权力基础来自每一个执行决策的人。显然，这种企业制度是与目前占统治地位的、以资本所有权作为决策和治理权力基础的企业制度是完全对立和截然相反的。本书的主要任务是论证经济民主既符合正义原则又符合效率原则，本章的目的是对经济民主这一概念作更深入细致的刻画。

第一节 企业制度

要理解经济民主企业的性质，首先要了解什么是企业？什么是企业制度？企业是由劳动、资本、土地和企业经营这四种生产要素联合投入而形成的经济组织。这四种生产要素联合投入的结果是产品的产出。无论这四种生产要素的所有权如何分割，比如它们分别属于各个不同的人（劳动所有者、资本所有者、土地所有者和管理者），企业的产出都是这四种生产要素联合生产的结果，缺少其中哪一个都不行。从产品的生产来看，不能说哪一种生产要素更重要。弗里德里希·恩格斯（Friedrich Von Engels, 1820－1895）说得好："我们根本无法确定在某种产品生产中土地、资本和劳动各占多少分量。这三种量是无法比较的。土地出产原料，但其中并非没有资本和劳动；资本要以土地和劳动作前提，而劳动至少要以土地，甚至大多数场合还要以资本作前提。这三种生产要素的作用是截然不同的，无法用任何第四种共同的尺度来衡量。因此，在当前的条件下，要按这三种要素来分配收入，是找不到它们所固有的内在尺度的，于是问题只能靠一个完全外在的偶然的尺度即竞争或者强者狡诈的权利来解决。"[①] 至于新古典经济学的边际生产力理论，则早已被新剑桥学派的经济学家驳斥得体无完肤。

---

① 〔德〕弗里德里希·恩格斯：《政治经济学批判大纲》，《马克思恩格斯全集》第1卷，中央编译局译，人民出版社，1972，第610～611页。

企业制度是指关于生产要素所有者在生产和收入分配的决策中地位的一种制度和组织安排。企业制度的核心问题是企业"经济剩余索取权"以及对企业决策的控制权归哪一种生产要素所有者所有。一般而论，如果企业能够生存下来，企业所得在分配给各个要素所有者的收入之后还存在着一种"经济剩余"。古典经济学家和马克思都十分注重"剩余"概念，他们都把"剩余"作为经济理论分析的焦点。而在庸俗经济学家那里，"剩余"概念消失得无影无踪，总产品的分配变成了按要素的生产贡献百分之百地被要素所有者分割干净；至多在熊彼特那里，它以"超额利润"的形式暂时存在于流通领域。但是，由于企业这种经济组织形式毕竟是同"经济剩余"紧紧联系在一起的，西方经济学的企业理论不可能再回避"剩余"问题。无论这种"剩余"是由降低交易成本中所产生的，还是由劳动、资本或企业家单独创造的，抑或是由生产要素联合创造的——不同的经济学派对剩余的源泉有不同的解释——企业制度的核心问题是：谁（资本所有者、劳动者、管理者或是国家）？凭什么（资本所有权、民主权利、实际控制权或是政治权力）获得"经济剩余索取权"？谁获得了"经济剩余索取权"，谁就掌握了企业的实际权力，即生产和分配的决策权。

很显然，决定企业"经济剩余索取权"归属的关键不是所谓的效率，尽管前者会影响到后者，而是经济权力配置或分配的状况，它决定了要素所有者在生产和分配决策中的不同地位。在社会性的活动中，权力是动员社会资源以达到既定目标的最强有力的手段。谁获得了权力，谁就获得了对其他社会成员的支配权利。如果不联系经济权力的配置，就根本说不清企业制度的性质。

生产要素的稀缺程度从而导致的在生产上的重要程度只是决定经济权力配置的充分条件，而不是必要条件，这只是决定了该种要素所有者在讨价还价过程中是否处在有利位置。经济权力的配置归根到底是由政治权力来决定的。道格拉斯·诺斯（Douglass C. North，1920 - ）把这一点表达得很清楚：国家是界定和实施产权的主体，国家最终决定了产权制度和产权结构的安排，因此，产权理论需要有一个国家理论来进行解释。国家带有掠夺或剥削和契约两重性。具有这双重性质的国家有两个目的：它既要使统治者的租金最大化，又要降低交易成本使全社会总产出最大化，从而增加国家税收。国家或统治者的收入主要来源于公民或臣民的税收。为了获得收入，国家要界定形成产权结构的竞争与合作的基本规则，并以一组服务与"选民"作为交换。有势力的选民将会组成强势利益集团或分利集团，他们要求国家实施的产权制度要体现他们的利益，以使其自身利益最大化。由于承担了国家税收的主要部分，这些集团提高了与国家讨价还价的能力。对有势力的选民，统治者是得罪不起的。因为如果强势利益集团的财富或收入受到产权的不利影响，他们就会转而支持统治者的潜在竞争对手，这将威胁到统治者。统治者将避免触犯有势力的选民，他会同意一个有利于这些集团的产权结构而无视它对效率的影响。至于哪部分的选民构成了强势利益集团则取决于由人口与稀缺资源之间的紧张程度而引起的相对价格的变化以及相应的主要经济活动方式和经济组织形式。它可以是土地所有者（在农业社会），劳动者（当劳动相对于土地是稀缺的时候）或者是工商资产阶级（在资本主义社会）。诺斯的国家理论综合了马克思的国家理论和古典的国家契约理论，它很好地解释了在资本主义社会为什么是资本雇佣劳动而不是相反。这也是为什么马克思主张在变革资本主义经济制度的同时必须完成对国家的根本性改造。从政治权力直接派生出来的经济权力最典型地表现在极权主义体制中。

在资本主义社会，资本所有权是企业剩余价值占有权、支配权的主要基础，并且直接（在所有者和经营者直接合一的所谓古典式企业）或间接（在二者分离的所谓股份制企业）成为同生产和分配有关的决策权的主要基础。资本的这种权力如此重要，以致由此产生了"资本主义制度"这一术语。马克思分析的焦点就是资本的这些权力并把它看成是区分经济制度的一个主要变数。对经济民主的诉求直接来源于政治民主，而资本主义制度未能将民主原则延伸到工作场所。对于主张经济民主的经济学家们来说，这正是资本主义企业制度的弊病所在，也是产生资本主义诸种社会、政治和经济的不良后果之根源。为此，他们主张实现一种与资本主义性质的企业完全不同的企业制度，并对这种企业制度的特征做了深刻的分析。作为其对立物，与资本主义性质的企业制度相比，经济民主企业的制度安排具有劳动雇佣资本、劳动者参与集体决策，分享劳动收入等若干不同的特征。

第二节 劳动雇佣资本

资本主义性质的企业是资本雇佣劳动，经济民主企业则恰恰相反：是劳动雇佣资本。生产要素所有者之间的雇佣和被雇佣关系是由经济权力的配置来决定的，而一旦由政治结构和法律结构决定的经济权力配置之后，要素所有者之间在生产中的相互地位以及相应的权利、责任和义务也就确定了，这表现为企业由谁来控制以及谁来支配由联合生产而产生的剩余。在资本主义企业，资本所有权是经济权力配置的基础，而在经济民主企业，经济权力的配置则根据民主原则授予该企业的全体劳动者。既然企业权力配置的基础不再是资本而是劳动，那么，资本与劳动的权力地位就必须颠倒过来。经济民主企业的经济剩余索取权和生产、分配决策权的真正基础是劳动（者），而不是资本（所有者）。

资产阶级经济学家提出许多理论来为资本雇佣劳动进行辩护。其中，最著名的是富兰克·H. 奈特（Frank Hyneman Knight，1885－1972）以资本家与劳动者对待风险的不同态度而提出的解释：劳资双方本质上是一种合伙关系，但资本所有者对风险持中性态度，这是因为他们可以通过股票市场的证券组合而将特定的风险分散化。而工人则缺乏规避风险的能力和手段，等于把所有的鸡蛋都放进一个篮子里。他们希望通过工作获得稳定的收入，因而对风险持厌恶态度。于是，厌恶风险的工人阶级向对风险持中性态度的资本家阶级提出这样的建议（或者反过来也是一样）：如果你能使我的实际工资不随经济形势的变化而变动，作为一种回报，我将把对企业的支配权和剩余索取权让给你，并且甘愿做一名雇佣劳动者。这种理论确实有道理，但我认为工人厌恶风险的态度可能是由他们受雇佣的地位决定的。许多西方的市场社会主义者都论证了，在不违背经济民主的原则下，劳动者管理型企业是可以通过银行系统和股票市场来规避风险的。

阿曼·阿尔钦（Armen Albert Alchian，1914－　）和哈罗德·德姆塞茨（Harold Demsetz，1930－　）也提出了这样的解释：企业的基本特征是团队生产以及有一种资源投入者作为中心签约者处于一种集权的位置。团队生产是这样一种生产：（1）使用几种类型资源，团队生产所使用的所有资源不属于一个人；(2) 其产品不是每一参与合作的资源的分产出之和；(3) 进行合作的团队成员的边际产品不能直接地和分别地被观察出来。团队生产的这些特点产生了任何经济组织都面临的两个至关重要的问题：对投入的生产率和报酬的测量问题以及对团队成员的监督问题。由于团队生产的产出率大于单个要素投入的产出率，所以有剩余；由于团队产出的行为不可分解，团队成员有可能偷懒。当然，如果偷懒者的行为被发现，他将被解雇。但问题是通过观察团体的产出来监督偷懒是有费用的，这些费用包括侦察、检测、监督、衡量和计量的成本。如果偷懒行为不能完全在零成本的情况下被检测到，那么团队成员就会偷懒，偷懒行为的一部分后果将由这一团队中其他人承担，这就使得偷懒者的实际成本要少于这一团队的真实总成本，而努力程度的下降使团队的产出减少，在激烈的竞争中，团队的竞争力必然下降，企业将不复存在。

减少偷懒的一种方法是设专职监督者，检查团队成员的偷懒行为。但是，下一个问题是：谁是监督者？只有获得企业的剩余索取权，监督者才会有额外的激励来履行监督偷懒的责任。阿尔钦和德姆塞茨给出的方法是进行合作的投入所有者赞同监督者应该获得规定数量之上的任何剩余产品，那么监督者就会有额外的激励来履行监督偷懒的责任。为使团队成员有纪律和减少偷懒，拥有剩余索取权的人有权力修改个体成员的契约条款与激励，包括强制性地终止或改变所有其他投入的契约以及给出做什么和如何做的任务或指令。因此，管理者就是监督者，同时也是剩余索取权的拥有者，最重要的还是中心签约者。阿尔钦和德姆赛茨并没有说明为什么企业的监督者就一定是资本家，在任何规模较大的资本主义企业里，所有者都不是管理者，企业的管理者只不过是资本家雇佣的高级劳动者，当劳动者在辛勤劳作时，这些资本所有者可能正躺在加勒比海滩上享受着明媚的阳光呢。

经济民主企业不是根据资本所有权而是根据民主原则来配置经济权力的，这正是这两种企业制度的根本区别。美国经济学家雅罗斯拉夫·瓦内克 (Jaroslav Vanek，1930－) 将这一点表述得十分清楚。他为其下的定义是："劳动者管理的或参与制经济是这样一种经济，它是建立在由在其中工作的人们对企业进行控制和管理的基础上,或者是由这种企业所组成。这种参与管理是全体劳动者在平等基础上进行的,即实行一人一票制的原则。在大多数情况下,它以由选举产生的代表机构和管理者——工人委员会、执行委员会和企业经理——这种最有效率的方式加以实现。"[1] 他指出,在参与制经济中,实际管理工厂的权力不是来自所有制,而是来自参与本身,来自每一个劳动者在民主决策过程的具有同等重要性的原则,即经济民主。在任何情况下,所有权都不是监督和管理权力的基础。因此,不能过分强调积极分享企业的所有权是保证参与管理的唯一和不变的手段。劳动者具有监督和管理企业活动的全部权力这一事实本身并不意味着他们对所使用的生产资料具有充分的所有权,即工人不是由于他们是股东才具有管理和监督企业的权力,不论劳动者是否是企业资产的所有者,使他们享有监督和管理企业权力的原因并不在于他们对企业生产性资产的实际形成所做出的贡献,而在于经济民主。因此,劳动者管理型企业的一个最基本的原则是:将企业的最高控制权和权威给予那些在本劳动组织中工作的人。

资产阶级经济学家从效率的观点为资本雇佣劳动进行辩护的理论值得认真考量,但这并不能证明资本主义经济制度的正义性。经济民主是根据民主原则而不是效率原则来配置经济权力的,这如同政治民主根据同样的原则配置政治权力一样。按民主的原则配置权力是基于正义性的考量,而不是效率性的考量。正像"人民主权"是政治民主的政治哲学基础一样,"劳动者主权"是经济民主的政治哲学基础。政治民主已经成为政治统治的全球性的唯一合法性基础,基于同样的理由,经济民主也应该成为经济控制和管理的合法性基础。本书第二章将详细讨论经济民主的正义性。同时,我还认为,一种经济制度是正义的,它必定也是有效率的。这是第三章的研究内容。

资本是稀缺的,资本是有生产力的。经济民主企业并不是要废除资本,也不是要剥夺资本所有权,而只是要在尊重和充分实现资本所有者权

---

[1] Vanek, Jaroslav, *The Participatory Economy: An Evolutionary Hypothesis and a Strategy for Development*, Ithaca, N. Y., Cornell University Press, 1971, pp. 8 – 9.

益的基础上，斩断资本所有权与企业经济剩余索取权和与此有关的生产、分配的决策权之间的联系。

经济民主企业从以下四种源泉获得生产性资本：（1）根据达成的租借条件从其他企业租用资本；（2）从银行或其他金融中介机构借贷资金以购买资产；（3）通过股份筹措资金；（4）将企业的纯经营剩余重新投资。无论从哪种渠道获得资本，经济民主企业使用资本的基本原则都是：并不赋予资本所有者以企业的控制权，而仅赋予他们一种稀缺价格的享用权，这意味着资本所有者只有收益权，没有表决权，后者是在一人一票制的基础上由全体劳动成员所共享的。瓦内克指出："具有监督和管理企业活动全部权力的工作社团并不意味着对它所使用的资本资产具有充分的所有权，在这里，'所有权'这一词汇是从传统的意义上来理解的，也许收益权这一术语，即享有物质产品的果实的权利，更切合实际情况。这就是说，工作社团可以享受使用这些工厂和设备从事生产而得到的果实，但它必须为此支付一种契约性的费用，或是租金，或是因购买这种实物资本而造成的金融债务的利息。工作社团不能损坏实物资本，也不能出售它们而将所得款项作为当前的收入予以分配。同样，只要工作社团能够履行它对金融资本出借者的债务义务，后者对企业实物资产没有任何控制权力；那些向劳动管理制企业出租实物资产者，也是同样的情况，只要劳动者管理制的公司履行了它的相应义务，他们即不具有对实物资产的任何监督权利。"[①]

如果剥夺了资本对企业的控制和决策权，资本所有权仅仅表现为获得收益的权利，那么，由此而产生的真正问题是：经济民主企业的财产关系或产权关系具有怎样的性质、内容、形式和结构？在这方面，有两种不同的意见。

第一种意见以前南斯拉夫著名马克思主义经济学家勃朗科·霍尔瓦特（Branko Horvat, 1928－2003）为代表，他主张实行一种新型的财产和所有制关系——社会财产和社会所有制。按照传统的社会主义所有制理论，公

---

① Vanek, Jaroslav, *The Participatory Economy: An Evolutionary Hypothesis and a Strategy for Development*, Ithaca, N.Y., Cornell University Press, 1971, pp. 10－11.

有制被认为主要有两种实现形式：集体所有制和国家所有制。前者被认为是低级的，从而是不稳定的和过渡的公有制形式；而国家所有制则是公有制的最高形式，它提供了社会主义生产关系的基础。但人们很快发现，国有企业中工人的地位与私营企业中工人的地位并无区别：企业内部仍然存在等级制，工人仍然服从管理独裁，剥削依然存在。在这里，无论是私有生产性财产，还是国有生产性财产，都表现为支配他人劳动和无偿占有其劳动成果的所有制权利，而由于权力的高度集中，国家所有制权利只不过是私有制权利的成倍扩大。很明显，经济民主企业或自我管理企业的产权关系不能建立在传统的私有财产关系和国有财产关系基础之上。为此，需要建立一种崭新的财产类型和财产关系。这便是社会财产和社会所有制。

作为一种新型的财产关系，社会财产仅仅保留了罗马—资产阶级产权规定的法律上的形式内容，即（1）拥有、使用和处置某一物品的权利，（2）从生产性财产的使用中获得收益的权利，（3）其价值不能减少的权利；而去掉了其社会和经济的内容，即支配他人劳动和占有他人劳动成果的权力。霍尔瓦特这样写道："设计成为一种自治社会的社会主义，意味着不存在一个作为生产资料所有者的特殊阶级，无论这个所有者是私人还是集体。每一个人都是一个平等的所有者，这意味着没有一个人特殊地成为一个所有者。罗马—资产阶级产权的具体特征即排他性在这里并不适用。如果没有人被排斥，那么，每个人都平等地进入社会所拥有的生产资料中。结果是财产并不授予任何特权。"[1] 他还详细地阐述了这种新型的财产关系所具有的社会内容和经济内容：从社会关系方面来说，社会财产意味着对其他成员劳动的支配权利的否定，它表现为下述的三个基本权利：（1）社会上的每一个成员都有从事劳动的权利；（2）社会上的每一个成员都有按照他们个人的能力竞争从事任何一种工作的权利；（3）社会上的每一个成员都有在平等的条件下参与管理的权利。从经济上说，社会财产是对从财产中占有收入的否定，这意味着按劳分配，即社会上的每一个人都

---

[1] 〔克〕勃朗科·霍尔瓦特：《社会主义政治经济学：一种马克思主义的社会理论》，吴宇晖、马春文、陈长源译，吉林人民出版社，2001，第300~301页。

仅仅是从劳动中而不是从产权中获得经济收入①。总之,"社会财产是一种特殊类型的财产,这种财产具有使剥削成为不可能的明确的法律、社会和经济的特征。在这里,剥削被定义为:(1)支配他人的劳动;(2)非劳动收入的占有。换言之,社会财产仍然可以被看作法律意义上的财产(一组经过恰当定义的权利和责任束),但不再是社会或经济意义上的财产(不再有以财产为基础而产生的人的特权),后者意味着法律的财产不能够转变成为资本"②。

另一种意见以瓦内克为代表。他认为,劳动者管理型企业配置经济权力及使用资本的原则意味着企业控制权和资本所有权的分离,因此所有权并不重要,重要的是对企业的控制权。而一旦所有权与控制权相剥离,所有制便成为次要的了。瓦内克特别强调企业的控制权,把它作为他的参与制经济与实际存在的两种经济制度的最主要的区别。他从两个不同层次的

---

① 霍尔瓦特就社会所有制问题写了许多文章,本人无法拜读,所以以下对他关于社会财产经济方面内容的观点的评价可能是不正确的:霍尔瓦特仅仅指出,所有的收入都应该是劳动收入,但没有谈作为非劳动的收入应如何处置。实际上,生产性资产会通过影响劳动生产率而创造出非劳动性的收入。例如,一个配备更多数量资本的企业比劳动数量相当但配备较少资本的企业的劳动生产率更高,从而创造出更多的收入;再如,两块面积相当的土地,由于土地的肥力或位置的不同,优等地将获得一种级差性收入。经济学上有个现成的概念可以说明使用生产性资产而产生的非劳动收入——租或经济租金,它是指生产要素收入中扣除生产成本(机会成本)之后剩余的那部分。"租"这个经济概念的一个非常重要的社会意义是:把它抽掉,并不影响生产要素的供给。霍尔瓦特在谈到"垄断租"时也指出它必须被社会抽走。由于社会所有制,所以生产性财产所创造的非劳动收入也必须归社会所有。问题是如何分配它们。在这方面,同样主张实行社会所有制的美国市场社会主义者如杨克和罗默等人提供了一个更为详尽的方案。他们指出,这种非劳动收入必须以"社会红利"的形式在所有成年公民中平等地分配。社会红利将占一个典型家庭总收入的20%左右。另一个尚不十分清楚的问题是:社会所有制是否允许作为资本"果实"的利息的存在?作为一种非劳动收入,利息占国民收入的比重并不大,即使在生产资料私有制的发达资本主义国家里,资本的报酬也不过占国民收入的三成左右,而且利润构成了资本报酬的绝大部分,扣除了利润——它在经济民主企业是不存在的——后利息绝不会超过一成。在经济民主的经济中,利息不会成为收入的主要源泉,但其存在有积极的意义。作为一种节欲的报酬,利息的存在可以为储蓄提供一种激励,从而使资金的数量增多。而在对资金需求不变时,资金供给的增加将会使利息率下降,这正是凯恩斯提倡的消灭食利者阶层的根本途径。至于地租,连较激进的资产阶级经济学家如李嘉图和亨利·乔治等都认为完全是多余的。

② 〔克〕勃朗科·霍尔瓦特:《社会主义政治经济学:一种马克思主义的社会理论》,吴宇晖、马春文、陈长源译,吉林人民出版社,2001,第304~305页。

标准把前者和后者加以对比,并且得出结论认为,劳动者管理型企业可以与任何一种所有制相嫁接(见图1-1)。

	劳动者管理制经济	西方资本主义和苏联模式经济
第一层次的区别	控制和管理　资本的收入　↕　　　↕	控制和管理　资本的收入　↕　　　↕
	积极参与　　D	资本所有制
第二层次的区别		

图1-1　劳动者管理制经济与其他经济的区别①

第一层次的区别是企业由谁来控制和管理,是资本即资本所有者,还是工作社团。在传统的资本主义经济和苏联模式的社会主义经济中,控制和管理企业的是资本;而在参与制经济中,是工作社团。瓦内克认为,这是他的参与制经济与实际存在的两种经济体制的最主要的区别。他指出:"我愿意强调指出的关键之点是,如果我们要阐明劳动者管理经济的主要区别特征,区分经济制度的某些传统方法并不十分合适。更具体地说,我认为最重要的区别,我们因此归之于第一层次的区别,是把劳动者管理的经济与两种主要现实经济制度区分开来,依照这一划分标准,后两者属于同一类型的经济制度。"② 劳动者管理制经济的控制、管理和收入与积极参与有关,而非与资本所有制相联系,这是第一个区别。这种区别区分了"人道"和"非人道"体制(Humane and Dehumanized Systems,D代表非人道体制)。瓦内克认为,虽然劳动者在"合伙制"或大公司里有一定的参与权利,但参与程度很小,因此包括在D的范围内。

---

① Vanek, Jaroslav, *The General Theory of Labor-managed Market Economies*, Ithaca, N.Y., Cornell University Press, 1970, p. 313, Figure 15.2.1.
② Vanek, Jaroslav, *The Participatory Economy: An Evolutionary Hypothesis and a Strategy for Development*, Ithaca, N.Y., Cornell University Press, 1971, p. 15.

第二层次的区别是有关资本所有权方面的，因此它与传统意义上划分经济体制的标准更为接近。瓦内克认为，第二层次的区别是谁实际拥有资本。资本主义是私人实际拥有资本，在苏联是国家实际拥有资本，而参与制经济可以建立在私人所有制或国家所有制的基础上，虽然还没有建立在私人所有制基础上的参与制经济的例子（瓦内克没有考虑到德国和日本的情况，见本书第四章）。瓦内克认为，参与制经济实际管理工厂的权力不是来自所有制，而是来自工作社团的参与本身。既然资本所有权不再是企业控制权和管理权的基础，而仅仅成为因提供资本或资金而获得的一种收益权，那么，所有制就成为第二层次上的东西，因而失去了传统意义上的重要性。破除了所有制的神话之后，参与制经济就可以与任何一种所有制形式嫁接在一起。第二层次的区分涉及生产资料所有制的四种基本形式。在1975年的《自我管理：人类的经济自由文选》一书中，瓦内克又进一步细分了资本所有制的8种形式，它们是：（1）国家（社会）；（2）国民；（3）（a）全体参与者的集体，(b) 部分参与者的集体；（4）（a）全体参与者的个人，(b) 部分参与者的个人；（5）消费者或用户；（6）工会；（7）原料供给者；（8）个人。每一种形式都具有自己的含义，其范围包括通过国有化实行国家所有和以股份制方式实行私人所有这样两个极端形式。这些形式各异的所有权形态和第一层次标准中要素的不同组合构成了若干种不同的模式设计。①

霍尔瓦特的生产性资产的社会所有制是针对信奉生产资料公有制但以国有制取而代之的社会主义国家而设计的，而资本主义国家要实行社会所有制的真正困难在于过渡，这需要比较激烈的社会变革和政治变革。瓦内克把所有制降为次要的东西，从而证明了经济民主可以与任何一种所有制相嫁接，这样就解决了经济民主在资本主义国家的可操作性问题。由于控制权与所有权相分离，所有制已经不重要了。美国著名的比较经济体制学家埃冈·纽伯格（Egon Neuberger）精辟地阐述了这一点，他说："为什么我们把所有权放在次要地位、把它仅仅看作被提供来保护作为决策的决策权的几个认可因素之一呢？回答是：从所有权本身来看，它并不能说明什

---

① Vanek, Jaroslav, *Self-managed: Economic Liberation of Men*, *Selected Readings*, N. Y., Penguin Books, 1975, p. 14.

么问题。它的含义可以从某种所有的物体的完全支配力直到事实上不具有丝毫支配力,例如,它可以从你花掉还是留下你钱包里的一块钱这种几乎绝对的支配力直到一个儿童对他父母以他名义存入银行的同是一块钱几乎毫无支配力。此外,所有权绝不是决策者自由处理某些事物的权力后面的唯一认可因素。统治一个部落的土著酋长凭借传统,可以具有决策权力以及享用来自部落财产的许多利益的权力,而无需具有对任何事物的实际所有权。社会主义国家的高级官员或者美国公司中的高级职员也是同样的情况。"①

第三节 参与集体决策

经济民主企业使用资本的原则决定了其决策结构、组织模式和管理结构的特征。在资本主义性质的企业里,决策权和决策的执行被权力结构分割,管理的特权属于管理者的独裁,而管理者必须服从资本所有者的意志,工人只是决策的被动执行者,其地位只相当于一种投入的生产要素。在经济民主企业里,全体劳动者具有平等的权利和同等的重要性,他们在经济民主的基础上参与决策和进行管理。瓦内克认为,"劳动者"(labors)与"工人"(workers)这两个术语的含义是不一样的,因而劳动者管理和工人管理之间的区别极为重要。用他本人的话来说,就是:"'labor'这个术语——不同于'workers'这一术语——被用来包括在管理以民主多数原则为基础的企业中工作的每一个人,他们具有同等的发言权,包括对重大事情进行直接决策,和对其他事情通过选举代表和企业经理进行的间接决策。"②

参与制改变了资本主义企业的决策结构,但并不是所有允许劳动者参与决策的企业制度都可以被视为经济民主企业。企业内参与决策的程度受企业决策权力的配置以及所有制结构的影响。由于企业制度安排和组织形式不

---

① 〔美〕埃冈·纽伯格:《对经济体制进行分类》,〔美〕莫里斯·伯恩斯坦主编《比较经济体制》,中国财经出版社,1988,第 28~29 页。
② Vanek, Jaroslav, *The General Theory of Labor-managed Market Economies*, Ithaca, N. Y., Cornell University Press, 1970, p. 1.

同，劳动者参与决策及其形式也有很大的不同。表1-1说明了这种情况。

表1-1 工人与管理之间的各种关系类型①

关系类型	基本特征
管理自主	普通工人仅仅被作为生产要素对待。没有集体谈判的权利。有严格的工厂纪律。
工业民主	存在着起"反对派"作用的独立工会。允许集体谈判。
参与（咨询）	工人代表参加执行机构或无实权的执行机构。重要的管理倡议在实施前先和工人讨论。
工人监督	工人对管理决策具有有效的否决权；工人能对管理施加压力，使之做出有利于工人的决策。
工人自治	执行权力必须获得工人通过，方能取得合法性。工人有权罢免被选出的高层经理。基层工人对直接工作环境进行监督。

表1-1是按劳动者参与企业决策和管理的程度由低级到高级排列的，这种排序也符合工人与管理者之间关系变化的历史发展逻辑。在开始阶段，资本独裁下劳动者没有任何的参与权利，劳资之间的对抗以及由此而导致的效率和利润的损失使资本家被迫将参与企业决策和管理的一部分权利下放给工人。开始下放的权利仅限于工资决定方面，而后则逐渐扩大到其他方面：从倾听和咨询工人们的意见，到劳动者或是以企业所有者的身份（通过持有公司股份），或是以劳动者本来的身份（通过利益相关者即共同决定），参与到企业的最高决策层，对公司的重大决策不仅具有发言权而且具有否决权，但他们不能任命或罢免企业的管理层，就是说，企业最高控制权和管理权仍然属于资本所有者，而不属于本企业的全体劳动者。最高级形式的参与制就是我所说的经济民主，在这里，全体劳动者以平等身份（不是以所有者或利益相关者的身份）根据民主原则参加企业的最高决策机构（职工代表大会及其常驻机构：工人委员会），对企业的重大决策进行表决，并且雇用对其负责的经理进行企业日常管理的经营决策。本书提到的参与制总是指高级形式的参与制，我把低级形式的参与制

---

① 〔英〕沙克尔顿：《工人自治解决问题了吗》，〔美〕莫里斯·博恩斯坦编《比较经济体制》，王铁生译，中国财政经济出版社，1988，第201页。

视为高级参与制的中间形式或过渡形式。霍尔瓦特把低级的参与称作消极的、抑制性的参与，把高级的参与称作积极的、建设性的参与。他指出，"参与的发展经历了三个阶段：联合协商（joint consultation）、共同决定（co-determination）和自我管理（self-management）。第一个阶段并没有触动资本主义和国家主义的制度框架，但对管理的独裁是一个重要的心理攻势。第二个阶段已经意味着对权力的分享和权力结束的开始。前两个阶段的参与是过渡性的和高度不稳定的，认识这一点非常重要。参与在第三个阶段达到了稳定，但只有在社会主义的条件下，才会出现参与的第三个阶段"①。

由于改变了资本主义企业的权力基础，经济民主也改变了企业的组织模式和管理结构。霍尔瓦特详尽地描述了这一点。他指出，一个自我管理的企业，不仅是一种经济组织，同时也是一种政治组织。这种组织的目标是在履行效率的同时，实现决策上的民主最大化。霍尔瓦特根据民主原则构建了经济民主企业的组织模式（见图1-2）。

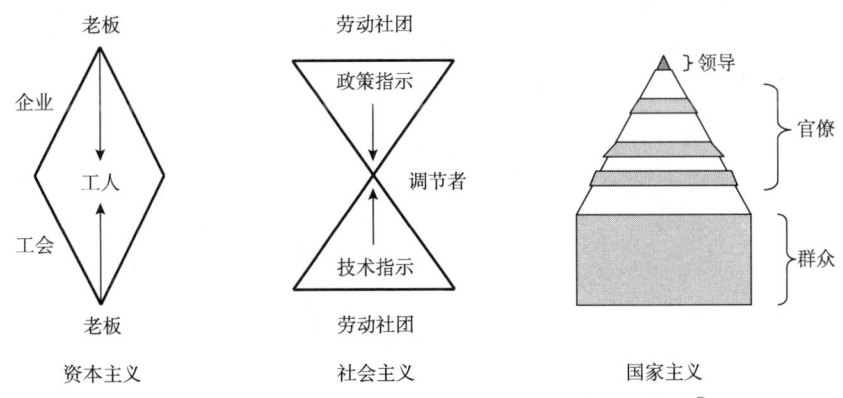

图1-2 资本主义、社会主义和国家主义的组织模型②

霍尔瓦特认为，资本主义和国家主义（指出苏联模式）都是社会权力分配不平等的社会。资本主义组织模式产生了权力的双重金字塔结构。两

---

① 〔克〕勃朗科·霍尔瓦特：《社会主义政治经济学：一种马克思主义的社会理论》，吴宇晖、马春文、陈长源译，吉林人民出版社，2001，第204页。
② 〔克〕勃朗科·霍尔瓦特：《社会主义政治经济学：一种马克思主义的社会理论》，吴宇晖、马春文、陈长源译，吉林人民出版社，2001，第83、221页。

个官僚组织——工会和企业——的老板为达成协议而讨价还价,而工人们被压在塔的底部。国家主义是按等级制的方式组织起来的典型的官僚结构,活像一个上窄下宽的金字塔。具有强制性的指示由权力的顶峰单方面地向下传送,但在金字塔的两端,等级制度关系消失了:在顶尖,它在没有上级的意义上消失了;在底部,它在相反的没有下级的意义上也消失了。社会的顶部和底部不存在直接的对话联系,联系这两个部分的中间部分是官僚。官僚机构有行使代表权力和执行服务的功能,它的任务是指派的,完不成任务将被处罚。由于国家主义是一种一致性的制度,所以每一层次的官僚管理都是按等级制的原则组织起来的。

经济民主的组织模式像一个"沙漏",因而又被称为"沙漏模型"。"沙漏模型"是按民主原则由具有同等权利的劳动者把劳动和管理结合在一起的组织模式,这个模式不存在单一的权力结构、官僚集团和严格控制的等级制,也没有两个官僚集团相互制衡的权力。每一个人既是决策者同时又是执行决策者,他或她对集体决策的影响程度取决于其意见或建议对完成企业目标的重要程度。专业方面的决策当然要听取专家的意见,生产过程也需要严格的监督和管理。自我管理企业并不是要废除由技术专家来进行管理的形式,或否认权威,而是要置专家和权威(企业经理)于全体劳动者的监督和管理之下,在后者的授权之下进行管理,并对其负责。在这里,企业管理者是以生产协调者的身份出现,其在生产和管理方面树立的权威以及为贯彻这种权威而在劳动组织内建立的科层制完全是劳动分工——协调各种生产活动——的结果,就像指挥家指挥一个乐队一样。对于演奏,指挥家的作用非常重要,但在权力的阶梯上他并不比乐队演奏员高一等。霍尔瓦特这样写道:"沙漏模型是建立在这样一种观察的基础上的,即存在着两个基本不同的活动或决策的领域:第一个领域与价值判断有关,因而,每一个人都应包括在内;在第二个领域内,有关技术方面的决策,是在技术的能力和专业知识的基础上做出的。第一个领域的决策是政策方面的指示,第二个领域的决策是技术方面的指示。前者是在组织的所有成员都行使政治权力的基础上做出的;后者是在每个成员在劳动分工中生长起来的专业权威的基础上做出的。很显然,这样一种组织涉及的只是协调的等级制度,但消灭了权力的等级制度。"①

沙漏模型将政策决策和技术决策相分离,这个模型证明,民主管理和专家管理可以并行不悖,从而在企业层面上既保存了民主又保证了效率。霍尔瓦特在其沙漏模型的基础上吸取了南斯拉夫工人自治企业的经验和教训,详细地描述了经济民主企业的管理结构(见图1-3)。

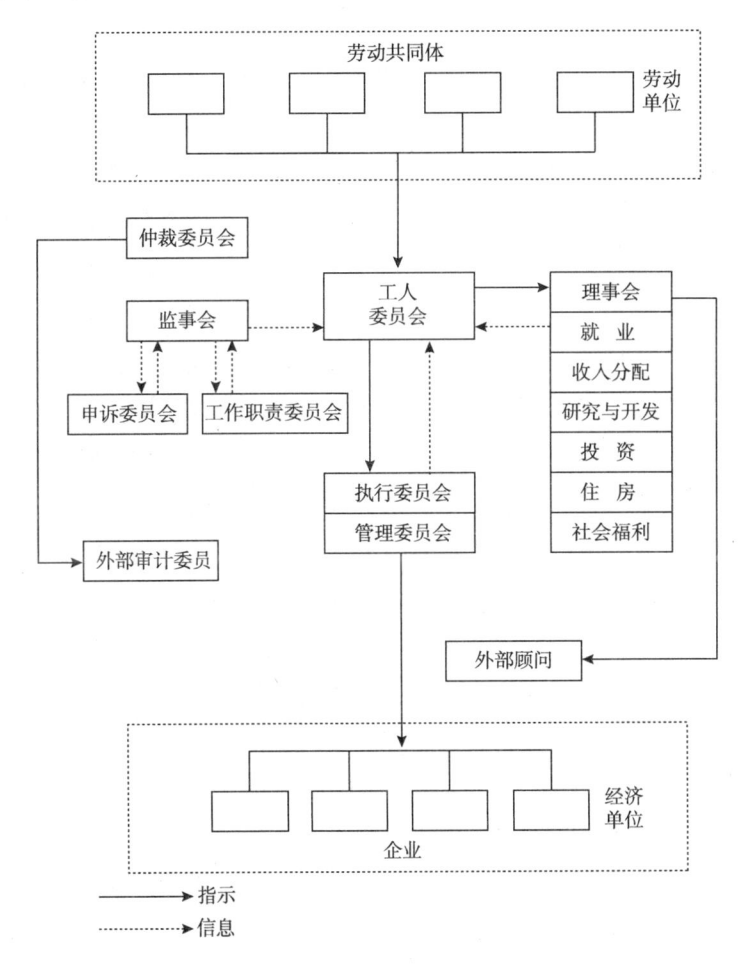

图1-3 一个劳动者管理型企业的组织模式②

---

① 〔克〕勃朗科·霍尔瓦特:《社会主义政治经济学:一种马克思主义的社会理论》,吴宇晖、马春文、陈长源译,吉林人民出版社,2001,第236~237页。
② 〔克〕勃朗科·霍尔瓦特:《社会主义政治经济学:一种马克思主义的社会理论》,吴宇晖、马春文、陈长源译,吉林人民出版社,2001,第310页。

图1-3的最上部属于政策决定领域,下部是技术执行领域。最基本的决策单位叫作劳动单位,同时它也是该企业的一个经济单位。大多数影响工人日常活动的决策是在这一层次上做出的,这些决策有:工作岗位的分配、工作环境和工作条件、工作冲突的解决和对生产过程的日常管理等等。经验研究表明,这些都是在直接参与决策时工人们确实关心的问题。原则上,所有的决策都是在尽可能低的层次上做出的,但当一个劳动单位的决策实质上影响到了其他劳动单位的利益时,就应该把决策权授予下一个更高的组织层次。这就是建立作为第二级决策机构的工人委员会的理由。工人委员会的成员由各个劳动单位的代表所组成,其理事会主席则由全体劳动者选举产生。工人委员会在其理事会和其他委员会的推荐基础上通过决策。然而,仍然有一类至关重要的问题既不能由工人委员会做决定,也不能由个别的劳动单位做决定,而只能由整个劳动共同体在全体会议上或通过全体投票来决定,这类问题包括:合并或倒闭,根本性的组织重新改组,重大投资项目,宪章和各种法令的通过以及类似的事务。在这种情况下,需要由每一个有选举权的劳动单位的多数票决策方能通过。

执行委员会代替了以前的董事会。执行委员会的总经理由工人委员会任命,他在工人委员会和监视会的监督下负责企业的技术和经营决策。总经理的任期通常为4年。他的任命是有条件的,取决于他完成发展规划的表现。如果企业经营效益差,使管理层得不到工人委员会的进一步信任,管理委员会就必须改组。总经理可能不得不辞职,即使他的任期未满。无论是政治决策还是技术决策,总是存在着个人和团体滥用权力的可能性,冲突是不可避免的。因此,应该在整个体制中建设一个特殊的安全保护装置。在个人和集体之间存在着两种类型的冲突:(1)个人可能被集体行动所伤害(或者为代表集体的决策所伤害);(2)集体利益可能受到不负责任的个人行为的损害。由于这是两种不同类型的冲突,最好建立两种不同的组织:处理第一种类型冲突的申述委员会和处理第二种类型冲突的工作责任委员会。由于必须得到所有人的充分信任,前者可以由劳动共同体的全体成员选举产生。由于必须得到立法者的信任,后者可以由工人委员会选举产生。两个委员会都是完全独立地行使职权,其主席依照职权成为监事会的成员。监事会是工人控制和监督经理行为的组织机构,其主席和成员或者是由全体投票产生，或者是由工人委员会选举产生。为了工作更有效率和及时地反映经营条件的改变，必须给管理层酌情处理事务的权力。然而，像其他权力一样，这种权力可能很容易被滥用，因此，需要一个制度化的装置。监事会就是服务于这种职能的。不仅不遵守规则和不尊重合法权益时会产生冲突，当双方在解释规则出现分歧时也会产生冲突；或者在一种新的情况下可能完全没有规则可以遵循。然而，某些人必须决定什么是正确的和公平的，这就是仲裁委员会的职能。

对研究和熟悉公司治理结构（Corporate Governance Structure）的专家而言，图1-3更像是劳动者管理企业的治理结构图示。所谓公司治理结构，就是对企业或公司进行管理和控制的体系和制度框架。应当指出，公司治理结构作为一个范畴或者作为一个学科，完全是在资本所有权与企业控制权相分离的条件下为实现资本所有者的权利、加强资本所有者对企业的控制的需要而出现的。在目前流行的关于公司治理结构的文献和图示中，我们看到的是以资本作为权力基础的权责利链条，劳动者很少在画面上出现，如果出现，也只是作为所有者或利益相关者。劳动者管理的企业当然也需要对企业或公司进行管理和控制，然而，由于那些公司治理结构的专家们对所谓的"公司治理结构"赋予的特定的含义，我宁可不用这一术语，尽管它变得越来越时髦。就其所包含的通常意义而言，"公司治理结构"这个概念并不适合于说明经济民主企业的组织结构。前者是以资本为基础的企业权利配置图，后者是以劳动为基础的企业权利配置图。将两种不同的企业的组织图示加以对比，就会发现，这是两种不同性质的企业制度。

第四节 分享集体收入

不同的企业制度安排必然会表现在它的分配制度上。在这方面，与资本主义性质的企业制度相比，经济民主企业有两个特点：第一，消灭了"利润"这个范畴，或者在完全不同的意义上使用这个范畴，例如，在统计学上，仍然可以用"资金利润率"衡量企业使用资金的效率，但利润不再表现为企业的净收益，不再是企业的目的和资本权力的体现。使用资本的代价不再表现为"利润",而以租金和利息的形式变成了企业的成本的一个相对固定的比例。第二,消灭了"工资"这个概念,或者在完全不同的意义上使用这个概念(你仍然可以把你的劳动报酬叫作工资)。工资不再表现为成本而是属于企业净收益的一部分。如何理解这两种企业制度在分配制度上的根本区别?经济民主企业与资本主义企业在分配制度方面的颠倒恰好说明了这两种企业制度本身的颠倒:资本主义性质的企业是资本雇佣劳动,而经济民主企业是劳动雇佣资本。

在一种市场契约经济中,生产要素分别为个人所独自拥有,要素所有者根据所有权具有自由处置自己所属要素的权利:既可以出售,也可以出租。在后一种情况下,要素所有者并没有交出所有要素的所有权,而只是在一段或长或短的时期内让渡了其使用权,并且通过使用权的让渡获得了一种具有固定比率的收入(租金),从而实现了所有权中的一项重要的权利——收益权。要素所有者之间的租约关系或租赁关系本身就意味着所有权与控制权的分离。当某种生产要素所有者根据合同协议把使用权暂时让渡给租赁者时,前者的收入就是租金。租金是在一定时期内为使用某种生产要素而向要素所有者支付的报酬,对要素的使用者而言,它是使用该种生产要素所必须支付的代价。租金的大小取决于所有者与使用者之间的讨价还价,而与企业的控制权及生产、分配的决策权无关。一旦所有者为获取租金而将自己的财产或要素的使用权暂时让渡给使用者时,所有者便从画面上消失了,而对其支付的租金便构成了使用者成本(不是凯恩斯所讲的概念)。

不同的企业制度安排决定了生产要素所有者之间在生产和分配上不同的地位,从而也决定了不同的分配结构。在资本主义性质的企业中,雇佣劳动者的工资是工人出租劳动力这种特殊商品的使用权让资本家支配而获得的收入,工资在资本主义性质的企业属于成本,其大小由劳资集体谈判决定,扣除工资和其他成本支出之后的企业净收益或纯收入以利润的形式全部归资本家阶级所有。而在经济民主企业中,由于切断了资本所有权与企业控制权之间的联系,资本所有者仅获得作为资本稀缺价格的收益权,对外部租赁的资本支付的是真正意义上的租金,对借贷的资本和资金支付的是利息,对自有资本支付的是股息。无论在哪一种场合,资本的收入都是属于成本的范畴，它与企业的纯收入无关；而扣除了各项成本之后的企业净收益或纯收入归企业全体劳动者所有，并根据民主制定的原则进行分配。可见，净收益分享制企业的净收益概念和成本概念具有与利润最大化企业根本不同的含义。

经济民主企业收入分配的源泉来自劳动收入，因此，首先必须识别非劳动收入，并把它从总收入中扣除，这恰好等于经济民主企业的总收益减去总成本，公式为：

总收益－总成本＝净收益＝总收入－非劳动收入＝劳动收入

工资构成资本主义企业总成本的主要部分，而非劳动收入构成经济民主企业总成本的主要部分。使用资本的代价（利息）和使用土地的代价（地租）对经济民主企业来说是成本，而利息和地租之和恰巧等于非劳动收入。通过把利息和地租算入成本，企业的净收益就是该企业全体劳动者创造的全部劳动收入。企业全体劳动者根据民主制定的原则分享企业的净收益。由于这个基本特征，经济民主企业属于分享经济的范畴。瓦内克指出："劳动者管理制企业的参与者在支付了所有的材料费用和其他经营费用后，分享企业的收入。这种分享将是公平的，强度和质量相等的劳动将获得相等的收入，具体作法按照民主通过的分配细则执行，该细则规定了每项工作在纯收入总额中的相对所得额。当然，并非所有的纯收入都要分配给个别的参与者，集体同意的一个份额将被用于储备基金、各种类型的集体消费和投资。"[1]

经济民主企业分配劳动收入的原则是：（1）在企业的总收入中扣除非劳动收入，其剩余部分构成劳动收入；（2）根据民主制定的原则将企业的劳动收入在投资、储备基金、个人收入和集体消费之间进行分配；（3）集体消费的分配原则是按需分配；（4）根据按劳分配原则决定个人收入即工资。

为了增加劳动者的收入和扩大再生产，经济民主企业总是要把一部分纯收入用于投资。同时，为了应付各种意外的情况和变故，在纯收入中留

---

[1] Vanek, Jaroslav, *The Participatory Economy: An Evolutionary Hypothesis and a Strategy for Development*, Ithaca, N. Y., Cornell University Press, 1971, pp. 9–10.

一部分作为储备基金也是必要的。纯收入中用于投资、储备基金和消费的分配比例是根据民主的原则决定的。需要指出的是，许多反对经济民主企业的经济学家都强调，经济民主企业更倾向于受"消费饥渴症"的支配，因而具有比资本主义企业投资少的动机。经济民主企业的纯收入主要在工资与投资之间进行分配，所以同样的蛋糕，切法却有可能不同。用纯收入投资，会降低工人的工资收入，至少是在短期内如此。由于集体性质的资产不能分割到个人的资金账户上，即使从长期来看投资将提高企业的纯收入，工人们对投资计划特别是长期投资计划也不感兴趣，结果是投资不足。关于经济民主企业投资不足的观点是有道理的，南斯拉夫工人自治企业和西方工人合作企业的实际经验也证明了这一点。赞同经济民主的经济学家们提出了各种改进的措施，这将在本书的第四章详加论述。这里，只需强调一点，市场竞争的力量自然会起到纠错作用，那些将纯收入分光吃光的企业必将在市场上无法生存。

霍尔瓦特指出，像教育、医疗、社会福利、身心发展、文化、娱乐和环境等这类产品的消费，对于培养和发展每个人的能力是至关重要的，他将这类产品称为能力产品，把对能力产品的消费称作集体消费。集体消费意味着任何对发展个人能力有实质性影响的东西都不能以金钱的尺度来分配，而要服从需要的尺度。为了使每个人在发展天生才能方面享有平等的机会，使他们之间的收入差别是由于后天努力不同的结果，能力产品必须按需分配。如果一个富有的家庭能够为他们的子女买得起更好的教育和健康，社会的所有成员在开始时就是不平等的。在这种情况下，个人收入将不由个人努力独自地决定，而是由外在的一些因素如父母的权力和财富决定。平等是社会主义的本质，这种平等应该是社会地位的平等和能力塑造上的机会平等。对社会主义社会来说，即使是严格地按劳分配也是不够的。无论何时，只要是对发展智力和个人能力会产生重要的影响，按劳分配就必须辅之以按需分配。一个人有一辆大轿车还是小轿车，这并没有多大的关系，因为它们都能把他送到他想去的任何地方；如果一个人只受过初等教育，没有上大学的机会，或者在童年时营养不良，那么，他在一生中都会遭遇严重的障碍。

扣除了投资、储备基金和集体消费之后，企业纯收入剩余的部分就成为该企业全体劳动者个人收入分配的源泉。这部分收入是根据按劳分配的原则进行的,即根据每一个劳动者的劳动时间长度、强度、熟练程度和复杂程度以及劳动的环境和工作本身的性质来进行分配。更有生产力的劳动是更有价值的,更困难、更有责任、更复杂的劳动需要长期的训练和学习成本,所以也是更有价值的。体力、单调、枯燥、危险、不健康和不愉快的劳动,被认为需要支付额外的成本,也会得到更高的评价。在经济民主的制度环境下,决定按劳分配价值尺度的是具有同等社会地位和同等权力的劳动者,他们是为他们自己而不是为老板工作的,他们将亲身参与工资率的决定过程;而他们对劳动的亲身体验,有助于帮助他们形成对各种不同性质的劳动估算的正确尺度。霍尔瓦特描述了决定按劳分配的民主过程:这是商议、谈判和互相说服过程的结果。在正常条件下,它是一个反复和集中的过程。作为一种规律,在开始阶段,人们认为他们的劳动更重要或更困难,因而比他们同事的工作更有价值,因此,不能以个人的意见形成分配的标准,需要形成一个社会的或集体的标准,这种标准将会得到大多数人的拥护。如果从事某一具体劳动的劳动者仍然认为他们的劳动及其价值被低估,他们可以选择离开。如果离开确实是因为对该类劳动价值的低估造成的,该类劳动供给的减少将会使企业的净收入下降。追求企业净收入最大化的劳动集体势必会提高该类劳动的收入,以校正评估的失误。根据民主评议而形成的按劳分配的价值尺度,将既是公平的,又是有效率的。说它是公平的,是因为只要大多数人认为它是公平的,它就是公平的;说它是有效率的,是因为只要大多数人认为他们的工作得到了公平的对待,他们就会全力以赴地工作。

  同参与制经济具有高级和低级两种形式一样,分享经济也分为这样的两种形式。什么是分享经济?企业按一定的市场价格出售商品或劳务所获得的货币总额称为总收益,用 TR 来表示;企业生产这些商品或劳务的货币总支出称为总成本,用 TC 表示。TR 减去 TC 之后尚有剩余,该剩余就构成了企业的净收益或纯收入,用 NR 表示,公式为:净收益(NR)= 总收益(TR)- 总成本(TC)。如果企业全部净收益(作必要扣除后)在全部劳动者中间进行分配,这种情况叫"净收益分享";如果企业的全部净收益完全归企业主支配,这时净收益(税后)以利润的形式存在,企业主把其中的一部分利润拿出来与劳动者分享,这种情况叫做"利润分享"。净收益分享是经济民主企业的主要分配制度,而利润分享是劳资合伙制企业的主要分配制度。前者是分享经济的高级形式,而后者是分享经济的低级形式。我同样把利润分享视为净收益分享的中间形式和过渡形式。

从根本上说,企业的决策结构和分配结构是由其权力结构决定的,因此,劳动者参与决策和分享收入的形式和程度实际上受制于企业制度的不同安排。努蒂(Nuti, D. M.)这样写道:"共同决定和利润分成各自所产生的影响并不是独立的……基本上我们可以观察到两者之间的若干关联性:在纯粹资本主义的企业里,没有共同决定和利润分享;在合作社和其他劳资合伙形式的企业里,共同决定和利润分享是一致的:低级形式的共同决定(或利润分享)往往与低级形式的利润分享(或共同决定)相联系,不实行利润分享的高度共同决定(或反之),实际上是不存在的。"[①]

总之,资本主义性质企业雇佣工人的原则通常包括三个基本成分:"单位时间固定货币工资率、在工作地点工人服从雇主的权威和雇佣义务的短期性"[②]。经济民主企业的参与制改变了资本主义企业的第二个和第三个基本成分,而分享制则改变了它的第一个基本成分。同时,参与和分享也是理解经济民主企业运行效率的关键(见本书第三章)。

[①] 努蒂:《共同决定和利润分享》,《新帕尔格雷夫经济学大词典》第一卷,经济科学出版社,1992,第507~508页。

[②] 努蒂:《共同决定和利润分享》,《新帕尔格雷夫经济学大词典》第一卷,经济科学出版社,1992,第506页。

第二章
经济民主的政治经济学

> 正义是社会制度的首要价值,正像真理是思想体系的首要价值一样。一种理论,无论它多么精致和简洁,只要它不真实,就必须加以拒绝或修正;同样,某些法律和制度,不管它们如何有效率和有条理,只要它们不正义,就必须加以改造或废除。
>
> ——约翰·罗尔斯

在前言中,我已经指出,政治经济学研究的核心是经济权力的配置问题。政治经济学不仅研究经济权力是如何在现实社会中配置的,而且研究经济权力应当如何配置。本章基本上是关于规范的政治经济学分析,即重点讨论后一个问题,其目的是运用政治哲学和政治学的正义理论、权利理论、权力理论和民主理论证实经济民主的正义性和正当性。除了本章的最后三节与要讨论的问题有关以外,其他各节讨论的问题似乎逸出了本章的主题。占用这么大的篇幅来讨论政治哲学问题,并不仅仅是因为逻辑上的需要,更主要的是要为政治经济学的规范性研究打下牢固的基础。

第一节 方法论与政治哲学

社会科学(心理学、伦理学、社会学、政治学、法学和经济学等)的研究对象是人及人与人之间的关系。社会科学不仅要运用实证分析方法研究人类的行为以及人与人之间的实际关系(政治关系、法律关系、伦理关系和经济关系)怎样,而且要运用规范分析方法研究人与人之间的关系应当怎样。后者正是实践哲学（包括政治哲学、法哲学、道德哲学、社会哲学等）研究的主题。

社会科学研究首先涉及方法论问题，即应当怎样来研究人类社会现象——是从个体出发，还是从集体出发？在这方面，有两种截然不同的方法论：方法论个人主义和方法论集体主义。前者认为，应从个体行为出发进行研究，从个体推知集体；而后者认为，社会作为一个整体具有自己的目的与需要，社会的意志独立并凌驾于社会上的每一个人的意志，并且规定了每一个个人的意志，因而应从集体行为出发进行研究，从集体推知个体。这是两种截然不同的方法论，其背后隐藏着不同的世界观、价值观和文化传统。我赞同方法论上的个人主义，但不赞同道德论上的个人主义。前者仅仅是研究社会问题的方法论，它要解决的是怎么研究社会问题；后者以自我为中心，而把别人当作实现自己目的的手段。

为什么社会研究要从个人或个体出发，而不是从诸如社团、阶级、国家或民族这样的集体或个人的复合体出发？这是因为社会是由个人组成的，如果抽象掉了个人，社会就会变成一个空架子。个人是有生命的实体，而个人的复合体没有生命，不会呼吸；是个人在行动、进行决策和选择——如果他或她具有决策权和选择权的话，而且也是个人必须承担个人选择或集体选择的结果。社会现象只是许许多多个人行为的有意识或无意识的结果。因此，社会科学研究的基本对象和出发点是处于社会中的个人，正像物理学研究的基本对象是原子和化学的研究对象是分子一样。方法论个人主义将复杂的现象还原为简单的要素，再从这简单的要素上升到社会的复合体，这也是马克思的具体到抽象再到具体的研究方法。

根植于西方文明的社会哲学家都大致赞同方法论的个人主义，而反对方法论集体主义。马克思和恩格斯指出："任何人类历史的第一个前提无疑是有生命的个人的存在。"[①] 罗伯特·诺齐克（Robert Nozick，1938—2002）也指出："并不存在拥有善并为了自身的善而愿意承担某些牺牲的

---

① 〔德〕马克思、恩格斯：《费尔巴哈：唯物主义观点和唯心主义观点的对立（德意志意识形态第一卷第一章）》，《马克思恩格斯选集》第1卷，中央编译局译，人民出版社，1972，第24页。

社会实体，存在的仅仅是独立的人，不同的是具有他们自己独立生命的独立人。"① 对诺齐克来说，个人是唯一的实体，而社会或国家既不是实体也没有生命。要求为了国家或社会的利益而牺牲某些人的利益，实质上是为了一些人的利益而牺牲另一些人的利益。路德维希·冯·米塞斯（Ludwig von Mises, 1881－1973）和弗里德里希·哈耶克坚决反对方法论的集体主义。米塞斯指出："所有行为都是人的行为，在个体成员的行为被排除在外后，就不会有社会团体存在的现实性。"② 对哈耶克而言，诸如社会、国家、阶级这类集合体在特定意义上讲并不存在，它们不吃不喝，也不采取积累和消费行为，将其理解为自成一体并独立于个人而存在的观点以及把任何价值重要性赋予有关集合体的陈述，或对有关经济集合行为进行统计性概括的做法，都是极其谬误的。因为这样的集合体不仅不是给定的客观事实，而且还是人的心智建构的产物，它并不是那种能够从科学意义上解释个人行动的本体论实体，而是一些意义客体，离开了个人，没有个人之理解和能动作用这类范畴的支持，这些意义客体便无法得到人们的理解。所以，从逻辑上讲，所有关于集体的陈述都是从有关个人的陈述中推论出来的。哈耶克再三说明，他的个人主义是方法论上的个人主义，而不是社会、政治意义上的个人主义。他所讲的个人主义绝不是利己主义和自私的代名词。但哈耶克并不否认方法论的个人主义必然会导致社会、政治意义上的个人主义，这正像方法论的集体主义必定导向极权主义一样。

从个人出发研究社会问题就必然涉及个人与社会的关系问题。一方面，人天生就是社会动物或"政治动物"（亚里士多德说，人天生是"城邦动物"，只有神或兽才能在社会之外生存，而人既非神亦非兽），他（她）只有在社会里和通过社会才能达到自己的目的。诚如亚当·斯密（Adam Smith, 1723－1790）所说，"别的动物，一达到壮年期，几乎全都能够独立，自然状况下，不需要其他动物的援助。但人类几乎随时随地都需要同胞的协助"③。另一方面，每一个个人都是不同的，这世界上绝没有

---

① Nozick, Robert, *Anarchy, State and Utopia*, New York: Basic Books, 1974, pp. 32－33.
② Mises, von Ludwig, *Human Action: A Treatise on Economics*, New Haven: Yale University Press, 1963, p. 42.
③ 〔英〕亚当·斯密：《国富论》上卷，郭大力、王亚楠译，商务印书馆，1972，第13页。

两个相同的头脑。与植物和动物不同,人是有感情、有目的、有计划、有知识和有预期的。人的这种主观意识性造成了个人之间的千差万别。在经济学上,不存在由各个个人的效用函数加总而成的社会效用函数的排序,这是"阿罗的不可能定理"。在政治学上,即便是通过强制灌输或洗脑,也不可能把人都变成一个模式,这是哈耶克所说的"思想的国家化"。在心理学和社会学上,尽管我不了解,我想也有种种理由说明不可能使人强求一致。马克思说得好:"你们赞美大自然悦人心目的千变万化和无穷无尽的丰富宝藏,你们并不要求玫瑰花和紫罗兰散发出同样的芬芳,但你们为什么却要求世界上最丰富的东西——精神,只能有一种存在形式呢?"[①]约翰·斯图亚特·穆勒(John Stuart Mill, 1806－1873)也说:"人性不是一架机器,不能按照一个模型铸造出来,又开动它毫厘无爽地去做替它规定好了的工作;它毋宁像一棵树,需要生长并且从各方面发展起来,需要按照那使它成为活东西的内在力量的趋向生长和发展起来","人类要成为思考中高贵而美丽的对象,不能靠着把自身中的一切个性的东西都磨成一律,而要靠在他人权利和利益所许的限度之内把它培养起来和发展起来。相应于每人个性的发展,每人也变成对于自己更有价值,因而对于他人也能够更有价值"[②]。压制创造个性的做法,也就是把某些人自以为正确的观念和行为准则强加于意见不同的人,迫使一切人被压入一个共同的僵死生活模式,其结果正像中国妇女裹脚一样,压制人性中每一个突出部分,把一切在轮廓上显有异征的人都造成碌碌凡庸之辈。

每一个个人的偏好、目标、知识各不相同,然而他需要同胞的帮助来达到自己的目的。人与人之间可以互相利用,也可以真诚合作。为了使人与人之间的分工、合作和交易得以顺利进行,社会显然需要某些东西协调人之间的各种关系,以使每个人都过得更好。单就每一个人而言,个人才是价值的最终源泉;当由个人的层面上升到社会层面时,我们便需要道德哲学、社会哲学和政治哲学,以使我们形成一种一致性的公共理性和公共价值。亚当·斯密最欣赏的道德哲学体系要求回答这样一个问题,即"不

---

① 〔德〕卡尔·马克思:《评普鲁士最近的书报检查令》,《马克思恩格斯全集》第1卷,人民出版社,1956,第7页。
② 〔英〕约翰·穆勒:《论自由》,程崇华译,商务印书馆,1959,第72、76页。

仅被视为个人，而且视为一个家庭、国家乃至人类社会的一员的人，其幸福与至善何在"①？布坎南也把社会哲学的终极目标表述得同样清楚："社会哲学的终极问题仍然是：我们应如何组织自己，如何把人与人组织起来，以便保持和平、自由与繁荣？"②

"按照西方的学术分类，哲学一般被分为两大部分：一个是理论哲学，另一个是实践哲学。属于理论哲学的有形而上学、认识论、语言哲学、心灵哲学、科学哲学和知识论等，属于实践哲学的有政治哲学、道德哲学、法哲学、社会哲学和美学等"③。理论哲学对应于康德所说的理论理性，它研究的是"事实"问题，关心的问题是"我或我们能够知道什么"；而实践哲学对应于康德所说的实践理性，它研究的是"价值"问题，关心的问题是"我或我们应该做什么"。"价值"就是"善"（good）或"德性"（virtues），它是指好的和对的东西，因而是值得我或我们追求的，并指导我或我们应该去做什么。然而，价值是各种各样的，如有政治价值、道德价值、社会价值和美学价值等，要知道我或我们应该做什么，就必须知道什么是正义的和非正义的（政治哲学），什么是正确的和错误的（道德哲学），什么是好的和坏的（社会哲学），什么是美的和丑的（美学）。就个人而言，会形成多样化的价值标准，它们之间可能相互冲突，所以道德哲学等实质上关注的问题是"我应该做什么"。而政治过程涉及集体选择，政治价值的形成必须是公共的，所以在严格的意义上，只有政治哲学才关注"我们应该做什么"。

正义是社会制度的首要价值，而正义正是政治哲学研究的主题。按照罗尔斯的解释，"对我们来说，正义的主要问题是社会的基本结构，或更准确地说，是社会主要制度分配基本权利和义务，决定由社会合作产生的利益之划分的方式。所谓主要制度，我的理解是政治结构和主要的经济和社会安排"④。可见，政治哲学要解决的问题是社会的主要政治制度、社会

---

① 〔英〕亚当·斯密：《国富论》下卷，郭大力、王亚楠译，商务印书馆，1972，第329页。
② 〔美〕詹姆斯·布坎南：《自由、市场与国家：80年代的政治经济学》，平新乔等译，上海三联书店，1991，第383页。
③ 姚大志：《当代西方政治哲学》，北京大学出版社，2011，第1页。
④ 〔美〕约翰·罗尔斯：《正义论》，何怀宏等译，中国社会科学出版社，1988，第5页。

制度和经济制度的安排是否正当,而不是主要指一个人的行为是否符合正义或他是否有正义感。

第二节　选择正义

"作为公平的正义"的理论前提是康德的实践理性构建主义。伊曼努尔·康德（Immanuel Kant, 1724 – 1804）从人是一种自由和平等的理性存在物这一形而上学前提出发,提出了道德哲学的绝对命令:第一,人是自由和自律的。人是自由的,这意味着人对道德法则有自由的和自主的选择能力,他不为自然偶然性和社会任意性所影响,不为任何客观必然性所支配,不受需要和欲望决定,人应该只服从自己的法则。人又是自律的,这意味着作为一个理性的存在者,人对自己选择的道德法则是自愿的服从。人既是道德法则的制定者又是其执行者。唯有人是自律的,他才是自由的。动物听任本能的摆布,而人则由道德律统率,只有遵守道德法则,人才能克服欲望的支配,表现人的最内在的自我,从而在道德上成为一个自由的人。第二,人是平等的。平等是以同样的方式对待所有的人,这意味着人是目的,而不仅仅是手段。因而,康德的道德哲学发出另一条绝对命令是:"永远把人类（无论是你自己还是他人）当作一种目的而绝对不仅仅是一种手段来对待。"从康德的道义论出发,遵循罗尔斯的逻辑论证,我们就能得出衡量社会基本结构和社会主要制度安排是否正当的正义原则。

罗尔斯将社会视为一个公平的合作体系,而人就是自由平等的合作成员。一方面,社会是一个合作体系,每一个加入这个合作体系的人都从合作中获益。社会合作体系使所有人可能过一种比他们仅靠自己的努力独自生存所过的更好的生活。然而,"虽然一个社会是一种对于相互利益的合作的冒险形式,它却不仅具有一种利益一致的典型特征,而且也具有一种利益冲突的典型特征……由于这些人对由他们协力产生的较大利益怎样分配并不是无动于衷的,这样就产生了一种利益的冲突,就需要一系列原则来指导在各种不同的决定利益分配的社会安排之间进行选择,达到一种有关恰当的分配份额的契约。这些所需要的原则就是社会正义的原则,它们提供了一种在社会的基本制度中分配权利和义务的办法,确定了社会合作的利益和负担的适当分配"①。

另一方面,人是自由、平等和自律的。这种人绝不是集体主义大机器上的一颗螺丝钉,也不是以第一称谓表示的个人至上主义者。前者缺乏真正的人性,后者缺乏人的社会性。这里所谓的个人是具有独立目的、自主行动和分散知识、能够与他人和社会进行协调和互动的个人,即个人在性质上是社会的,他或她追求自身的利益,但也尊重他人的目的和利益,就是说,把他人当作目的而不是当作实现自己目的的手段。自由和平等的人之间的社会合作应该体现互惠性(reciprocity)。罗尔斯认为,互惠性位于"无私"(impartiality)和"互相利用"(mutual advantage)之间,前者是利他主义的,后者则意味着依据其优势处境来获得利益。互惠性产生于合作体系之内,社会合作与每个人追求自己的利益是相容的。然而,要合作就要有规则,而平等的自由人要实现各自独立的目的,就必须具备最基本的条件。如果把人当作目的而不是手段,社会就不应该干涉每个人的具体目的和行动计划,除非这个人的行为侵害了其他人的利益。社会要就分配每个人最基本的权利和义务达成协议,这正是作为"公平的正义"要解决的问题。

自由平等的人们之间合作的社会一定不是奴隶制社会和封建制社会,甚至不是资本主义社会,而只能是立宪民主社会。罗尔斯把这种社会称为"社会联合的社会联合"。他将古典自由主义的社会称为"私人社会"(private society),它有两个特征:第一,构成社会的人们,无论是个人还是社团,都有自己的私人目的,这些目的或是相互冲突的,或是彼此独立的;第二,制度本身不具有任何价值,公共活动不是被看作善,而是被视为一种必要的负担,每个人仅仅把社会安排当作实现自己私人目的的手段。这种私人社会成为古典契约论的基础。罗尔斯认为,这种"私人社会"的基本问题是没有看到人类的社会本性。社会是人们生存活动和文化发展的前提条件,人们在共同体中共同生活而满足需要和兴趣。合作不仅对每个人都有利,而且合作本身就是一种善,一种价值。在合作中,具有不同能力

---

① 〔美〕约翰·罗尔斯:《正义论》,何怀宏等译,中国社会科学出版社,1988,第2~3页。

的人共同实现了天赋才能的互补,从而使每个人都不可能单独实现的潜力在共同体中实现了①。这种从家庭到社团等诸如此类的共同体被罗尔斯称为"社会联合"(social union),而一个社会就是"社会联合"的"社会联合"。如果这种"社会联合的社会联合"是一个组织良好的社会,它就实现了个人与社会的统一,正义与善的统一。正是这样一种社会规定了政治哲学的基本问题,而这个问题也就是正义理论试图回答的问题:就规定公民之间进行合作的公平条款而言,这些被公民视为自由和平等的、理性和合理的、世代相继和持续终生的、正式和完全的合作成员最可接受的正义观念是什么?

罗尔斯指出,无论每一个人的具体目标和行动计划是什么,在社会合作中,他(或她)应该知道自己最关切的东西是什么,自己维护的最基本的东西是什么,这些东西是每一个有理性的人都想要的,因为它们对他(或她)实现自己的目标是绝对必需的。罗尔斯把这些东西称为"基本的善"(primary goods)。基本的善被定义为"理性欲望的满足",即"是那些被假定为一个理性的人无论他想要别的什么都需要的东西。不管一个人的合理计划的细节是什么,还是可以假定有些东西是他会更加喜欢的。如果这类善较多,人们一般都能在实行他们的意图和接近他们的目的时确保更大的成功。这些基本的社会善在广泛的意义上说就是权利和自由、机会和权力、收入和财富。显然,这些东西一般都符合对基本善的描述。鉴于它们是与社会基本结构相联系的,它们是社会的善:自由和权力是由主要制度的规范确定的,收入和财富的分配也是由它们调节的"②。正义就是衡

---

① 亚当·斯密也谈到了人们之间的社会合作——他称之为交换——的好处,他这样写道:"他们依着互通有无、物物交换和互相交易的一般倾向,好像把各种才能所生产的各种不同生产物,结成一个共同的资源,各个人都可以从这个资源随意购取自己需要的别人生产的物品。"(〔英〕亚当·斯密:《国富论》,上卷,郭大力、王亚楠译,商务印书馆,1972,第16页)

② 〔美〕约翰·罗尔斯:《正义论》,何怀宏等译,中国社会科学出版社,1988,第87~88页。罗尔斯后来意识到对基本的善的解释存在问题,于是在《作为公平的正义》一书中对其意义重新进行了解释。首先,基本的善是人作为公民或社会成员所需要的东西,而不是生物学上的人所需要的东西;其次,基本的善是公民作为自由和平等的人度过整个人生所需要的东西,而不是某一时刻理性欲望的对象(姚大志著《何谓正义:当代西方政治哲学研究》,人民出版社,2007,第62~63页)。

量社会主要制度或基本结构分配基本善（基本的权利和自由、机会和权力、收入和财富、自尊和自信等）是否正当的唯一规范标准。

罗尔斯的正义理论是一种经过改造的社会契约论。对罗尔斯而言，正义原则的根本问题不是发现什么，而是选择什么，就是说，正义原则不是某些先验的东西，而是社会上每一个自由平等的人就正义的原则所达成的共识。不是"它们是正义的原则，所以我们选择了它们"，而是"我们选择了它们，所以它们才是正义的原则"。问题在于，我们面对许多关于正义的原则（利己主义、利他主义、功利主义、集体主义等）时，我们不知道哪些原则是正义的。问题更在于，正义的原则是全体共同体成员一致选择的结果，如何才能使每个人就涉及他们根本利益的正义原则达成全体一致的共识？这在现实中是不可能的，因为每一个人都是不同的，他们不仅具有不同的价值观和关于善的观念，而且他们在社会上占有不同的地位，具有不同的利害关系。如何使具有不同的价值观、社会地位和利害关系的人们达成一致性的社会契约？古典社会契约论者对此语焉不详，这是其根本性的缺陷。罗尔斯对古典的契约论进行了根本性地改造，他指出，人们可以拥有不同的价值观，也确实占有不同的社会地位并具有不同的利害关系，这些因素会导致人们不能达到一致，然而，从道德的观点来看，这些因素与讨论正义的原则是不相关的。如果把这些不相关的因素排除掉，人们就会对什么是社会的基本的善以及应如何分配这些基本的善达成一致的共识。因此，确定正义原则的关键不在于我们"选择了什么"，而在于我们"如何选择"，而如何选择的关键在于"程序正义"。如果我们能够设计出一种正义的选择程序，那么在这种程序正义的环境下，人们就能对选择的正义原则达成一致的意见。

为此，罗尔斯设计出一种特殊的和理想的正义环境，以便将影响人们进行判断的各种不相干的社会和自然状态的偶然因素去掉，使各个不同的人在一种公平的程序、正义的条件下就作为公平的正义原则达成全体一致的意见。这就是所谓的"原初状态"（original position）。"原初状态是这样定义的：它是一种其间所达到的任何契约都是公平的状态，是一种各方在其中都是作为道德人的平等代表、选择的结果不受偶然因素或社会力量的相对平衡所决定的状态"①。原初状态是一种纯粹假设的状态，它并不是古典契约论者所谓的在国家产生之前的"自然状态"；就是说，它不是人类历史上俨然存在的史实，而只是一种思想实验或一种逻辑证明。"原初状态的观念旨在建立一种公平的程序，以使任何被一致同意的原则都将是正义的。其目的在于用纯粹程序正义的概念作为力量的一个基础"②。

在"原初状态"中，最关键的是"无知之幕"（veil of ignorance）的设计。后者假定每一个人都不知道任何有关他个人和社会的特殊信息或知识："首先，没有人知道他在社会中的地位，他的阶级出身，他也不知道他的天生资质和自然能力的程度，不知道他的理智和力量等情形。其次，也没有人知道他的善的观念，他的合理生活计划的特殊性，甚至不知道他的心理特征：像讨厌冒险、乐观或悲观的气质。再次，我假定各方不知道这一社会的经济或政治状况，或者它能达到的文明和文化水平。处在原初状态中的人们也没有任何有关他们属于什么时代的信息。"③ 当然，如果人们一无所知，那么也无法在"原初状态"下进行选择。为了做出选择，人们必须知道点什么。罗尔斯认为人们应该知道并向往的东西是基本的善和分配这些基本的善的各种正义原则。

"原初状态"不仅限制了选择的环境，而且也限制了选择的主体；不仅其选择环境是理想的，而且选择主体也是理想的：第一，每一个人都是自由而平等的，他们具有相同和相等的权利，特别是在决定他们根本利益的分配方面具有同等的重要性，这意味着在决定什么是正义原则的问题上，他们的社会地位是平等的。第二，每一个自由的人都是道德人的平等代表，他们具有正义感，信守并且遵从他们所选择的正义原则。第三，"无知之幕"排除了使人们陷入争论的各种偶然因素的影响，他们不知道各种选择对象将如何影响他们自己的特殊情况，不得不仅仅在一般考虑的

---

① 〔美〕约翰·罗尔斯：《正义论》，何怀宏等译，中国社会科学出版社，1988，第115页。
② 〔美〕约翰·罗尔斯：《正义论》，何怀宏等译，中国社会科学出版社，1988，第87~88页。
③ 〔美〕约翰·罗尔斯：《正义论》，何怀宏等译，中国社会科学出版社，1988，第87~88页。

基础上对原则进行评价。这意味着每一个平等的道德人都按照"康德道义论"的第一条和第二条绝对命令行事，即"要只按照你同时也能成为普遍规律的准则去行动"，和"永远把人类（无论是你自己还是他人）当作一种目的而绝对不仅仅是一种手段来对待"。处于"原初状态"中的人受到了"无知之幕"的严格约束，这就保证了，第一，那些影响人们政治观念而从道德观点上又是不相干的因素被排除，有助于人们达成一致。第二，所有人在该程序中都处于平等的地位，所达成的结果对所有当事人都是公平的。程序正义一旦启动，所得出的任何结果都是正义的。

　　罗尔斯把人们在程序正义下选择的一般正义观念表述为："所有的社会价值——自由和机会、收入和财富、自尊的基础——都要平等地分配，除非对其中的一种价值或所有价值的一种不平等分配合乎每一个人的利益。"① 体现这一正义观的两个具体正义原则是：第一，每个人对与所有人所拥有的最广泛平等的基本自由体系相容的类似自由体系都应有一种平等的权利；第二，社会和经济的不平等应这样安排，使它们：①在与正义的储存原则一致的情况下，适合于最少受惠者的最大利益；②依系于在机会平等的条件下职务和地位向所有人开放②。第一个正义原则又叫平等的自由原则；第二个正义原则的第一个部分又叫差别原则，第二个部分又叫公平的机会平等原则。罗尔斯实际上提出了三个正义原则。罗尔斯认为，这两个（三个）正义原则的重要程度是不一样的，它们之间存在着一种孰先孰后的词典式的排列次序。他指出，第一个正义原则优先于第二个正义原则（自由的优先性），第二个正义原则中的机会平等原则又优先于差别原则（正义对效率和福利的优先），只有充分满足了前一原则的情况下才能考虑后一原则。为什么罗尔斯按照这样一种词典式的次序对正义原则进行排列？为什么他把公平的机会平等原则和差别原则合在一起统称为第二个正义原则？

　　第一，每一个正义原则都有自己对应的基本善，这些基本善对自由

---

① 〔美〕约翰·罗尔斯：《正义论》，何怀宏等译，中国社会科学出版社，1988，第87~88页。
② 〔美〕约翰·罗尔斯：《正义论》，何怀宏等译，中国社会科学出版社，1988，第87~88页。

平等的人的重要性因渴求程度是不同的。自由的平等原则对应的是权利和自由，机会平等原则对应的是权力和机会，差别原则对应的是收入和财富。第一个正义原则被用来确保平等的自由和权利，第二个正义原则被用来确保平等的分配，公平的机会平等原则适用于机会和权力的分配，差别原则适用于收入和财富的分配。自由的优先性意味着承认自由相对于社会经济利益的绝对重要性，支持这一次序的观念是：如果各方推测他们能够有效地履行他们的基本自由，他们将不会用让渡自己的某些自由来换取经济状况的改善。机会平等对效率和福利的优先则意味着，收入和财富的分配是权力、社会地位和职务分配的结果，相对于后者，前者更需要按照平等的原则进行分配，这将通过使它们向所有人开放而做到这一点。

　　第二，对罗尔斯而言，作为公平的正义总是意味着平等。所有的社会价值或基本善原则上都应该平等分配。然而有些基本善是可以平等分配的，如自由和权利，它们是无限的，每个人都可以拥有与其他人自由相容的自由的平等权利，自由只能为了自由的缘故而被限制（消极自由）；有些基本善则是无法平等分配的，如机会、权力、职位、职务、收入和财富等，它们是有限的。罗尔斯认为，一个理想的社会分配方式应该是完全平等的，但这是不可能的。如果任何社会都无法做到完全平等，那么分配正义的问题就变成了"什么样的不平等分配能够被称为是正义的"。第一个原则是平等的分配正义原则，第二个原则是不平等分配的正义原则。如果正义就是平等，那么分配正义就必须将平等的理念贯穿始终。所有能够加以平等分配的东西的分配都必须是绝对平均主义的，这便是平等的自由原则，它具有首要的优先性。公平的机会平等原则又被罗尔斯称为"自由主义的平等"，它通过将权力、地位、职务、机会等这些不能平均分配的基本善向所有有条件的人开放而至少体现了机会均等，用罗尔斯的话说就是："一种机会的不平等必须扩展那些机会较少者的机会"。同时，它具有次要的优先性。差别原则又被罗尔斯称为"民主的平等"，它意味着，对于收入和财富这样无论如何也不能加以平等分配的东西，不平等的分配必须可以为那些拥有较少收入和财富的人们所接受。用罗尔斯的话说就是：

"一种过高的储存率必须最终减轻承受这一重负的人们的负担。"① 总之，罗尔斯的两个正义原则证明，所有能够加以平等分配的东西都应该平等地分配，而不能平等分配的东西的不平等分配应该合乎每一个人的利益，特别是合乎最少受惠者的最大利益。

分配的正义集中体现在差别原则上。差别原则是有关不应得的不平等要求补偿的原则。这个原则认为，"为了平等地对待所有人，提供真正的同等的机会，社会必须更多地注意那些天赋较低和出生于较不利的社会地位的人们"②。差别原则是罗尔斯正义论最有意义的部分，它典型地表达了罗尔斯的正义观和平等观。在罗尔斯之前，西方主流政治哲学的平等观念可以归结为两种，一种是"权利平等"，一种是"机会平等"。"权利平等"是一种基于自由市场制度的平等。这种平等取消了封建等级制度的阶级差别和固定地位，将人看作完全自由的个体。然而，这种平等仅仅是形式上的，因为它听任社会和自然两方面的偶然因素对个人的生活前景的摆布，这些偶然因素往往造成人们在机会、收入和财富方面的极大不平等。也就是说，平等的权利会导致不平等的结果。"机会平等"力图消除社会偶然因素造成的不利影响，它通过增加教育机会、实行再分配政策和其他社会改革措施为所有人提供一种平等的出发点。尽管"机会平等"可能会消除社会偶然因素对分配产生的不利影响，却没有消除自然偶然因素所造成的不利影响，它还是允许财富和收入的分配受能力和天赋的自然分配决定。罗尔斯把自己的平等观念称为"民主的平等"，这种平等观不允许分配的份额受到这些从道德观点看是非常任性专横的因素的不恰当影响，它强调要平等地把每一个人看作一个道德人来对待，绝不可根据人们的社会或者自然运气来衡量他们在社会合作中利益和负担的份额。

罗尔斯指出，影响人们生活前景的东西主要有三种：人们出身的社会阶级，人们具有的自然天赋和人们在生活中的幸运与不幸。良好的家庭出身、优越的自然天赋和生活中的幸运通常能够使人们在社会上占有较高的

---

① 〔美〕约翰·罗尔斯：《正义论》，何怀宏等译，中国社会科学出版社，1988，第87~88页。
② 〔美〕约翰·罗尔斯：《正义论》，何怀宏等译，中国社会科学出版社，1988，第87~88页。

地位和获得较多的收入。但是，人们拥有什么样的阶级出身、自然天赋和幸运与不幸完全是偶然的。没有人可以合理地声称自己应该出身于比别人更好的家庭，拥有比别人更高的自然天赋和更大的幸运。从道德上讲，更好的家庭出身、自然天赋和运气不是他们应得的，正像更差的家庭出身、自然天赋和运气也不是另外一些人应得的一样。影响人们差别的自然因素在道德上是不相关的。那些自然天赋较高的人没有理由声称自己对于其天赋在道德上是应得的。如果在道德上是不应得的，那些较幸运的人就不应该利用它们为自己谋利。罗尔斯并没有得出应该消除人们之间自然差别的结论，实际上也不可能消除这些差别。如果无法消除这些自然因素在不同的人们之间的任意的、偶然的、专横的和在道德上是不应得的分配及其在社会经济方面产生的不平等，那么分配的正义则要求必须对由自然因素而导致的不平等有所纠正。"差别原则实际上代表这样一种安排：把自然才能的分配看作一种共同的资产，一种共享的分配的利益（无论这一分配摊到每个人身上的结果是什么）。那些先天有利的人，不论他们是谁，只能在改善那些不利者的状况的条件下从他们的幸运中得益"①。罗尔斯认为，社会中最需要帮助的是那些处于社会底层的人们，他们拥有最少的机会和权力、收入和财富，社会不平等最强烈地体现在他们身上。这些人被罗尔斯称为"最少受惠者"。一种正义的制度应该通过各种社会安排来改善最少受惠者的处境，增加他们的希望，缩小他们与其他人之间的分配差距。这样，如果一种社会安排出于某种原因不得不产生某种不平等，那么它只有最大限度地增加最少受惠者的最大利益才是正义的。

如果说第一个正义原则体现了自由，第二个正义原则的第二部分体现了平等，那么第二个正义原则的第一部分则体现了博爱。罗尔斯的正义论是启蒙学者提出的自由、平等、博爱价值观的最出色的阐述和证明。

第三节　正义的选择

在占用较大篇幅介绍罗尔斯的正义论之后，我将运用罗尔斯的两个正

---

① 〔美〕约翰·罗尔斯：《正义论》，何怀宏等译，中国社会科学出版社，1988，第 87~88 页。

义原则为经济民主正名。假设平等的自由人在原初状态中选择了两个正义原则，他们将以此来评判社会经济制度，并且选择符合正义原则的劳动合作组织。这样，我们就离开原初状态的设计而进入罗尔斯所说的立宪阶段。在这一阶段，无知之幕部分地消除了，但仍然没有被彻底地拉开。人们仍然不知道哪一种经济制度或劳动合作组织是符合正义的，但人们可获得的知识增加了，其中最主要的是他们知道了关于社会的一般事实，如经济发展的规模和水平，制度的性质、结构、特征和对他们福利产生的各种结果及影响，自然环境，等等；但仍然不了解关于他们自己状况的特殊事实，如社会地位、自然禀赋和特殊兴趣等。排除有关个人特殊事实知识的目的仍然是防止人们的偏见、偏好特别是人们之间的利害冲突等这些不相干的因素对选择正义的经济制度的影响。

假定人们知道有三种社会基本经济制度或劳动组织，它们分别是资本主义、劳资合伙和经济民主；他们也了解这三种基本经济制度的性质、结构和特征（如表 2-1 所示，关于这三种企业制度的性质、结构和特征是根据第一章的描述而总结的），但他们不知道自己在这三种经济制度中所处的位置；再假定他们不计算概率（在信息缺乏的情况中也无法计算），厌恶风险，不愿意拿命运来赌博。在这种情况中，人们如何选择正义的经济制度呢？选择的结果是不言自明的，那一定是经济民主。

表 2-1 三种企业制度的对比

企业制度	性质、结构和特征			基本善的分配		
	权力配置	生产上的地位	收入分配	权利和自由	机会和权力	自尊
资本主义	独裁制	官僚等级制	差距巨大	不平等	不平等	少数人有，多数人没有
劳资合伙	独裁制，但有所改善	官僚等级制，但底层地位有所改善	差距较大	不平等，但有所改善	不平等	多数人有点自尊
经济民主	参与制	平等	民主的平等：差距较小	平等	自由主义的平等	全体都有

如果我们不知道自己在企业中身处何处，我们也不能听任自己的命运由偶然的因素或由运气决定，我们就一定会按照罗尔斯制定的游戏规则——"最大的最小值规则"（Maximin Rule）——来进行选择。该规则是指，我们首先确认出每一种可能的选择的最坏结果，然后选择那种其最坏结果相比于其他选择对象的最坏结果来说是最好的结果，亦即"最好的最坏结果"（Best Worst Outcome）。这一规则马上就排除了选择清单上的资本主义企业。资本主义企业制度是按不平等的原则来配置我们的基本权利、权力和机会以及收入和财富的，这种不平等的分配决定了我们之间在合作组织中的不同的社会地位、不同的福利状况以及高低贵贱。即使不计算概率，每个人也都知道，只有极少数人才能沿着权力的阶梯爬向顶端，而绝大多数人将作为"最少受惠者"沦落到底层。由于权利、权力和机会分配的不均等，这绝大多数人一旦落入底层就很少有机会翻身。极少数人境遇的改善是以绝大多数人境遇的变坏为前提的，这可不是什么"帕累托最优"，而是"零和博弈"。一旦我们成为"最少受惠者"，我们便很少有机会由地狱上升到天堂。劳资合伙制企业也从清单上被排除了，它可不是"最好的最坏结果"，因为还有更好的选择——那便是经济民主。

为什么说经济民主是不言自明的选择？因为经济民主制企业满足了两个正义原则的所有要求。表2-1的三种企业制度对比是可以省略的，对比并不是逻辑证明所必需的，其目的就是为了加深对我在第一章阐述的这三种企业制度不同之处的理解。我们无需知道还有什么其他的选择，就能从两个正义原则直接推出经济民主企业制度。自由、平等和自尊要求我们公平地分配基本权利、权力、机会、职务和收入，对于不能平等分配的东西的分配要符合"最少受惠者的最大利益"。经济民主恰恰就是这样一种企业制度或劳动合作组织：在那里，每一个劳动者的基本权利是完全平等的，他们按一人一票的原则参与企业的决策和管理，权力受到了有效的监督，不负责任者将会被撤换，滥用权力为自己牟利者将会受到惩罚，机会和职位向所有有条件的人开放，社会地位的垂直流动性大大加强，收入分配的差距是按民主的原则制定的，也是在大家可以接受的范围之内；在那里，每一个人的社会地位都是平等的，"每个人的自由发展是一切人的自由发展的条件"（马克思语）；在那里，那些处在较有利位置的人只有通过提高处于较不利位置的人的福利才能为自己谋利，这是真正的"帕累托改进"，是双赢的博弈；在那里，由于消灭了"那些使人成为受屈辱、被奴役、被遗弃和被蔑视的东西的一切关系"（马克思语），每一个人都有尊严地工作和生活着。经济民主就是具有正义感的自由和平等的人们的正义的选择。

一旦选定了劳动组织的基本原则，我们就离开了立宪阶段，而进入立法阶段。在这一阶段，"无知之幕"被彻底地拉开了，我们都回到原来所处的社会地位上，这意味着每一个人不仅知道关于社会和自然环境的一般事实，也了解关于他们自己状况的特殊事实。我们要根据确立的基本原则详细地规定每一个人具体的权利、责任和义务，并且划分各自承担的由社会合作产生的利益和负担。这样便形成了对企业进行管理和控制的法律体系和制度框架，我们据此裁定每一个人的行为是否正当以及决定对其进行奖惩。这便是第一章图1-3所表示的劳动者管理型企业的组织结构。

第四节 权利与权力

正义的第一原则要求社会主要制度绝对平等地分配每一个人的基本权利和义务，这些基本权利主要包括自由、平等和自尊；正义的第二原则要求按自由主义的平等（分配机会和权力）和民主的平等（分配收入和财富）决定由社会合作产生的利益之划分方式；其中，正义的第一原则具有压倒一切的优先性。罗尔斯的这种排序方法说明了他是一个自由主义者。几乎所有的政治自由主义思想家都把权利（rights）当作核心，他们试图提出一种权利理论，在这种理论中，自由和平等——自尊只是自由和平等的结果或在心理上的表现，如果一个人既没有自由，又听命于人，他还有什么自尊可言——具有最高的政治价值，只不过一些人如罗尔斯更注重平等，而另一些人如诺齐克更强调自由，特别是在自由和平等这两种价值观发生冲突的情况下。几乎所有的自由主义思想家都把权力（power）特别是权力的集中视为对自由和平等的最大威胁，进而要求权力的分散化和民主化，特别是要求对政府的政治权力实施的方式和范围加以限制，以保证每一个人的神圣不可侵犯的权利不会受到侵犯。

在不妨碍和不伤害其他人同样的权利的条件下，个人应当具有什么样的权利？这是最基本的人权，它们涉及生命的意义和人生的目的以及每一个人的生存和发展。在这方面，罗尔斯只是接受了资产阶级启蒙学者的"自然权利说"（natural rights），他把自由和平等当作正义理论的前提，当作每一个自由而又平等的道德人理当接受的东西。因此，罗尔斯的基本善理论或基本权利理论缺乏严格的证明。为了了解个人应当具有什么样的权利，我们必须回到古典的社会契约理论。

英国古典哲学家约翰·洛克（John Locke, 1632-1704）把个人的基本权利概括为生命权、生存权、自由权、幸福权和财产权。这些权利是先于社会而存在的，它们是由作为一切制定法基础的关于正义的基本和终极的原则的自然法（Natural Law）所赋予的"自然权利"，这些权利是天赋的、不可转让、不可剥夺的，适用于所有人并且是永恒不变的。洛克这样写道："人类天生都是自由、平等和独立的，如不得本人的同意，不能把任何人置于这种状态之外，使受制于另一个人的政治权力"，"同种和同等的人们既毫无差别地生来就享有自然的一切同样的有利条件，能够运用相同的身心能力，就应该人人平等，不存在从属或受制的关系"，"人们既然都是平等和独立的，任何人就不得侵害他人的生命、健康、自由或财产"[1]。洛克特别强调财产权，他既在广义上也在狭义上使用"财产"概念，在狭义上，它是指物品；在广义上，财产（它是人类劳动的自然权利的产物）等同于免除人身、政治和经济的不安全和不自由的重要手段，它涵盖了人类的利益和渴望的广阔领域，这意味着财产权包括人权。洛克在其著作中不止一次提出这样的问题，在没有私人财产和所有权的地方会有什么正义？他把"专制权力"定义为"置于被剥夺了一切财产的人之上"的权力。

洛克在社会契约论的所谓"自然状态"下论证了个人的基本权利，说明了国家的产生及其性质。自然状态是指在国家和法律出现之前人类社会

---

[1] 〔英〕约翰·洛克：《政府论》下篇，叶启芳等译，商务印书馆，1996，第59、5、6页。

的无政府状态,它是社会契约论者用以说明国家产生的一种假设。"自然状态是一种完备无缺的自由状态,他们在自然法的范围内,按照他们认为合适的方法,决定他们的行动和处理他们的财产和人身,而无须得到任何人的许可或听命于任何人的意志。这也是一种平等的状态,在这种状态中,一切权力和管辖权都是相互的,没有一个人享有多于别人的权力"①。对霍布斯来说,自然状态是"一切人反对一切人"的战争;而对洛克而言,自然状态不是没有理性约束的状态,而是受自然法制约的状态。洛克将人类的自然状态描绘成人们仅依照自然法行动的人人自由、互相尊重、平等的状态,人人都平等地享有自然权利:生命权、财产权、自由权等,人们可以用自己认为合适的办法来决定自己的行为,自由处理自己的人身及财产。在这种状态下,虽然人具有处理人身或财产的无限自由,但是并没有毁灭自身或他所占有的任何生物的自由。人们靠自然法即理性来保护自己的利益和维持社会秩序,每个人自己来执行自然法,即是自己案件的法官。自然状态虽然是自由状态,但同政治社会比,它又存在着自身的缺陷。自然法缺少一种明文规定的法律和依法裁判争执的公共法官,还缺少一种保证判决执行的权力。因此,自然状态不能从根本上保障每一个人的基本权利,而且会造成对具有同样权利的他人利益的侵害和破坏。这就促使人们互相协议缔结了契约,自愿放弃了他们在自然状态下享有的解释和执行自然法的权力。人们达成协议把部分权力交给社会,也就是把立法、行政和执法权力授予政府,政府按社会全体成员或他们的代表所共同同意的规定来行使这些权力,社会从此由自然状态进入公民社会或政治社会。

人们之所以联合成为国家和置身于政府之下的重大和主要的目的是保护他们的最基本权利,而不是放弃他们的基本权利。这正如法国著名政治哲学家让·雅克·卢梭(Jean-Jacques Rousseau,1712 – 1778)所指出的:"每个人由于社会公约而转让的自己一切的权力、财富、自由,仅仅是全部之中其用途对于集体有重要关系的那部分。"② 诺齐克也指出:"个人拥有权利,有些事情是任何人或任何群体都不能对他们做的,否则就会侵犯

---

① 〔英〕约翰·洛克:《政府论》下篇,叶启芳等译,商务印书馆,1996,第5页。
② 〔法〕让·雅克·卢梭:《社会契约论》,何兆武译,商务印书馆,1982,第42页。

他们的权利"①,"个人是目的,而不仅仅是手段;他们若非自愿,就不能被牺牲或者被用来达到其他的目的;个人是不可侵犯的"②。人们同意转让一部分自己的自然权利,同时还保留了另一部分自然权利。这些被保留的权利就是既不能转让也不能被剥夺的天赋人权——它们就是自由、平等和自尊。古典的社会契约论指出,在多数人同意的基础上产生的国家是公民自然权利的延伸物,是公民自然权利的捍卫者,个人从自然状态进入政治社会并没有丧失这些自然权利,国家存在的目的是保护公民的自然权利,政府存在的正当性也在于此。古典的社会契约论反对"君权神授",强调国家或统治者的权力并不由法律或信仰来赋予,而是来自人民的授予,只有得到被统治者的同意和授权,统治者运用权力才是正当的。如果国家的统治者或政府违反人们订立社会契约的初衷,利用手中的权力暴虐地制定和实施违反人民的意志和侵害人民基本权利的法律,人民享有最终反抗的权利,直至推翻政府。古典的社会契约论的这些结论直接指向人民主权论和政治民主化的要求,卢梭在他的《社会契约论》中把这些思想和观点发挥到了极致。

应当指出,人的基本权利或人权并不是天赋的也不是来自"自然法"的法则,它们是社会进步和经济发展到了比较高级阶段的产物。在古代和中世纪的专制社会里,君主对臣民,奴隶主对奴隶,封建主对农奴,享有至高无上的权利,掌握着生杀予夺大权,可以任意处置其他人的个人财产。只是到了近代,"只有在人类平等概念已经成为国民的牢固的成见的时候"(马克思语),至少在法律面前人人平等的时候,人的"自然权利"才被提了出来。以大卫·休谟(David Hume,1711 – 1776)、亚当·斯密、亚当·弗格森(Adam Ferguson,1723 – 1816)等人为代表的苏格兰启蒙运动(Scottish Enlightenment)对权利的解释则更为深刻。他们反对以各种天赋权利等为基础的"自然法"体系,主张只有通过制度建设来维护公民的各种权利。法国著名政治哲学家邦雅曼·贡斯当(Benjamin Constant,1767 – 1830)指出,在任何特定社会中,天赋权利在政治上都是毫无意义

---

① Nozick, Robert, *Anarchy, State and Utopia*, New York: Basic Books, 1974, p. 9.
② Nozick, Robert, *Anarchy, State and Utopia*, New York: Basic Books, 1974, p. 31.

的，每个人只能享有社会所赋予他的权利，个人权利并不先于政府权力而存在。他以财产权为例说明他的观点，"在我看来，某些根据抽象论点保卫财产权的人士犯了一个严重的错误：他们把财产权视为某种神秘的、先于社会并独立于社会的东西。这些说法没有一个是言之成理的。财产权绝对不是先于社会的，如果没有给它提供安全保障，财产权不过是首先占有者的权利，换句话说，是暴力的权利，也就是说，一个根本不是权利的权利"[①]。

　　社会契约论的国家理论是关于国家性质的规范性分析，它提供了国家应该是什么的价值标准。没有对国家性质的规范性分析，我们就不知道现实国家的所作所为是否符合正义；而没有对国家行为的实证性分析，我们也不知道为什么国家的所作所为是这个样子。事实上，社会契约论的国家理论曾经起到非常革命性的作用，它是资产阶级反对和推翻封建等级制度的强大、锐利的思想武器。美国《独立宣言》宣布："我们认为下述真理是不言而喻的：人人生而平等，造物主赋予他们若干不可让与的权利，其中包括生存权、自由权和追求幸福的权利。为了保障这些权利，人们才在他们中间建立政府，而政府的权力，则是经被统治者同意所授予的。任何形式的政府一旦对这些目标的实现起破坏作用时，人民便有权予以更换或废除，以建立一个新的政府。"法国大革命的《人权宣言》这样写道："人生来是而且始终是自由平等的"，"一切政治结合的目的都在于保护人的天赋和不可侵犯的权利；这些权利是：自由、财产、安全以及反抗压迫"。这两个著名的宣言都充分体现了社会契约论的"自然权利"思想和国家理论。

　　我们确实需要的东西是什么？是自由、平等和自尊。我们最无法容忍的东西是什么？是使我们的自由、平等和自尊处于危险之中。什么东西会将我们的自由、平等和自尊置于危险之中？是高度集中和无法制约的政治和经济权力。权力是政治学研究的基础性概念，恰如对物理学来说，能量是物理学研究的基础性概念一样。权力是一种迫使人们不得不服从的强制性力量，具有权力或具有较多权力的人或集团运用其手中的权力可以支配

[①] 〔法〕邦雅曼·贡斯当：《古代人的自由与现代人的自由》，阎克文等译，上海人民出版社，2003，第194页。

乃至将其意志强加给没有权力或具有较少权力的人或集团，这就可能侵犯了他人的自由、平等和自尊。历史上曾经存在过的各种各样的集权主义（国家主义、法西斯主义、纳粹主义等），代表了集政治权力和经济权力于国家一身的社会政治经济极权体制，对人民的自由、平等和自尊曾造成了极大的伤害，甚至犯下了严重的罪行。

对古典自由主义者来说，政治权力的垄断产生政治上的压迫，所以关键的问题是如何防止政治权力的滥用以保护人民的自由权利，因而必须在政府能做什么和不能做什么之间划出一条明确的界限。而马克思主义者则更强调人民的平等权利，强调经济权力的垄断导致了社会分层和社会阶级的出现，并引发了社会各阶级之间的对抗和冲突。其实，社会政治和经济权力的不平等分配既产生了政治上的压迫又导致了经济上的剥削，这两者都是我们所不能忍受的，因为它们同样对我们的基本权利造成了极大的伤害。为了使我们最珍重的自由、平等和自尊不被置于危险之中，无论是政治权力还是经济权力，特别是由政治权力和经济权力相结合而产生的超级权力，都必须分散化和民主化。从保护我们的基本权利这一点出发可以直接导致对政治民主和经济民主的诉求。

这里所说的权力，不是指家长对未成年子女的权威，也不是指专业技术专家在专门技术领域所树立起来的权威；它是指一种社会权力，即运用社会的政治权力、经济权力和对思想、舆论和意识形态控制的权力支配社会稀缺资源和动员社会资源完成预定的设计目标的权力。霍尔瓦特把"社会权力"定义为："通过以一种重要的方式影响他人生活的决策，为社会体制的运行动员必要资源的能力。"[1] 这个定义强调社会权力两个方面的内容：权力既是功能性的（functional），因为它对社会体制的运行是必需的，没有足够的权力，某种特定的任务就可能无法完成；权力又是冲突性的（conflict），因为可以有许多种方法和为了促进不同集团的利益而分配社会权力和设计社会权力结构。与那些具有较少权力的集团相比，那些拥有较多权力的集团可以更好地保护和增进自己的利益。从这个意义上说，权力

---

[1] 〔克〕勃朗科·霍尔瓦特：《社会主义政治经济学：一种马克思主义的社会理论》，吴宇晖、马春文、陈长源译，吉林人民出版社，2001，第66页。

是一种关系性的概念。如果两个人拥有同样的权力,他们在彼此的关系上就没有权力,就是说,他们之间是平等的,不是上下级之间的关系。在对社会阶级的分析中,权力的概念总是指相对于其他人的"超量的权力"(excess power)。超量的权力是单向性的,它产生等级制。在一个权力不平等分配的社会里,占有较多权力的集团具有特权,能够影响权力较少的集团的生活。社会以这种方式形成阶层,上层能够将自己的意愿强加给下层。如果权力的运用受到自我利益的引导或由自我利益决定,"那么,将己之意愿施之于人就意味着剥削。剥削可以定义为'生活机会的任何一种社会性规定的不对称的生产形式'。这里的'生活机会'是指'个人分享社会性地创造的经济和文化物品的机会'。被剥削集团对这种状态不满意,其成员将会努力保卫自己,甚至反攻。这被称作阶级斗争,它反映着命令者与被命令者之间、领导者和被领导者之间、统治者和被统治者之间、主宰者和被主宰者之间、压迫者与被压迫者之间以及剥削者与被剥削者之间的根本性社会冲突"①。

　　权力是一个三维的范畴。一个人可以被强迫服从,被诱惑服从或心甘情愿地服从。因此,控制他人的社会权力,可以有政治的、经济的和操纵性的三种类型,而控制他人行为的主要方法也有三种:政治权力用物质性的强制和强迫即暴力,经济权力用效用即物质刺激和反刺激或身份地位象征的给予和撤销,操纵的权力用对他人心灵的控制。三种形式的权力产生三种形式的强制:政治权力主要用大棒,它从肉体上强制他人服从权力使用者的命令;经济权力主要用胡萝卜,它通过饥饿强制,"不服从者不得食",让一个人选择服从或者被剥夺像样的生活标准;操纵性权力从心理上强制,它俘获人的心灵,诱惑人们为统治阶级服务并相信这是最有利于自己利益的。权力这一顺序可以由监禁、货币性激励、荣誉和勋章以及"洗脑"来表现。在这三种类型的权力中,政治权力是最终的和起决定性作用的,是权力的基础,它决定了后两种权力,特别是经济权力的配置。如果说,权力意味着强迫服从,那么,政治权力就是最赤裸裸的强制,因

---

① 〔克〕勃朗科·霍尔瓦特:《社会主义政治经济学:一种马克思主义的社会理论》,吴宇晖、马春文、陈长源译,吉林人民出版社,2001,第68页。

为它可以运用暴力从肉体上强迫乃至消灭不服从者。经济权力和操纵性权力最终以政治权力作为后盾。按照法国政治哲学家米歇尔·福柯（Michel Foucault，1926 – 1984）的观点，有选择自由的人选择的绝不是"权利"，而是"权力"，选择的绝非正义，而是统治，所以任何以普遍立法名义开展出来的权利或正义只能是掩饰压迫和非正义的。权力主要以下层人民为对象，其目的是制造出听话而有用的身体，"各种权力关系直接掌控身体，它们包围它、标识它、训练它、折磨它，强迫它承担任务，履行仪式，表达意义"①。谁获得了社会权力（通过暴力、选举或财产权），谁就有了按照自己的意志支配他人和动员社会资源的能力。作为功能性的权力是避免不了的，但如果权力不能够分散化和民主化，反而集中在少数特权集团手中，它就会成为社会冲突的源泉，社会就会分裂为阶层和阶级。

权力分配的不平等产生了另外两个重要的社会不平等：财富和收入分配的不平等和社会名望的不平等。权力、财富和名望的不平等与社会阶级的形成高度相关，对这些值得弄到手的东西的累积性分配产生了客观上不同集团利益之间的不相容和主观意识上的冲突，这就是为什么一个支配同样的权力、有同样生活水平和社会名望的私人集团会组成一个社会阶级。在阶级的范围内，权力、财富和名望这三个因素之间是可以替代的，特别是权力可以很容易地变成其他两种因素；同时，权力也制约着其他两种因素。这三种因素的连贯性和一致性决定着一个人或集团的社会地位，组成统治阶级核心的人表现为对这三种有价值东西的高度占有，因此有很高的社会地位。对这三个有价值东西占有的同样的社会地位造成了一种类似性，并且产生了作为一种独立的阶级的意识。社会阶级就是以上述三种因素为基本特征的，并且由个人集团在社会工作组织中所扮演的角色决定；在组织之外，它可以被住所、朋友圈子、文化背景和联姻关系识别。

霍尔瓦特认为，政治权力、经济权力和对思想、舆论控制权力高度集中于国家一身的模式不是社会主义，因为检验社会主义的一个最关键的标准是不存在阶级，不存在统治者和被统治者（governors and governed），不

---

① 姚大志：《何谓正义：当代西方政治哲学研究》，人民出版社，2007，第376页。

存在命令者和被命令者（order givers and order takers）。霍尔瓦特用"国家主义"（Etatism）这一范畴来概括这一模式的基本特征。他把现存的基本社会经济制度划分为"资本主义"和"国家主义"两大基本模式，并认为国家主义是一种既不同于资本主义又不同于社会主义的独立的社会经济形态。在他的代表作《社会主义政治经济学：一种马克思主义的社会理论》中，霍尔瓦特从经济学、社会学、政治学、道德心理等方面全面地审视和批判了高度集权的社会经济体制，对国家主义进行了最彻底的理论清算。他以政治民主和经济民主为核心，以生产者平等、消费者平等和公民平等为主要内容，奠定了在政治上以自我治理（self-government）为基本特征、经济上以自我管理（self-management）为基本特征的社会主义的理论基础——经济、政治、社会、伦理和心理的基础。

哈耶克在1944年出版的《通往奴役之路》一书中也完成了对极权体制的理论清算，清算的对象是德国的纳粹主义和意大利的法西斯主义；批评的武器不是马克思主义，而是古典的自由主义。古典的自由主义把个人强调为社会的最后实体，以个人的自由权利为第一要务，把个人自由作为鉴定社会安排的最终目标。小穆勒在《论自由》一书中清楚地表达了自由主义的基本观点："任何人的行为，只有涉及他人的那部分才须对社会负责。在仅只涉及本人的那部分，他的独立性在权利上是绝对的。对于本人自己，对于他自己的身和心，个人乃是最高主权者。"[①] 因此，当社会用强制和控制的方法干预一个人的自由时，唯一正当的理由是这个人的自由行动损害了其他人的自由；这就是说，自由只能为了自由的缘故而被限制。小穆勒把使用社会权力限制个人自由的正当性表述为这样一个基本原则，"这条原则就是：人类之所以有理有权可以个别地或者集体地对其中任何分子的行动自由进行干涉，唯一的目的只是自我防卫。这就是说，对于文明群体中的任一成员，之所以能够施用一种权力以反其意志而不失为正当，唯一的目的只是要防止对他人的危害。若说为了那人自己的好处，不论是物质上还是精神上的好处，那都不成为充足的理由"[②]。哈耶克对古典

---

① 〔英〕约翰·穆勒：《论自由》，许宝骙译，商务印书馆，1959，第11页。
② 〔英〕约翰·穆勒：《论自由》，许宝骙译，商务印书馆，1959，第11页。

的自由主义的实质的表述是:"在限定的范围内,应该允许个人遵循自己的而不是别人的价值和偏好,而且,在这些领域内,个人的目标体系应该至高无上而不屈从于他人的指令。就是这种对个人作为其目标的最终决断者的承认,对个人应尽可能以自己的意图支配自己的行动的信念,构成了个人主义立场的实质。"① 米尔顿·弗里德曼(Milton Friedman, 1912 - 2006)也指出:"自由主义哲学的核心是相信个人的尊严,相信根据他自己的意志来尽量发挥他的能力和机会,只要他不妨碍别人进行同样的活动的话。"②

古典的自由主义把权力的集中视为对自由最大的威胁。因为权力意味着某种强制和对他人自由事务的干预,对自由主义者而言,任何强制的形式都是不合适的。弗里德曼指出,"自由主义者基本上是害怕权力集中的,在一人的自由不妨碍其他人的自由的条件下,他的目标是各个人得到最大限度的自由。他相信:这个目标要求把权力分散。他对分派给政府任何可以通过市场履行的职能表示怀疑,因为这既会在有关领域中用强制手段来代替自愿合作,又因为政府作用的增加会威胁其他领域的自由"③。凡是赋予少数人如此大的权力和如此多的伸缩余地以致其错误能产生如此深远影响的任何制度都是坏制度,而在一个把大权赋予少数人从而使重要政策行动在很大的程度上取决于带有偶然性的个人性格和作风的制度中,错误是不可避免的。自由主义者把人当作不完善的实体,他把社会组织问题看作消极地防止"坏人"做坏事的程度等同于把同一问题看作能使"好人"做好事的程度,因为一旦权力落到追求个人私利的人之手,它就会被滥用。即使好人当政,结果也会给社会带来极大灾难。"通往地狱之路,通常是由善意铺成",阿克顿勋爵这句著名的格言表达了自由主义对待权力的态度:"权力导致腐败,绝对权力导致绝对腐败。"孟德斯鸠的箴言也表达了同样的意思:"权力越大,安全越小。"

---

① 〔奥〕弗里德里希·哈耶克:《通往奴役之路》,王明毅等译,中国社会科学出版社,1997,第62页。
② 〔美〕米尔顿·弗里德曼:《资本主义与自由》,张瑞玉译,商务印书馆,1986,第188页。
③ 〔美〕米尔顿·弗里德曼:《资本主义与自由》,张瑞玉译,商务印书馆,1986,第39页。

古典的自由主义把国家视为"必要的恶"。一方面，国家出现对人们走出"霍布斯丛林"的"自然状态"是一种进步；另一方面，国家又是可怕无比的"利维坦"，它力量巨大，集政治权力和经济权力于一身，是唯一可以合法地使用暴力的组织。小穆勒这样表达了自由主义对国家的看法："他们（指统治者——引者注）的权力被看作必要的，但也是高度危险的；被看作另一种武器，统治者会试图用以对付其臣民，正不亚于用以对付外来的敌人。在一个群体中，为着保障较弱成员免遭无数鸷鹰的戕害，就需要一个比余员都强的贼禽受任去压服它们。但这个鹰王之喜戕其群并不亚于那些较次的贪物，于是这个群体又不免经常处于须要防御鹰王爪牙的状态。因此，爱国者的目标就在于，对于统治者所施用于群体的权力要划定一些他们应当受到的限制；而这个限制就是他们所谓的自由。"① 弗里德曼也指出："为了保护我们的自由，政府是必要的；通过政府这一工具我们可以行使我们的自由；然而，由于权力集中在当权者的手中，它也是自由的威胁。即使使用这权力的人们开始是出于良好的动机，即使他们没有被他们使用的权力所腐蚀。"② 他还针对肯尼迪总统在就职演说中说过的"不要问你的国家能为你做些什么——而问你能为你的国家做些什么"这句话进行批评，他认为这句话在整个句子的两个部分中没有一个能正确地表示合乎自由社会中的自由人的理想的公民和政府之间的关系。"自由人既不会问他的国家能为他做些什么，也不会问他能为他的国家做些什么。他会问：'我和我的同胞们能通过政府做些什么'，以便尽到我们个人的责任，以便达到我们各自的目标和理想，其中最重要的是：保护我们的自由"③。弗里德曼规定了避免政府权力集中从而威胁自由的两大原则：第一大原则是政府的职责必须具有限度，第二个大原则是政府的权力必须分散。

作为一种政治哲学，古典的自由主义要求权力尽可能地分散和相互抵消。首先，它要求划定政治权力运用的范围，限定其只适用于公共事务方面，而不得干预私人或个人领域中那些仅仅影响个人自己的思想和行为，

---

① 〔英〕约翰·穆勒：《论自由》，许宝骙译，商务印书馆，1959，第2页。
② 〔美〕米尔顿·弗里德曼：《资本主义与自由》，张瑞玉译，商务印书馆，1986，第4页。
③ 〔美〕米尔顿·弗里德曼：《资本主义与自由》，张瑞玉译，商务印书馆，1986，第3页。

包括信仰自由、思想自由、言论自由、处置个人财产和决定个人事务的自由，它要求法律保护个人的这些基本权利，将权力挡在个人自由之外。其次，它要求把经济权力和政治权力分开，以使一种权力抵消另一种权力。再次，它要求政治权力的三权分立，以使立法权、司法权和行政权相互制衡。再次，它要求实现法治，以对国家的权力实现事前的限制。最后，它要求实行政治民主，即统治者只有经过被统治者同意和授权才能进行统治。这就是古典的自由主义或个人主义，它是从梭伦、克利斯提尼、伯里克利、修昔底德、西塞罗、塔西陀、伊拉斯谟、蒙田等人那里继承来的，并且由亚当·斯密、休谟、洛克、弥尔顿、小穆勒等人加以发扬光大，它构成西方文明的显著特点之一。

哈耶克正是根据这种自由主义的政治哲学完成了对集体主义的批评。他指出："形形色色的集体主义……它们之间的不同在于它们想要引导社会努力所要达到目标的性质的不同。但它们与自由主义和个人主义的不同，则在于它们都想组织整个社会及其资源达到这个单一目标，而拒绝承认个人目的至高无上的自主领域。"[1] 集体主义意味着一种"计划经济"，它主张以计划来代替非人为的竞争力量，以对社会有意识的指导代替自发的、盲目的市场调节。作为一种社会制度，各种各样的集体主义都有两个主要特征：首先，有一个明确的、单一的、高于一切的、为整个社会共同接受的目标体系；其次，为了实现这单一目标，它们都要将整个社会组织起来，控制社会的一切资源，对一切活动加以集中的管理。哈耶克指出："社会为之组织起来的'社会目标'或'共同目的'，通常被含糊其辞地表达成'公共利益''全体福利'或'全体利益'。无须多少思考便可看出，这些词语没有充分明确的意义以决定具体的行动方针。千百万人的福利和幸福不能单凭一个多寡的尺度来衡量。一个民族的福利，如同一个人的幸福，依赖于许许多多的事物，这些事物被以无数种组合形式提供出来。它不能充分地表达为一个单一目标。"[2] "我们不仅没有这样包罗万象

---

[1]〔奥〕弗里德里希·哈耶克：《通往奴役之路》，王明毅等译，中国社会科学出版社，1997，第59页。

[2]〔奥〕弗里德里希·哈耶克：《通往奴役之路》，王明毅等译，中国社会科学出版社，1997，第60页。

的价值尺度,而且对任何有才智者而言,去理解竞取可用资源的不同人们的无穷无尽的不同需求,并一一定出轻重,将是不可能的"①。在政府应该干些什么的问题上,几乎是有多少不同的人,就有多少种不同的看法。以"公共利益""共同福利"之类的称呼所表示的社会计划只不过是对计划目标缺乏真正一致的掩饰。因此,在一种计划制度里,我们不能把集体行动都限定在我们能够同意的任务上,而为了任何行动都能完全实行,我们却迫不得已要在一切事情上都达成共识。这样,计划经济和指挥经济的任务就被授予少数政治和技术专家或精英们来完成;同时为了更好地完成这一任务,他们越来越强烈地要求必须获得更大的权力,就像把指挥军队的权力交给最高指挥官一样。由专家或精英来做出决定,不仅意味着我们必须按他们的价值尺度做出选择;而且当我们把从前许多人独立行使的权力集中在某一单个集团手里的时候,这绝不是等量的权力转移,而是权力绝对量的增加和扩张;如果将这种权力授予国家,这等于是一个新创造出来的权力,即以"政治权力代替经济权力",这意味着权力膨胀到了前所未有的程度,其影响极为深广,几乎使它变成了另外一样东西;同时,它也"必然意味着,用一种无处不在的权力代替一种常常是有限的权力。所谓经济权力,虽然它可能成为强制的一种工具,但它在私人手中时,绝不是排他性的或完整的权力,绝不是支配一个人的全部生活的权力。但是如果把它集中起来作为政治权力的一个工具,它所造成的依附性就与奴隶制度没有什么区别了"②。特别是集体主义者为了达到他们的目的,必须建立起前所未有的巨大权力——人支配人的那种权力——并且他们的成功也取决于他们获得这种权力的程度。这种创造出来的巨大权力的存在以及运用这种巨大权力实现一个宏伟目标的决心和雄心是对社会的极大威胁,因为集体主义必定会导致权力的集中和滥用,最终导致自由的丧失、民主的毁灭、平等的消亡、道德的沦丧和真理的终结。"这不仅是一条通向极权主义的道路,而且是一条通向我们文明的毁灭的道路,一条必然阻碍未来进

---

① 〔奥〕弗里德里希·哈耶克:《通往奴役之路》,王明毅等译,中国社会科学出版社,1997,第61页。
② 〔奥〕弗里德里希·哈耶克:《通往奴役之路》,王明毅等译,中国社会科学出版社,1997,第140页。

步的道路"①。

霍尔瓦特和哈耶克对极权的社会政治经济体制的批判是极为深刻的。马克思主义和自由主义都反对权力的集中,都要求将权力分散化和民主化。然而,将这两种权力观加以对照,就可以看出它们之间的区别。

首先,马克思主义更注重平等,而把集权看作是对平等的最大威胁;而自由主义更强调自由,把权力的集中视为对个人自由的最大危险。其实,自由和平等都是我们渴望的。没有平等的自由(如在资本主义社会,劳动者有自由处置其劳动力的权利,但在企业中却没有平等的地位)与没有自由的平等(如在贡斯当所说的"古代人的自由"的古希腊的民主制中,"个人在公共事务中几乎永远是主权者,但在所有私人关系中却都是奴隶")一样,都是个人基本权利的缺失,都是不完整的、形式上的自由和平等。

其次,马克思主义更注重将经济权力分散化和民主化,而自由主义更强调政治权力的分散化和民主化。② 其实,无论是政治权力的集中,还是经济权力的集中,特别是政治权力加经济权力的极权,都对自由和平等构成了极大的威胁。如果把自由和平等视为同样值得我们珍重的价值观,那么,无论是政治权力还是经济权力都必须分散化和民主化,这意味着政治民主和经济民主。不存在一个道义上的理由可以说明经济上的专制、强迫和剥削比政治上的专制、强制和压迫更可以忍受(或者相反),因而可以被忽视。然而,所有的古典自由主义者都不主张经济民主,而是主张用私有制和市场经济尽量地分散经济权力。哈耶克从经济自由主义的立场出发热情地颂扬私有制,他认为私有制是自由最重要的保障,这不单是对有产者,对无产者也是一样。他说:"只是由于生产资料掌握在许多个独立行动的人的手里,才没有人有控制我们的全权,我们才能够以个人的身份来决定我们要做的事情。如果所有生产资料都落到一个人手里,不管它在名义上是属于整个'社会'的,还是属于独裁者的,谁行使这个管理权,谁

---

① 〔奥〕弗里德里希·哈耶克:《通往奴役之路》,王明毅等译,中国社会科学出版社,1997,第195页。
② 由于下面将要分析民主制度的种种缺陷,在民主制度下,一些人的自由会妨碍和伤害另一些人的自由,所以古典的自由主义者并不特别看重民主,他们更强调权力的分散、制衡和制约,这便是立宪主义对民主主义的争论。

就有全权控制我们。"① 把权力分裂或分散开来就一定会减少它的绝对量，而竞争制度是旨在用分散权力的办法来把人用来支配人的权力减少到最低限度的唯一制度。弗里德曼也指出："通过使经济活动组织摆脱政治当局的控制，市场便排除了这种牵制性的权力的泉源。它使经济力量来牵制政治力量，而不是加强政治力量……假使经济力量加入政治力量，权力的集中几乎是不可避免的。另一方面，假使经济力量保持在和政治力量分开的人的手中，那么，它可以作为政治力量的牵制物和抗衡物。"②

私有制和市场经济对政治权力和经济权力的分离或防止以政治权力代替经济权力是有效的，但是，它们仍然不能防止经济权力在少数有产者手中集中，那些掌握生产资料的少数人仍然具有控制大多数无产者的全权。哈耶克也承认，对我们当中的大多数人来说，花在工作上的时间占我们整个生命的大部分，如果我们生命中的大部分时间都受到少数有产阶级的控制，我们还有什么自由、平等和自尊可言？这与极权主义对我们的生命和生活的控制有多大的差别呢？哈耶克把私有制社会称作"富人得势的世界"，而把公有制社会称作"只有得了势的人才能致富的世界"。他这样问道："一个富人得势的世界仍比一个只有得了势的人才能致富的世界要好些，试问谁会否认这一点呢？"③ 好是好一些，但仍然不是很好。因为它只保障了少数富人的自由和自尊，我们大多数人的自由、平等和自尊的权利仍然被忽视和践踏了。还有更好的世界，那便是经济民主。自由主义者之所以不主张经济民主，是因为他们把私有制视为天经地义和神圣不可侵犯的。而马克思主义者则认为恰恰是私有制导致了经济权力分配的不平等，他们要求实行生产资料公有制。然而，如果没有经济民主，公有制徒具其表；特别是当公有制采取国有制的形式时，它就变成了自由主义者所说的以政治权力代替经济权力或将经济力量并入政治力量的极权体制。其实，由于所有权和控制权的分离，财产权已经不再是经济权力的主要基础和来

---

① 〔奥〕弗里德里希·哈耶克：《通往奴役之路》，王明毅等译，中国社会科学出版社，1997，第 101 页。
② 〔美〕米尔顿·弗里德曼：《资本主义与自由》，张瑞玉译，商务印书馆，1986，第 16~17 页。
③ 〔奥〕弗里德里希·哈耶克：《通往奴役之路》，王明毅等译，中国社会科学出版社，1997，第 102 页。

源。无论是在私有制企业还是在公有制企业中,那些极少数掌握实际控制权的管理者都会以所有者的名义来践踏所有者的权利。所有制已经不重要了,重要的是经济民主。

第五节 政治民主与经济民主

经济民主既是经济概念,又是政治概念,但首先是一个政治概念,经济民主将政治领域中通行的民主理念、民主原则、民主制度和民主程序应用于经济领域。无论是政治民主,还是经济民主,民主就是民主。无论是政治事务,还是经济事务,民主提供了关于社会成员应如何组织起来以从事社会公共事务活动和分配社会基本的善的基本治理原则。民主是古老的但却非常简单的观念,它的要旨在于无可救药的平凡。根据定义,民主是由人民进行统治,它意味着让普通人自己掌握自己乃至国家的命运。正是这样一个简单而又平凡的道理使民主成为强大的、不可阻挡的力量。现如今人民主权论已经成为政治合法性的唯一全球性标准,这就是说,统治者(如果他们不公开宣布实行专制)的统治权力只能来自人民(通过民主的程序)的任免,而不管这个或这些统治者具有多高的智慧,多高尚的贤德,取得了多大的功绩或为人民做了多少好事。同时,我也相信,经济民主将成为一种普遍性的获得经济权力的合法性基础。

作为一种价值观,民主是从自由和平等原则演绎出来的。如果承认自由和平等是天赋人权,那么,无论是在上帝面前,在法律面前,在权威面前,在国家面前,还是在所有权面前,每个人都是自由而又平等的,都具有同等的重要性和相同的权利,而不管其中的某些人比另一些人更有权势或财势。每个人对于同他们福利有关的任何事情都具有参与权、发言权、投票权和选举及被选举权,这些权利只有通过民主才能实现。正义原则也就是民主的原则,前者是全体人民通过民主的程序一致同意的选择结果。作为一种政治哲学,民主在本质上是一种个人主义的制度,它承认每一个社会成员都有独立和相等的个人基本权利,强调社会公共事务的自治原则,即应当尊重个人的自由选择。作为一种政治制度,民主强调主权在民,"民为重,社稷次之,君为轻"(孟子语);或者用美国第16届总统林肯的名言,就是"Government of the people, by the people, for the people"(民有、民治、民享)。统治者或治理者只有代表人民的意志才能进行统治和治理,就是说,他们进行统治和治理的合法权利来自人民的委托和授予,人民既可以授予也可以收回他们所赋予统治者和治理者的权力。作为人民进行统治的一种治理方式,民主是一种显示集体中所有人的偏好并集中这些偏好——通过选举制度、一人一票制度和多数人胜出的原则——进行集体决策和集体选择的一种程序。

民主政治的对立面是独裁或专制政治和寡头政治,它由君主或少数精英进行统治。独裁者或寡头的统治权力不是来自人民的委托和授权,而是来自这一个人或极小部分人恰恰具有大部分人在获取权力方面所不具有的东西,比如说功绩、业绩、血统、智慧、地位、机会等。独裁政治和寡头政治意味着统治者并不代表人民进行统治,也不受来自人民的监督和任免。"专制在本质上是害怕被治者的,所以它认为人与人之间的隔绝是使其长存的最可靠保障,并且总是倾其全力使人与人之间隔绝。在人心的所有恶之中,专制最欢迎利己主义。只要被治者不相互爱护,专制者也容易原谅被治者不爱他。专制者不会请被治者来帮助他治理国家,只要被治者不想染指国家的领导工作,他就心满意足了。他颠倒黑白,把齐心协力创造社会繁荣的人称为乱民歹徒,把只顾自己的人名为善良公民"[①]。

更为可能的是,统治者会僭越或者攫取人民授予他的统治权力,盗用人民的名义实行独裁或寡头统治。贡斯当认为,僭主政治比君主专制更为可怕和可憎,僭主政治不是君主制,两者的唯一相似之处是它们都是由一个人掌握权力,但由于僭主政治本质上不具备任何合法性,所以它既不能提供君主制的好处,也不能提供共和国的好处。一个登上祖传王位的君主从一开始就具有神圣不可侵犯的最高权力,他是独一无二的,没有必要制造声望,因而他是平静、平和而又自信的。而僭主"焦急而又苦恼,不相信他已经僭取到了那些权利,尽管他强迫世界承认了它们。非法性像鬼魂一样纠缠着他。他徒劳地想从显赫与胜利中寻求庇护。在他的庆典和战场

---

① 〔法〕阿列克西·德·托克维尔:《论美国的民主》上卷,董国良译,商务印书馆,1988,第16页。

上,那个鬼魂与他如影相随。他颁布法律却又篡改它们;他制定宪法却又侵犯它们;他建立帝国却又颠覆它们。他绝不会对他建在沙地上的房子心满意足,因为房子的基础已沉入地狱"[1]。君主没有竞争对手,他会由于尊重他的大臣而获益。而"僭主者先前和他的帮凶平起平坐,或者甚至是他们的下级,现在他不得不降低他们的身份,以免他们成为他的竞争对手。他羞辱他们,是为了利用他们"[2]。所有高傲的心灵都离他而去,留下的是那些只知道俯首帖耳、拍主子马屁、在主子垮台后又会首先辱骂他的人。这使得僭主政治比君主政治有更大的花费,它首先要支付它的帮手以使他们腐败,然后它还得支付这些腐败的帮手,好让他们有用。不仅如此,僭主政治强迫所有人立即退位以支持一个单独的个人,"在僭主者统治下,人民代表必须成为他的奴仆,不然就会成为他的主人"[3]。还有,专制制度排除所有形式的自由,而僭主政治需要这些自由的形式来涂脂抹粉,但它在盗用它们的同时又亵渎了它们;僭主一手握着黄金一手握着斧头发明了虚假的支持,他一面压制人民的不同意见,另一面又强迫人们违心地赞美自己,一个政府越是暴虐,心怀恐惧的公民就越是急切热情地向它表示敬意;专制政治靠沉默的手段统治,它留给了人们沉默的权利,僭主政治则强迫人们讲话,它一直追查到他们思想最隐秘的栖身之处,迫使他们对自己的良心撒谎,从而剥夺了被压迫者最后这一点安慰;"僭主政治在压迫一个民族的同时还要使它堕落。它要使之习惯于践踏自己过去尊敬的东西,奉承自己过去瞧不起的东西,它还使这个民族自我作践"[4]。总之,"一切在君主制下导致团结、和睦与和平的事物,在僭主政治中都会导致对抗、仇恨和颠覆"[5]。

---

[1] 〔法〕邦雅曼·贡斯当:《古代人的自由与现代人的自由》,阎克文等译,上海人民出版社,2003,第318页。
[2] 〔法〕邦雅曼·贡斯当:《古代人的自由与现代人的自由》,阎克文等译,上海人民出版社,2003,第319页。
[3] 〔法〕邦雅曼·贡斯当:《古代人的自由与现代人的自由》,阎克文等译,上海人民出版社,2003,第321页。
[4] 〔法〕邦雅曼·贡斯当:《古代人的自由与现代人的自由》,阎克文等译,上海人民出版社,2003,第327页。
[5] 〔法〕邦雅曼·贡斯当:《古代人的自由与现代人的自由》,阎克文等译,上海人民出版社,2003,第323页。

在人类历史上，专制要比民主的时间长得多，但专制最终被抛弃或被推翻。为什么民主战胜了专制？原因在于民主符合人类社会的正义伦理学，而专制不符合。人类社会走向民主，是经过血与火的洗礼后做出的选择。尽管民主制度有各种弊端，但在人类发展史上，它被证明是最好的政治制度，是抑制独裁、专权、强制、压迫、奴役、剥削和暴力的最适当工具。

弗里德曼曾经把自由主义比作一个稀有和脆弱的被培育出来的事物，民主更是如此。作为一种政治制度，民主起源于古希腊的城邦制国家。在公元前六世纪的雅典，民主只是解决地方问题的一种应急对策。雅典政治家（梭伦、克利斯提尼和伯利克里）的政治制度改革，可不是要针对什么是政治和社会的善，为人类或只是为希腊人引入和实践一个前后一贯、经过深思熟虑的一般观念。古希腊历史学家希罗多德把克利斯提尼支持平民的事业视为偶然的事件，说他是因为在僭主下台之后的极其残酷的贵族派系权力之争中处于不利位置，所以才要人民做他的伙伴。在那时的雅典，任何人都不会想到，他们正在进行的这场充满了冒险与渴望的、慌张的政治变革，正在为两千六百年之后的人类造就一种真正全球性的政治合法性标准。雅典的民主政治为具有公民资格的自由人——所有的妇女（雅典的妇女并不参加战争，这也许是她们没有投票权的原因）、"外邦人"，不用说数目相当可观的奴隶，都被排除在"人民"的概念之外，这说明雅典的民主制是极其片面和不完善的——提供了最广泛、最直接的议政和参政的权利。雅典不是因为采取民主制度而灭亡的，它是被更强大的军事力量征服的。相反，雅典所创造的灿烂的古典文明——其基础是由一大批作为会说话工具的奴隶来完成生存最迫切需要的劳动——是在雅典实行民主制度之后出现的。民主制度激发了对个性的尊重，对生命的热爱，对知识的探索和对艺术的追求，从而产生了日益繁荣的科学和技术、哲学和思想、文学和艺术，人类从此进入逻辑时代。逻辑时代意味着，作为法规的思想要从经验结果里得出，而不是从正统的宗教信条中去寻找。雅典文明是西方文明的发祥地，并且对人类的未来命运产生了深刻的影响。雅典的直接民主制已经不适合今天的政治情况，但这种高度参与制民主对于经济民主仍然具有积极的意义。

人类社会在古希腊民主制毁灭后，经过几百年的专制黑暗统治后又坚定地选择了民主制。正如法国政治思想家阿列克西·德·托克维尔（Alexis de Tocqueville, 1805 – 1859）在他的名著《论美国的民主》中所指出的那样，民主的历程是不可阻挡的："人民生活中发生的各种事件，到处都在促进民主。所有的人，不管他们是自愿帮助民主获胜，还是无意之中为民主效劳；不管他们是自身为民主而奋斗，还是自称是民主的敌人，都为民主尽到了自己的力量。所有的人都汇合在一起，协同行动，归于一途。有的人身不由己，有的人不知不觉，全都成为上帝手中的驯服工具。因此，身份平等的逐渐发展，是事所必至，天意使然。这种发展具有的主要特征是：它是普遍的和持久的，它每时每刻都能摆脱人力的阻挠，所有的事和所有的人都在帮助它前进。以为一个源远流长的社会运动能被一代人的努力所阻止，岂非愚蠢！认为已经推翻封建制度和打倒国王的民主会在资产者和有钱人面前退却，岂非异想！在民主已经成长得如此强大，而其敌对者已经变得如此软弱的今天，民主岂能止步不前！"[①]

与古希腊的民主制相比，资本主义的民主制是一个重大的进步。资本主义民主的基础是法律面前人人平等，在这里，劳动者被当作人而不是当作工具来对待。资本主义的政治民主化过程是缓慢地和逐步将民主权利不断地扩大到社会底层广大公众的过程。霍尔瓦特指出："到19世纪末，即法国和美国资产阶级革命100多年后，英国革命200多年后，还没有哪一个国家实现了普选，成年男子选举权只出现在少数国家。如果我们将常态的民主定义为男子选举权、无记名投票和责任政府制，这种民主从出现至今还不到一个世纪（霍尔瓦特的著作发表在1982年——引者注）。如果再加上女子选举权，民主的历史就更短暂了。女子只是在第一次世界大战后，才在一些发达资本主义国家获得了选举权。在法国、比利时和意大利，女子则是在第二次世界大战后才有了选举权。在瑞士，女子迟至1971年才有了这种权利。然而，选举权仅仅是有意义的民主的一个必要条件，但却不是充分条件。甚至在最成功的时候，资产阶级民主也意味着政党控制的政治生活，而政党又由党的核心集团及其头目所控制。普通公民有权

---

① 〔法〕阿列克西·德·托克维尔：《论美国的民主》上卷，董国良译，商务印书馆，1988，第16页。

每三年、四年或五年从社会统治阶层为他们预先选举的政治首脑中选举相对较好的。资产阶级民主是一种将多数人的形式上的意志转变为少数人的实际意志的制度。"①

资本主义民主当然只是形式上的。由于政治权力特别是经济权力分配的不平等，人们在社会政治生活和经济生活中实际上处于不平等的地位。那些获得相对较多权力的少数人取得了对那些具有相对较少权力的多数人的支配权，社会分裂为阶级或阶层：富人和穷人、统治者和被统治者、管理者和被管理者。由于没有经济民主，资本主义所谓的"天赋人权"是虚伪的。法国作家阿那多里·弗朗斯（Anatole France，1844-1924）在总结资产阶级式的平等时说过这样一句有名的话："法律以庄严的平等的名义同样禁止富人和穷人在桥下面睡觉，在街上乞讨和偷面包。"美国作家马克·吐温（Mark Twain，1835-1910）对资产阶级文明的评价是："它渺小而贫乏，充满了残暴、迷信、无耻、卑鄙和虚伪。"马克思曾以市场交易过程为例深刻地揭露了资本主义天赋人权的这种性质。他这样写道："这个领域确实是天赋人权的真正乐园。那里占统治地位的只是自由、平等、所有权和边沁。"而一旦离开这个嘈杂的、表面的、有目共睹的领域，进入门上挂着"非公莫入"牌子的隐蔽的生产场所，"就会看到，我们的剧中人的面貌已经起了某些变化。原来的货币所有者成了资本家，昂首前行；劳动力所有者成了他的工人，畏缩不前，尾随于后。一个笑容满面，雄心勃勃；一个战战兢兢，畏缩不前，像在市场上出卖自己的皮一样，只有一个前途——让人家来鞣"②。许多批判资本主义制度的有识之士都曾深刻地揭露了资本主义的自由、平等和博爱的虚伪性，而他们用以改造这种制度的理论和实践就是经济民主。

从逻辑上说，如果把民主视为是人的一项基本权利，政治领域中的民主就必须被推广到经济领域中去。在西方国家，政治民主被认为基本上已经实现了，但"民主在工厂门前停止了脚步"。政治上的民主与经济上的

---

① 〔克〕勃朗科·霍尔瓦特：《社会主义政治经济学：一种马克思主义的社会理论》，吴宇晖、马春文、陈长源译，吉林人民出版社，2001，第 8~9 页。
② 〔德〕卡尔·马克思：《资本论》，《马克思恩格斯全集》第 23 卷，中央编译局译，人民出版社，1972，第 199、200 页。

独裁形成了鲜明的对照：等级森严的控制制度在政治领域受到了批评，但在企业中却被经济学认为是理所当然的。这显然是不完全、不充分和形式上的民主，因为只要承认人们有权利参与同他们福利有关的一切决策，那就必须承认，人们对发生在他们周围的、日常的、经济事务方面的民主表决权，与政治事务方面的民主表决权相比，对参与者的福利而言，如果不是显然更重要和更直接的相关性，至少具有同等的重要性和相关性。更可能的是，人们对前者比对后者更为关心。

实际上，诚如许多西方政治学家和经济学家的研究成果所表明的那样，在西方民主国家中，越来越多的公民选择不投票。这或许是因为他认识到作为一个力量单薄的个人无法影响集体选择或政治决策的结果，他的一票无足轻重，难以改变选举的结果；或许是因为他无法从切身利益上体会到或感受到集体决策对他个人产生的各种直接和间接的结果，而他投票的成本太大；或者是因为两个候选人的方案相似，因而谁上台都无所谓。尤其是那些强烈感到自己在政治制度中没有得到代表的人，他们玩世不恭，或者感到寒心和无助，对这个合法的政治制度彻底丧失了信心。许多选民放弃投票权力的行为给特殊利益集团的存在提供了广泛的生存空间，这些组织严密、利益一致的小团体正是利用许多选民的政治冷淡和脱离政治的疏远化行为而对政治决策产生巨大的影响力。世界上的许多民主国家将投票作为一种法律规定的义务，而不仅仅是一个社会责任，使行为准则从一人能投一票变成一人必须投一票。相反，选民们对利益集团或组成利益集体却表现出异乎寻常的兴趣，因为利益集团提出的议案大多涉及他们的切身经济利益。一份研究报告说，90%的美国公民都与利益集团有关。西方民主国家选民的政治冷淡化、疏远化行为以及利益集团化倾向恰好说明了，对他们的福利而言，经济民主比政治民主更重要。

经济学家们和政治学家们早就了解到人们对涉及切身和现实利益的关注要远胜于关于遥远和未来的利益。奥地利学派经济学家欧根·庞巴维克（Eugen Bohm-Bawerk，1851－1914）把物品区分为两类：一类是现在就能满足人们需求的物品即现在物品，另一类是现在无法消费但能满足将来需求的物品即未来物品。他指出："现在的物品通常比同一种类和同一数量的未来的物品更有价值。这个命题是我要提出的利息理论的要点和中心。"① 托克维尔也指出:"很难使一个人放弃自我去关心整个国家的命运,因为他不太理解国家的命运会对他个人的境遇发生的影响。但是,如要修筑一条公路通到他的家园,他马上会知道这件小公事和他的大私事之间的关系,而且不必告诉他,他就会发现个人利益和全体利益之间存在紧密的联系。因此,如果让公民们多管小事而少操心大事,他们反而会关心公益,并感到必须不断地互相协力去实现公益。"② 约瑟夫·熊彼特(Joseph Alois Schumpeter, 1883 – 1950) 也指出:"大的政治问题在典型公民的心理经济中所处的位置,在正常状态下是和业余时间的各种兴趣(还够不上称为嗜好)和不负责任的闲扯相等的。这些事情似乎那么遥远;到底它们和一笔买卖不一样,危险也许不见得会成为事实,即使免不了也不见得会那么严重;人们觉得自己活动在一个虚构的世界之中。"③ 他还以一个选民用于打桥牌上的精力要多于用于谙熟某个政治问题上的精力为例说明这一点:"在桥牌桌上我们有明确的任务;有大家必须遵守的规则;成功或失败是规定得清清楚楚的;我们在桥牌桌上之所以不能有不负责任的行为是因为每一次错误不仅立刻看得出来,而且立刻要自食其果。这些条件由于在普通公民的政治行为中是无法满足的,从而表明了他所以对政治缺乏他在职业中表现出来的一切机敏和判断力的原因。"④ 所有这些论断都说明了人们对经济利益的关心更胜于政治利益,因而对他们的福利而言,经济民主比政治民主更重要。

因此,从逻辑上说,如果把民主视为人的一项基本权利,政治领域中的民主就必须被推广到经济领域中去,这将通过给予每一个劳动者在企业

---

① 〔奥〕欧根·庞巴维克:《资本实证论》,陈端译,商务印书馆,1981,第 243 页。
② 〔法〕阿列克西·德·托克维尔:《论美国的民主》下卷,董国良译,商务印书馆,1988,第 632 页。在美国,有一则广为流传的笑话,讲的是一位妻子高兴地告诉别人,她和丈夫由于良好的劳动分工而建立起了感情融洽的理想关系。她说:"我的丈夫决定大事,我决定小事。他决定中国是否应该加入联合国,我则决定我们住在哪里,孩子该上哪所学校。"该笑话揭示的是丈夫在家庭中的地位无足轻重。
③ 〔奥〕约瑟夫·熊彼特:《资本主义、社会主义和民主主义》,绛枫译,商务印书馆,1979,第 326 页。
④ 〔奥〕约瑟夫·熊彼特:《资本主义、社会主义和民主主义》,绛枫译,商务印书馆,1979,第 327 页。

决策中发表意见的同等权利，即在平等的基础上以一人一票制，而将决策权力民主化，这就是"经济民主"。然而，逻辑的力量并不一定能胜过权力的力量。有两个原因可以说明为什么在经济上专制战胜了民主：一是由于资本所有权或资本主义生产资料所有制；二是经济学家们基于效率的考量而提出的反对经济民主的种种理由。后一个原因比第一个原因更值得重视。在所有权与控制权分开的现代公司制中，资本所有权仅仅是一种获得收益的权利，所有制已经并不重要。关键是凭什么来配置企业的控制权？而一旦证明经济民主的劳动组织在经济效率上比不上传统的劳动组织，则以经济民主为基石而建立起来的理论大厦会砰然倒地。证明经济民主在经济效率上的优越性正是本书第三章的任务。在这里，我们只讨论有关人民统治与精英统治的不同观点。

从效率的观点来看，应该由能人或精英进行统治。道理很清楚：精英们或能人们具有常人所不具备的智慧和知识，他们站得高看得远，因而由他们来统治将会更快地达到目标和实现更大的效率和福利。如果这些人同时又具有美好的品德，他们就具有了统治的合法性基础。贤德或美德往往是和智慧与能力联系在一起的，我们可以用"贤能"这个词赞美统治者，所以反过来说也是一样——因为他们是统治者，所以他们必定是贤能的。而民主政治实际上是平民政治，它强调社会应当由普通人统治，而不是由能人、超人或精英统治。许多主张精英统治的思想家正是以效率的观点来指责和批评民主制度的。在古雅典，民主（democracy）一词是由希腊语 demos（人民）和 kratein（统治）这两个词组合而成，意为由人民进行统治。demos 也有多数人的意思，所以民主的确切含义是由多数人进行统治。亚里士多德承认，多数人往往等同于穷人，而富人往往是少数人。因此许多反民主的思想家认为，多数人统治就是穷人统治或愚昧无知人的统治。柏拉图抨击民主是贫穷愚昧的人对有教养、有见识即理想中的哲人的统治，是对力量和权威这些人类高尚品质的虚伪和荒诞的否定。他主张，国家的统治者应该是那些知道如何统治的人，他们比普通人拥有更多的知识，掌握更多的真理，具有统治的专门知识。柏拉图用了一个航海的比喻来说明他的观点。让我们设想有一条船，船上的水手都争着要当船长，都说自己有权掌舵，尽管他们从来都没有学习过航海。谁来当船长？我们敢坐这条船吗？船长应该是一个航海家，他充分了解季节、天象、星辰、风向以及与航海有关的一切事情。如果我们希望安全地到达目的地，那么我们一定会寻找一个拥有航海知识的人来当船长。把船变成国家，道理是一样的。为了国家的安全和福利，我们应该把统治国家的权力交给那些知道如何统治、善于统治的人。亚里士多德从柏拉图的极端立场退了下来，他认为，民主是最坏政体中最好的一种，好的政府是在多数人同意基础上的少数人统治，更多的人由于受过一些教育并有一些财产就能够获得公民资格，因此必须向他们咨询，甚至可以给他们提升一定的官职。熊彼特也认为，人民从来就没有统治过，因为人民头脑简单，对复杂的政治事务没有理解力，也缺乏专注度。人民是"扶不起的阿斗"。

专家治国论或精英统治论有一定的道理，但它仍然不足以与民主理论相抗衡。这是两种根本不同的治理理念。精英统治的理念是人天生是不平等的，有些人（劳心者）天生就是治人者，而有些人（劳力者）天生就是治于人者。这个世界就应该由上等人统治下等人。民主的理念是人们生而平等，不论他们在自然禀赋上如何不同，他们都有平等的权利。民主制度并不否认人们之间存在着智力上的差异，但它并不赋予有智慧的人或阶层以统治人民的特权，这违反了平等的原则。如果有智慧的阶层得到了统治的权力——这从效率的观点来看是无可厚非的——那在道义上也不是他们应得的，他们只是暂时地行使人民授予和委托（通过投票和选举）给他们的权力，并且这种权力要受制于人民主权。民主的理念是基于正义原则，而不是效率原则，这正是罗尔斯反复强调的正义原则优先于效率原则的观点。如果从效率的观点来看，专制应该是最好的政体，因为它可以最大限度地节省交易费用。[①] 民主制度需要很高的运行成本和决策成本，而且是

[①] 德国社会学家马克斯·韦伯（Max Weber, 1864 – 1920）赞美集权体制所产生的效率性，他描绘了这样一个理想的官僚等级制度，它是由经过训练的专业人员所组成的，以权力的高度集中、分层和分工为基本特征，以地位的高低规定成员的权力和责任，并以命令与服从进行控制的官僚体制，被视为完善的、理想的组织形式，它精确、快速、明确、谨慎、统一，具有高度理性化、高效和高度稳定性，而处于等级制中的各级官僚都是忠于职守，专注高效的，没有私心、没有野心甚至没有激情、不折不扣地执行上司的命令，如同专司管理的太监。这种对官僚和官僚制度的美化与现实不符，因为韦伯忽视了对权力的滥用和信息的非对称性。

费时、拖延和不稳定的，因而它并不适用于紧急状态。实行政治民主和经济民主固然会丧失一部分效率，但宁可说这是为实现正义论而必须支付的必要代价。而且现代的代议制民主和霍尔瓦特据此而设计的经济民主企业的"沙漏模型"可以说已经很好地解决了政治领域和经济领域中人民统治与能人治理之间的矛盾。所以，主张民主政治的沃尔策拒绝了柏拉图关于航海的比喻。他认为，乘客决定目的地，船长决定航线，目的地控制航线。无论是对于一条船还是一个国家，目的是最重要的，而目的是由全体乘客或全体公民决定的。船长设计的航线服从于乘客的集体目的，政府官员的执政能力服务于公民的集体目的。目的与政治有关，航线与知识有关。船长是按照自己的技术指挥航海的，但其航行必须得到乘客的授权；政治家是依据自己的知识来行事的，但其执政必须得到公民的授权。

与政治学上"人民主权"概念相联系和相对应的是经济学上的"劳动者主权"这一概念。美国的激进经济学家们对新古典经济学把人只作为消费者而不是作为劳动者来对待感到不满意，他们认为，个人时间用于工作的那一部分比例比他们用于消费那一部分的比例要多得多，因此，对社会福利而言，人作为劳动者对工作条件和环境的控制权——"劳动者主权"或"工人主权"——显然要比他们作为消费者选择消费品的权力和决定生产什么、生产多少的权力即消费者主权更重要些。美国比较经济体制学者维克拉夫·霍尔索夫斯基（Vaclav Holesovsky）详细地研究了"劳动者主权"这一概念，并把它作为划分经济体制的一个重要标准。他指出："当威廉·J. 鲍莫尔在1961年美国经济学会年会上提出工人主权的概念时，它就被打上了学术的尊贵印记，尽管它并没有被普遍接受。在讨论两篇关于消费者主权的论文时，鲍莫尔评述道：'我有一点惊奇，两篇文章都没有指出，'消费者主权'中的'消费者'一词过分缩小了与此有关的那组因素。……考虑到个人时间中一般用于工作的那部分所占的比例，工作条件对他的福利来说可能像他所得到的消费品数量一样重要。'三年以后，本杰明·沃德进一步研究了同一个课题，他把决策权力和影响在生产单位之间的分配与参与者的福利状态联系起来。工人主权是雅罗斯拉夫·瓦内克的'参与制经济'概念的必然成分。对社会主义者和其他左派人物来说，这是他们意识形态装置的重要组成部分。为什么工人主权概念在经济学专业还没有得到正式的公民证？也许原因在于它带有一点政治色彩。"因为要实现工人主权，"劳动者显然必须已经毫无阻碍地与物质生产资产相结合，即有效地拥有物质生产资产"①。

政治民主和经济民主基于同样的理念、同样的原则、同样的方式来处理社会事务，特别是处理权力的配置即社会的哪一部分人进行统治及以何种方式进行统治，它们之间的区别只是运用的领域不同。只有政治民主而没有经济民主，或只有经济民主而没有政治民主，都是片面的和不完全的民主。也只有同时出现了政治民主和经济民主，民主才能作为处理人类社会事务的理想的和最高的统治方式并最终得以完成。同时，政治民主和经济民主不是对立的，而是相互影响、相互补充和相互促进的。正是在政治民主和经济民主的交互作用下，民主才日臻完善。如果政治民主和经济民主的条件不能同时得到满足，社会将处于不均衡状态。不均衡将使社会制度处于演进或演化过程，直至同时满足这两个条件为止。瓦内克表达了这种观点。他认为，社会的发展是一个由不均衡到均衡的过程。社会均衡包括政治均衡和经济均衡，而社会均衡的三个基本条件是：政治民主（用 PI 表示）、经济民主（用 EI 表示）和经济效率（用 E Ⅱ 表示）。他把当时的经济制度分成南斯拉夫、资本主义、社会主义、不发达国家四类，按 A、B、C 划分为三个发展阶段。图 2-1 是瓦内克的社会演进图：+代表满足均

---

① 〔美〕维克拉夫·霍尔索夫斯基：《经济体制分析和比较》，俞品根等译，经济科学出版社，1988，第 126~127、49 页。关于"劳动者主权"的概念，亦请参阅该书第 3、第 5、第 17 章。诺贝尔经济学奖得主西蒙也举了这样一个生动有趣的例子来说明人同时作为一个消费者和劳动者的孰轻孰重：一个来自火星的神秘来客乘飞船从天外来到地球的上空，他不带任何偏见，而试图用一只望远镜发现人类的经济结构。假如企业用绿色来表示，市场用红色来表示。无论这个天外来客逼近美国、苏联、中国的城镇还是欧共体，他（她）都会发现，地球的主要颜色是绿色，因为差不多所有的居住者都是雇员，因而落在绿色的区域内。他（她）还会发现，许多绿色区域之间是用红色的线联结起来的。如果来访者再接近绿色的地带，他（她）就会发现许多淡淡的蓝色的线——将头儿与各个级别的工作者联系起来的权力线。送回家里描述地球景色的电报会是这样的："用红色的线联结起来的大面积绿色地带"，而不会是："由许多绿色小点联结起来的红色的线的网络。"当来访者知道绿带是企业组织，红线是市场时，他（她）会十分惊诧地听说这种结构被称为市场经济，也许会问："难道'组织经济'不是个更合适的名称吗？"

衡条件，- 代表不满足均衡条件，± 代表既可能是均衡的，也可能是不均衡的，如政治和经济既可以是民主的，也可以是不民主的。箭头代表影响和演进的方向。

制度分类	南斯拉夫			资本主义			社会主义			不发达国家		
均衡条件	PI	EI	EⅡ	PI	EI	EⅡ	PI	EI	EⅡ	PI	EI	EⅡ
时期 A	±	+	+	±	−	±	−	−	±	±	−	±
时期 B	±	+	+	+	−	±	−	+	+	±	+	±
时期 C	±	+	+	+	+	+	+	+	+	+	+	+

图 2-1　瓦内克的社会演进图示①

瓦内克认为，资本主义社会是不均衡的，因为资本主义社会存在着"人性的不完全"（incomplete personality），把人作为创造者的创造、管理和组织的这三个主要功能分离了，由此导致了异化和矛盾冲突的根源。由于资本主义和社会主义都是不均衡的，都要进行改革和演进。在开始阶段，几种社会制度都不能同时满足三个均衡条件。南斯拉夫率先实现经济民主制度改革，这种改革最终会影响到社会主义国家和资本主义国家的经济民主化进程。与政治民主化相比，社会主义国家可能首先愿意推行经济民主化进程，但经济民主化必将对政治民主化产生决定性影响。而资本主义国家则恰恰相反，已经实现的政治民主必将推进到经济领域中去。社会演进的最终结果是，几种社会制度都走向三个均衡条件的满足，这时社会才能处在均衡状态。

第六节　经济民主与民主的悖论

尽管民主有种种诱人之处，它仍然是一种有缺陷、不完善的制度。我把民主制度的缺陷称为"民主的悖论"：民主是自由和平等的人们之间实现自由和平等的一种形式，但实施民主制度过程中可能出现也必然会出现

---

① Vanek, Jaroslav, *The Participatory Economy: An Evolutionary Hypothesis and a Strategy for Development*, Ithaca, N.Y., Cornell University Press, p. 173.

人们之间的不自由和不平等。许多社会学家、政治哲学家和经济学家对民主与自由和平等之间的冲突都作了深刻的阐述，并且导致了在对民主的性质、实现形式及其作用等问题上的激烈的观点冲突。在本节中，我将指出，由于上面谈到的现代的人们更关注于经济福利而不是政治福利，特别是由于人数较少和规模较小，所以与政治民主相比，经济民主可能更符合民主的理念，因而在经济领域中实行的民主可能会克服政治民主过程中表现出来的种种缺陷或不尽如人意之处。

民主的悖论之一是美国第四任总统詹姆斯·麦迪逊（James Madison, 1751－1836）和法国政治学家托克维尔等人提出的"多数人暴政"（majority tyranny）。民主的本义是指人民的统治，然而，正如熊彼特所指出的，"人民"本身就是一个含混不清的概念，"宪法意义上的 polulus（罗马语的人民，等同于希腊语的 demos——引者注）可以全部排除奴隶，部分地排除其他居民；法律可以承认从奴隶到完全公民甚至到特权公民之间的各式各样的身份"[1]。民主社会应该是没有歧视的社会，至少是在公共事务诸如参政方面没有歧视的社会，然而，所有的民主国家在统计具有政治权利的"人民"时，总是把总人口中的一部分人排斥在外。不用说奴隶，在英国，19世纪中期以前，选举权和被选举权是有产阶级特别是大贵族土地所有者的特权，女子直到第一次世界大战后才获得选举权；在美国，直到马丁·路德·金领导的民权运动之后，有色人种才获得了相应的政治权利。除了经济地位、性别和种族上的歧视外，"人民"概念依然不是很清楚。例如，熊彼特指出："任何一个国家不管它怎样民主，都不把投票权扩大到规定的年龄以下。可是，如果追究这种限制的理论根据，我们发现它也适用于不定数量的规定年龄以上的居民。"[2] 这些问题常常由于把额外的一些假定引进民主过程而被躲闪过去了。相反，由于数量少和构成简单，经济领域中"人民"的界定却很容易（见本章第七节）。不论对人民下什么样的定义，我们依然要像熊彼特一样问道："从技术上说，'人民'怎么能够统治？""人

---

[1] 〔奥〕约瑟夫·熊彼特：《资本主义、社会主义和民主主义》，绛枫译，商务印书馆，1979，第304页。

[2] 〔奥〕约瑟夫·熊彼特：《资本主义、社会主义和民主主义》，绛枫译，商务印书馆，1979，第304页。

民"并不是个单一的构成,而是个复合体。组成"人民"的是一个个具有不同的价值观、思想和观点以及利益的个人。多数人的意志显然是多数人的意志而不是"人民"的意志。民主的少数服从多数原则体现了多数派的思想、权力和利益,而无视乃至践踏了少数派的要求,等于多数派把自己的意愿强加给少数派,迫使他们接受对其不利的方案。实际上,真理往往掌握在少数人手中,而且道德上没有充分的理由可以证明为什么少数派的诉求应该可以被忽视。所以,民主的多数原则本身就意味着强制和不平等。

然而,这还不是多数人暴政的全部。一旦多数派的意志取得了合法性,它便上升成为神圣不可侵犯的最高意志——"人民的意志",而少数人的意志则变成了个别的和私人的意志,后者必须无条件地服从前者。违背了多数派的利益,就等于忤逆了人民的意志或公共意志,必须受到惩罚。惩罚的手段可以有多种,从最轻微的批评、"教育"、批判——聪明的人或许通过写检讨书或低头认罪可以蒙混过关——到公开的羞辱如游街示众等,以使不服者的尊严彻底丧失,再到用暴力手段进行强制,包括体罚、流放、苦役、监禁,直到上断头台。以人民的名义,任何镇压的手段都不会过分,而且都具有合理性和合法性。把这一点表达得最清楚并推向极致的是卢梭。他认为,人们在缔结社会契约时,每一个人就等于是向全体奉献出自己,他把自身的一切权利全部转让给集体,并从集体那里获得自己所让渡给别人的相同权利,所以他得到了自己所丧失的一切东西的等价物以及更大的力量来保全自己的所有。因此,"社会公约可以简化为如下的词句:我们每个人都以其自身及其全部的力量共同置于公意的最高指导之下,并且我们在共同体中接纳每一个成员作为全体之不可分割的一部分。只是一瞬间,这一结合行为就产生了一个道德的与集体的共同体,以代替每个订约者的个人……而共同体就以这同一行为获得了它的统一性,它的公共的大我、它的生命和它的意志……公共人格"①。"任何人拒不服从公意的,全体就要迫使他服从公意。这恰好就是说,人们要迫使他自

---

① 〔法〕让·雅克·卢梭:《社会契约论》,何兆武译,商务印书馆,1980,第24~25页。

由"①。由于公意永远是正确的，而且永远以公共利益为依归，因此作为公意的体现和运用的人民主权就没有而且也不应当有外在的限制，因此，人民主权是绝对的，对主权做出任何限制都是不可能的，没有而且也不可能有任何一种根本法律是可以约束人民共同体的，哪怕是社会契约本身。这样，"正如自然赋予了每个人以支配自己各部分肢体的绝对权力一样，社会公约也赋予了政治体以支配它的各个成员的绝对权力"②。

然而，正如哈耶克在批判集体主义的道德沦丧时所深刻论述（许多社会心理学家也指出了这一点）的那样：集体主义至高无上的道德准则是：目的说明手段的正当性。这个原则意味着，为了实现一个崇高理想或伟大目标，可以做任何违反道德的事。如果我们的行为是为全体谋福利，则良心不许我们做的事是没有的。一旦以集体的名义去行动，就似乎是将人们从控制着作为集团内部的个人行为的许多道德束缚中解放出来。从集体主义制度产生的道德体系没有任何一般的道德或规则以及个人良心自由运用的容身之地，因为对一个共同目标的追求，可以无限制地忽略任何个人的任何权利和价值，其结果是对一切道德价值的否定。这样，传统道德中的大部分人道主义的要素，如同情心、怜悯心，对他人权利、财产、尊严、乃至生命的尊重等，都会消失殆尽。这样，多数人的暴政就变成了暴民暴政。在人类历史上，最典型的暴民暴政就是法国大革命。麦迪逊总统曾深刻地指出："在共和国里极其重要的是，不仅要保护社会防止统治者的压迫，而且要保护一部分社会反对另一部分的不公。在不同的阶级的公民中必然存在着不同的利益。如果多数人由一种共同利益联合起来，少数人的权利就没有保障。"③

民主的悖论之二是由社会学家、政治学家和经济学家提出来的，并与民主悖论之一恰好相反的"少数人统治多数人"。少数人统治被德裔意大利籍著名政治学家罗伯特·米歇尔斯（Robert Michels, 1876 - 1936）表述为"寡头统治铁律"（Iron law of oligarchy），即寡头统治是任何试图实现集

---

① 〔法〕让·雅克·卢梭：《社会契约论》，何兆武译，商务印书馆，1980，第29页。
② 〔法〕让·雅克·卢梭：《社会契约论》，何兆武译，商务印书馆，1980，第41页。
③ 〔美〕汉密尔顿、杰伊、麦迪逊：《联邦党人文集》，程逢如等译，商务印书馆，1980，第266页。

体行动组织的必然结果，是任何有着良好愿望的人们无法改变的"铁律"。米歇尔斯描述的是这样一种情景：一小群独立的、踌躇满志的政治领袖驾驭着民主运动的浪潮，并且总是能把他们的意志强加于多数人集团。他的逻辑是：民主意味着多数人的意志⇨多数人的意志意味着一种组织，即显示力量的多数人联合⇨组织需要领导，以使力量准确击中要害⇨领导意味着多数人的服从⇨多数人对少数人的服从即为寡头统治⇨寡头统治意味着不民主。

　　米歇尔斯是从社会学的角度来阐述这一过程的，而公共选择理论家则是从高昂的民主决策成本角度说明了寡头铁律，得出的结论也有所不同：寡头统治形成的原因并非是因为领导者僭越了权力，而是因为多数人的自动弃权。他们的观点是：民主制度下的投票规则主要有一致同意规则和多数同意规则两种。一致同意规则是指集体行动方案必须经全体当事人一致通过，或者至少没有任何一个人反对的前提下才能实施的一种民主表决方式。该规则是最符合公共利益要求的投票规则，但由于决策成本太高，故而不具备可操作性。多数同意规则就是得票多者当选，它体现了"少数服从多数"的民主原则。该规则又分为简单多数规则和比例多数规则两种：前者是指只要赞成票超过半数，议案或决策就可以通过；后者指赞成票必须高于半数以上的某一比例，例如 2/3、3/4 或 4/5，议案或决策方可通过。多数同意规则的一个主要优点是大大降低了集体决策的成本，使民主表决程序变得简单易行，故而是民主制度下一种常见的投票方法。与一致同意规则相比，集体选择的多数投票规则特别是简单多数规则使单个参与者的选择行为不再具有决定性作用，这意味着投票者的个人选择不会影响和无法改变集体选择的结果。当集体选择的结果与该投票者的偏好相违背时，他将承担集体强加给他的外部成本。要想改变这一不利的情况，他必须组织起来组成多数派，但这使得他的决策成本剧增。简单多数规则所产生的这种高昂的成本会使民主参与者意识到他个人的行为是无足轻重的，从而导致投票人的投票冷淡和政治冷淡。许多投票人可能会"扔掉选票"，即放弃自己的民主权利，或者违背自己的偏好进行投票，或者只是被动地接受由少数人做出的决策。投票人对投票表决的冷漠态度和忽视投票权的行为使得一些人组成小组织或利益集团控制和操纵民主成为可能。

按照曼瑟尔·奥尔森（Mancur Lloyd Olson, 1932 - 1998）的集体行动的逻辑，利益集团存在的前提条件是成功地运用"选择性刺激"和"人数控制"的方法克服了集体行动中的"搭便车"行为。因此可以断定：利益集团通常只代表整个社会中的极小部分人的特殊利益或既得利益，而这极小部分人是由少数精英分子所组成。这是因为他们人数本来很少，而且拥有社会上别的群体所不能拥有的"选择性激励"资源与手段。而正是因为人数多和缺乏选择性刺激的资源与手段，我们很少看到由为数众多的低收入者组成的、为其共同利益奋斗的弱势群体利益集团。奥尔森由此得出的结论是：第一，利益集团的存在实际上就造成了一种看来是不可思议的"少数人'剥削'多数人"的现象，即组成了小集团的少数人能够"剥削"未组成集团的多数人。第二，政治过程仍然受到由少数精英组成的强势集团的影响或控制。通过采取策略性行为和各种合法的和非法的手段，这些小团体将小圈子的利益冒充为多数人的利益，并且可以获得足够多的选票使有利于自己利益的议案通过，而他们从中获得的收益要远远大于其组织成本或决策成本。民主意味着多数人统治，然而，高昂的决策成本却完全可能使民主变成集体沉默或集体失声的伪"多数人统治"。

民主的悖论之三是由法国社会学家马奎斯·孔多赛（Marquis de Condorcet, 1743 - 1794）首先表述、并由美国著名经济学家肯尼斯·约瑟夫·阿罗（Kenneth J. Arrow, 1921 - ）加以强化的"投票悖论"（the voting paradox, 又称 Condorcet's paradox）和"阿罗不可能定理"（Arrow's impossibility theorem）。所谓投票的悖论，是指当备选议案超过两项时，按照简单多数规则达成的集体决策不能产生一个唯一的结果，这意味着每个备选方案都有可能胜出，这取决于投票表决程序的不同安排，投票程序的确定往往决定了集体选择的结果。而阿罗则通过复杂的数学证明得出结论认为，当社会所有成员的偏好为已知时，不可能通过一定的方法从个人偏好次序得出社会偏好次序，不可能通过一定的程序准确地表达社会全体成员的个人偏好或者达到合意的公共决策。孔多赛悖论揭示了民主是可以被人为地操纵的，而阿罗的不可能定理反映的是民主失效和民主无能，并且导致反民主的结论。这正像史蒂文斯所说的："要么有效率，但有独裁；要么有民主，但无效率，我们必须做出选择"；或者像赖克所说的："是什么让所有这些看起来都这么不合民主的口味，很显然，答案就是这样一个事实：唯一能让'社会'做出条理清晰的决策的方式是引入一个独裁者。"

民主的悖论显然来自人民作为个人的多元化价值观和利益要求与由个人组成的共同体的一元化价值观和共同利益要求之间的冲突。问题便又回到了我们在第一节所表述的关于社会科学研究的基本问题：个人与社会之间的关系问题。是强调个人和个人的权利至上，还是注重集体的力量或共同的利益至高无上？这个问题对政治哲学家和政治经济学家来说恰似哈姆雷特那句著名的台词："生存，还是毁灭？这是个问题"（To be, or not to be, that is the question）。依照个人的价值标准，他们分成个人主义者和集体主义者、民主主义者和宪政主义者、自由主义者和社群主义者作对厮杀，而争论的主要问题是：是直接民主制，还是间接民主制或代议制？是贡斯当所说的"古代人的自由"和伊赛亚·伯林（Isaiah Berlin, 1909 - 1997）所说的"积极自由"（Positive Liberty），还是他们所说的"现代人的自由"和"消极自由"（Negative Liberty）？是权利优先于社会的基本善，抑或是相反等等。这其中，包括他们对人性为善或为恶、个人或社会为实或为虚等问题的不同理解，这些观点极为深刻，值得我们深思。实际上，无论是直接的还是间接的，无论是积极的还是消极的，不管谁先谁后，自由和平等、权利和善都是我们需要的，几乎所有的政治哲学家和政治经济学家都主张要把它们结合或调和起来。问题在于怎么结合。问题首先在于，这些社会的基本善本身之间存在着紧张关系。要平等的权利，就会妨碍一些人的自由；相反，要自由的权利，就会出现人们之间的不平等。因此，社会哲学和政治哲学的核心问题必然涉及这些基本善孰轻孰重、孰先孰后的问题。为此，我们需要正义理论。无论你信奉哪一种正义论，它们都是试图解决和调和基本善之间的紧张关系。但是，无论怎么加以调和，这种紧张关系就在那里。

问题不仅仅在于这些基本善之间存在着紧张关系，还在于民主与这些基本善之间也存在着矛盾，即我所说的民主的悖论。如果民主是政治和治理的真正合法性标准,那么,我们只能通过民主这种形式来实现我们所诉求的东西。然而,民主并不是那么美妙的制度,上面的分析已经指出,民主的悖论意味着民主的失败和民主的无能。从这个意义上说,民主是比自由和平等低得多的价值观。无论民主制度如何的不完善和如何的有缺陷,民主的价值都要大大优于它的危险性。民主是使我们的自由、平等和自尊免于受到权力侵害的制度性保障。我们并不希望通过引进独裁来解决民主的悖论,即使这个独裁者是贤能的,有着"仁惠抚百姓,恩泽加海内"的丰功伟绩。如果民主也是我们值得珍重的价值观,那么,问题并不在于要不要民主,而在于对民主的形式和实施的范围进行严格限定的同时,不断地完善它。自由、平等、自尊和民主都是值得我们珍重的价值,如果这些社会的基本善之间发生了紧张关系,重要的不是在它们之间进行取舍,而是在一个新的社会政治经济实践范围内把它们结合起来。为此,我们还需要新的思路和制度创新,这便是许多人提倡的经济民主。经济民主能将直接民主和间接民主有机地结合在一起,发挥它们各自的优点,扬弃各自的缺憾,从而可以有效地解决民主的悖论。

直接民主,又称纯粹民主,是指全体人民直接参政和议政的一种制度,在这里,决策的权力直接由人民所行使,而不经过任何媒介或代表。直接民主是与贡斯当所说的"古代人的自由"和柏林所说的"积极自由"联系在一起的,最典型的是古代雅典的民主制。雅典民主政治的基本特征是全体公民是统治者,用亚里士多德的话说就是"人民使自己成为一切的主人"。除了将军以外(由于战争的频繁爆发以及胜负是决定城邦生死存亡的最为关键的因素,所以将军是由选举产生的),国家的一切公共职务向所有的公民开放,包括由6000人组成的最高权力机构人民大会(雅典的公共广场只能容纳这么多人),由500人组成的议事会(其主要职责是为公民大会作各项准备),行政机构(执政官)和司法机构(人民陪审法庭),这些机构的代表是由抽签产生的,重要的岗位一般任期只有一年,而且不得连任,这意味着所有的职务是向所有的公民开放的,而所有的公民都有机会担任公职。对此,美国政治学家邓恩这样写道:"任何一个过着正常的成人生活的雅典公民,都可能或早或晚地担任一天雅典城邦的官方行政机构议事会的首领,作为雅典的代表接待并会见外国使节或为议事会或公民大会的正式会议准备议程。任何雅典公民在其一生中占有这个角色都不能超过一天。每一个雅典公民都平等地享有参与权、投票权,以及在公民大会说话的权利;公民大会以简单多数票决定的方式决定城邦所有重大的事情:进行战争或和平,通过法律,决定对某个政治领袖的政治流放或对其处以死刑。每个年满30岁的雅典公民都有资格(并且期望)担任一份公职,并且可以坐在法庭上依据个人的辩论和犯罪结果进行裁决,提出政治诉讼,确认或推翻已由人民大会通过的新的立法条款。"[1]

为了防止权力落到僭主、政治野心家或阴谋家手中,雅典发明了应对的办法,那便是"陶片放逐法"和人民陪审法庭制度。陶片放逐法是一项非常独特的制度,它把要放逐的人的名字刻在陶片上进行投票,意在赶走那些不受欢迎的盛名之士。陶片放逐法表明,即使没有僭主,大人物依然令人担忧。人民陪审法院是由抽签产生的公民作为陪审员(一个案件的陪审员通常有500多名),他们集法官与陪审团的作用于一身,审查或者废除立法,判断某些大人物是否有罪。虽然这些制度经常被滥用,但它可以钳制个人的野心,可以有效地防止"寡头统治铁律"。

直接民主制是一种真正意义上的民主,这是一种参与制民主,人们亲身参加与他们福利有关的决策并做出决定,它最能体现民主的本质——大家的事由大家共同解决。然而它被认为是狂野的、危险的、难以驾驭的和具有局限性的,因而被认为不适合现代的民主国家。

现代民主制是一种代议制民主。所谓代议制民主,又称间接民主,是指人民并非亲自参与政治决定,而是首先通过投票选举出自己的代表(政党和政治家,如议员、州长、总统等),然后由这些民选代表做出政治决策。代议制民主是与贡斯当所说的"现代人的自由"和柏林所说的"消极自由"联系在一起的。第一,古代人的自由是建立在奴隶制基础上的。正是由奴隶来完成最迫切的生存需要,才为雅典的自由公民们创

---

[1] 〔英〕约翰·邓恩编《民主的历程:公元前508~1999年》,林猛等译,吉林人民出版社,1999,第239~240页。

造出闲暇,他们才可能把所有的精力和时间都投入公共事务中去,他们以参加政治决策和分享政治权力为荣,并以此作为第一要务。而现代人以谋生为第一要务,他们更关心的是自己的经济利益而不是政治利益,也没有时间和精力去参加政治决策。第二,古代人的自由是建立在狭小的城邦制国家基础上的。古雅典鼎盛时期的男性公民不过三四万人,其规模还抵不上一个大的公司,更不用说现代国家了。在现代国家的规模上,让所有的公民都参加政治决策过程是根本不可能的。奴隶制的废除、市场经济的发展和国家规模的扩大,创造出一个广阔的私人空间领域,也降低了每一个人分享政治决策的重要性。"每一位个人都专注于自己的思考、自己的事业、自己得到的或希望得到快乐。他不希望其他事情分散自己的注意力,除非这种分散是短暂的,是尽可能少的"[1]。在自己的私人领域,个人是最高的主宰,只要不妨碍其他人的权利或者受到强制,可以做想做的任何事情。从这个意义上说,自由是一种不让别人妨碍自己的选择的自由,是"免于……的自由"。

代议制民主是适应资本主义市场经济的资产阶级民主,邓恩指出:"代议制民主对现代国家来说是一种变得较为安全的民主:民主由难以驾驭的、思想多变的主人,转变为驯服的、可靠的奴仆。"代议制民主"既限制了民主,也限制了国家:它将这两个理念之中充满极端与潜在危险之处统统剔除。简单地说,它使民主对于现代资本主义经济来说,变得安全了;它同时也使现代国家对于现代资本主义经济来说,变得更为安全了"[2]。熊彼特把现代民主制定义为:"民主方法是为了达到政治决定的一种制度上的安排,在这种安排中,某些人通过竞选人民选票而得到做出决定的权力。"[3]这是一种选举民主理论,就是说,只有在公民投票选举政治领导人时才能体现民主的原则,除此之外,人民没有任何政治权利,至多在下次选举时不投令他不高兴的领导人的票。该理论意味着,民主不是由人民来统

---

[1] 〔法〕邦雅曼·贡斯当:《古代人的自由与现代人的自由》,阎克文等译,上海人民出版社,2003,第52页。
[2] 〔英〕约翰·邓恩编《民主的历程:公元前508~1999年》,林猛等译,吉林人民出版社,1999,第249~251页。
[3] 〔奥〕约瑟夫·熊彼特:《资本主义、社会主义和民主主义》,绛枫译,商务印书馆,1979,第337页。

治,"民主就是政治家的统治"①。"民主不过是指人民有机会接受或拒绝要来统治他们的人的意思"②。"在现实生活中,人民既未提出问题也未决定问题,正相反,决定他们命运的政治决策,在正常状态下是由别人为他们提出来并为他们决定的"③。卢梭在批评英国人发明出来的、并引以为豪的代议制民主时这样写道:"英国人民自以为是自由的;他们是大错特错了。他们只有在选举国会议员的期间,才是自由的;议员一旦选出之后,他们就是奴隶,他们就等于零。"④

资产阶级民主把古代的直接民主制转变成一套多数人选举、少数人统治、实行分权制衡的代议制民主,这是一种变了味的"民主","在雅典人看来,民主的这种转变与其说是被'驯服'了,不如说是被阉割了——被改变了本性,被剥夺了它自己的、所有的、有生命力的精神和力量"⑤。不仅如此,代议制民主并不十分安全——它为僭主政治和"寡头统治铁律"提供了广阔的生存空间。由于人们沉湎于享受个人的独立以及追求各自的利益而不关心公共事务,且由于决策成本太高和投票规则本身的缺陷人民可能放弃自己的政治权利,特别是由于不对称信息和人民缺乏制约权力的有效手段,所有这些都会导致公权力的滥用,并且产生利益集团或分利集团、政府的扩张和低效率、财政赤字和通货膨胀、政治经济周期以及普遍滋生的寻租和腐败——所有这些都被表述在公共选择学派的"政府失败"理论中。更为可怕的是,"所有的人民在短期内是可以一步一步地被'牵着鼻子'走到他们真正不想要的某种状态中去"(熊彼特语),一直走到民主的毁灭和独裁政权的建立。希特勒和德国的纳粹党就是这样的可怕典型。

随着代议制民主暴露出愈来愈多的问题,现代的民主理论家开始对其

---

① 〔奥〕约瑟夫·熊彼特:《资本主义、社会主义和民主主义》,绛枫译,商务印书馆,1979,第356页。
② 〔奥〕约瑟夫·熊彼特:《资本主义、社会主义和民主主义》,绛枫译,商务印书馆,1979,第355页。
③ 〔奥〕约瑟夫·熊彼特:《资本主义、社会主义和民主主义》,绛枫译,商务印书馆,1979,第331页。
④ 〔法〕让·雅克·卢梭:《社会契约论》,何兆武译,商务印书馆,1980,第125页。
⑤ 〔英〕约翰·邓恩编《民主的历程:公元前508~1999年》,林猛等译,吉林人民出版社,1999,第249页。

进行批判性反思。到了 20 世纪末，出现了许多与之相对立的理论，其中包括多元民主、公众参与的民主、自由民主和协商性民主等，这些理论的要旨都在于要恢复民主的本质即让人民自己来决定与自己有关的事情，这一点充分表现在直接民主制中。在现代的政治生活中，要恢复直接民主制是不可能的，然而，有一个领域的一种民主既能真正实现直接民主制又能克服其弱点，那便是经济领域中的经济民主。

首先，规模小和人数少是企业实行直接民主制的必要条件，而人们对切身经济利益的关心是其充分条件。只有规模足够小时，才有可能实现直接民主，也才有可能降低决策所需要的成本（收集有关信息和投票的时间）。企业中的决策主要集中在经济事务方面，人们对发生在他们身边的这些事务非常熟悉，同时，这些决策都关系到他们的切身利益，而与是否干涉到了他们个人领域的自由无关[①]，所以这些决策的重要性对他们是不言而喻的，他们因此具有参与决策的积极性并且保持着高度的关注力，而不至于因决策的结果与他的福利无关而漠不关心，或者因他个人的投票对集体选择的结果无能为力而甘愿放弃自己的权利。当然，企业中的直接民主不一定与它的古典形式完全一样。企业是个生产单位，生产过程是不能停顿的，所以企业中的职工不可能像古雅典的自由人那样把全部的时间和精力都用在有关政策决定的高谈阔论上。特别是企业的生产需要对技术、质量和管理严格把关，企业的经营要冒市场的各种风险，只有有能力的人才能担此大任，所以企业的管理者是由选举产生的，而不是由抽签产生的。但是这些由全体职工任免的管理者受到有效的和严格的监督，而且监督成本如此之低，以至于不太可能出现"寡头统治铁律"。即使个别管理者由于决策的失误而造成严重损失，或者利用职务之便侵占或鲸吞集体的财产，问题也将很快被发现，错误将及时得到修正，而损失可以降至最小。企业内的民主是直接民主与代表制民主相结合的一种形式或制度，或者更准确地说，经济民主就是直接民主。

[①] 资本主义军营式的管理却可能干涉劳动者在私人领域中的自由。据说，深圳的一家血汗工厂连工人的拉屎撒尿的次数和时间都有严格的规定。富士康公司工人跳楼事件的原因我不得而知，但至少可能的原因之一是劳动时间的延长和工人住集体宿舍，因而其个人生活领域的时间和空间被大大地压缩了。

其次，在企业内实行经济民主有助于形成一种一致性的公共理性和公共道德，从而可以有效地避免多数人暴政和投票的悖论。与主要由陌生人组成的社会相比，企业更像是一个"家庭"。在这里，我们将进入一个"熟人社会"的小圈子里，即使在一个规模较大的企业里，一些人可能从未打过交道甚至未曾谋面，但是通过熟人或者各种渠道，要了解某一个人总是办得到的。企业被假定有一个共同的目标，但实际上在资本主义企业中是不存在所谓的共同目标的，因为劳资关系是对立的，劳动者可不关心资本家的目标是什么和能否实现。而经济民主将赋予企业成员一个共同的目标，这个目标只有通过全体劳动者的努力和通力合作才能实现。这样便形成了全体劳动者之间的共存和共荣关系（Together we stand, divided we fall，在一起我们就会站起来，分裂我们就会倒下去，或合则两利，离则两伤）。企业当然不是家庭，在这里，没有血缘关系的企业成员有可能更为注重个人的利益。然而，企业内成员之间长期和稳定的合作关系将使机会主义行为无从得逞。这是多次博弈的过程，博弈的结果将走出"囚徒的困境"，而使个人理性上升到公共理性，人们将学会沟通、商量、合作而不是竞争，乃至妥协和让步而不是针锋相对（如果不把博弈中的"以眼还眼以牙还牙"的策略算作是针锋相对的话）。由此而形成的公共道德是对那些持极端观点的人、那些极不负责的人和那些自私自利的人强有力的威慑力量，这些人如果不做出改变，就将在集体中无法生存。既然民主的过程是一个经过充分讨论和商议的反复过程，达成的协议就不仅仅只体现多数派的利益，少数派的意见也被充分考虑到。达成协议的过程就是谅解的过程，因为每个人都知道他不可能永远总是属于多数派。如此，多数人暴政可以避免。而一个一致性的公共理性和公共道德的形成恰好符合邓肯·布莱克（Duncan Black, 1908－1991）的"中间投票人定理"和阿马蒂亚·森（Amartya Sen, 1933－ ）的"价值约束理论"，如此，阿罗的不可能定理成为可能，投票的悖论得以避免。所有在这里论证的有关经济民主的好处也说明了它是有效率的，我将在第三章对此详加论述。

第七节　以民主原则配置经济权力

既然经济民主是把政治领域中通行的民主理念、民主原则、民主制度和民主程序应用于经济领域，那么，它们应该如何应用于经济事务中去呢？换言之，应如何根据民主的原则来分配经济事务的决策权和控制权？在这方面，伦敦政治经济学院政治哲学家罗宾·阿切尔（Robin Archer）给出了答案。

阿切尔提出了两个基本的民主原则：第一个民主原则是"所有受影响者原则"（all-affected principle），即"所有受某一组织的决策影响的有选择和行动能力的个人都应该分享对该组织决策过程的控制权"[1]。"所有受影响者原则"提供了民主理论的基础，因为无论是以直接参与、选举代表或投票表决的形式，民主根据定义是由人民进行统治的。一种民主的理论在说明人民如何进行统治之前，还必须鉴别人民是指哪些人，"所有受影响者原则"提供了这个问题的答案："任何一种联合组织，无论是国家还是一个制鞋工厂，都应该由所有受其影响的个人所组成的团体来控制。"[2]他又认为，对组织决策权的控制有两种形式：直接控制和间接控制。前者是指在一系列限制的条件下对各种可能的行动系列进行选择的权力，后者是指通过改变或影响决策过程中面临的环境和一系列限制条件来间接影响决策者的决策。所以，民主理论还必须回答根据什么来分配决策的直接控制权和间接控制权？为此，阿切尔又提出了第二个民主的基本原则，即"所有隶属者原则"（All-subjected Principle），即通过参与决策，"所有那些受一个团体的权力支配的人应该行使对该团体决策的直接控制权"[3]；而通过改变或影响决策过程中面临的一系列限制条件和外部环境，那些受该

---

[1] Archer, Robin, *Economic Democracy: The Politics of Feasible Socialism*, Clarendon, Oxford, Oxford University Press, 1995, p. 27.
[2] Archer, Robin, *Economic Democracy: The Politics of Feasible Socialism*, Clarendon, Oxford, Oxford University Press, 1995, p. 28.
[3] Archer, Robin, *Economic Democracy: The Politics of Feasible Socialism*, Clarendon, Oxford, Oxford University Press, 1995, p. 32.

团体决策影响的非隶属者即那些不属于该团体正式成员的人们应该分享其决策的间接控制权。

这两个原则是民主理论配置权力的基础和关键。为什么只有隶属者才能分享决策的直接控制权，而非隶属者只能分享决策的间接控制权？某一组织的决策对所有受影响者的福利的影响是不同的，但这显然不是分配组织决策权力的一个有根据的标准。因为，第一，每一个受影响者个人之间的福利或效用函数是无法比较的，所以，它缺乏一个统一的量化尺度。第二，即使存在这样一个尺度，也无法解释为什么决策对隶属者福利的影响要比非隶属者的更大。例如，某工厂的生产决策污染了周边的环境，受害更甚的可能是住在工厂周边的居民。再如，一国对另一国发动战争，无论是战胜或战败，受到攻击的国家的生命和财产损失都可能更大。所以，民主的两个原则不能从效用函数推出，而只能从社会的公理性命题推出。阿切尔是从"平等的自由原则"（principle of equal liberty）和"社会性公理（the axiom of sociality）推导出这两个原则的。

推理从个人的自由开始。阿切尔认为，自由是一个复合性的概念，个人的自由包括个人的选择自由和个人的行动自由两个方面，这意味着，如果我是根据自己的需要或价值标准自主地做出选择，而且我是根据我自己的意愿行动以实现自己的选择，那么，我就是自由的。然而，要实现个人这两个方面的自由还必须有两个前提条件，即没有别人的干涉或强制和掌握实现自己意愿的资源或手段。阿切尔的自由观显然是柏林的"消极自由"和"积极自由"这两种自由观点的某种综合。阿切尔的自由观念强调的是自治的价值（the value of autonomy），即自己做出选择和能够实现它的潜能。他指出，自由概念的核心是：我的行动应该由我的选择来控制，他将其称为"基本控制原则"（the basic regulatory principle）。然而，一方面，每一个人都有自己的自治观念，在做出何种选择以及如何行动方面，个人之间是不同甚至完全相反的；另一方面，所有的人都是平等自由的，没有理由认为某个人的自由比其他人的自由更没有价值。我们必须对每个人的自治价值给予相同程度的重视，应当允许他或她最大限度地追求个人的自治价值，只要其自由的行动不妨碍其他人的自由。这便是平等的自由原则。

当我们从个人的自治上升到联合体或社会的层面时，平等的自由原则就必须辅之以"社会性公理"。这是因为，第一，如果不对每一个人的自由行为做出必要的限制，那么一个人的自由就会妨碍或侵犯其他人的自由。第二，个人要实现自治的价值，仅有免于他人的干预和强制这样的前提条件是远远不够的，他还必须同其他人合作，这就是说，他要参加联合组织和接受该组织的调节和管理。只有在团体中和通过团体，每个人才能实现个人的自由选择。阿切尔区分了两种自由："个人自由"和"民主自由"，前者是指个人所采取的、在无须通过联合体的情况下按照其个人的选择来行动的一种自由的形式，后者是指个人所采取的、不通过联合体他或她就不能按照其个人的选择来行动的一种自由的形式。如果说"平等的自由原则"强调的是友爱的价值，它意味着我们应该平等地重视每一个个人的自治；那么，"社会性公理"强调的是民主的价值，它意味着并不存在一个超越个人的社会实体以及独立于个人价值的社会价值，在这里，"社会"只是实现个人自由的必要条件。这两个原则一起决定了配置权力的两个基本民主原则。图 2-2 说明了阿切尔的观点。

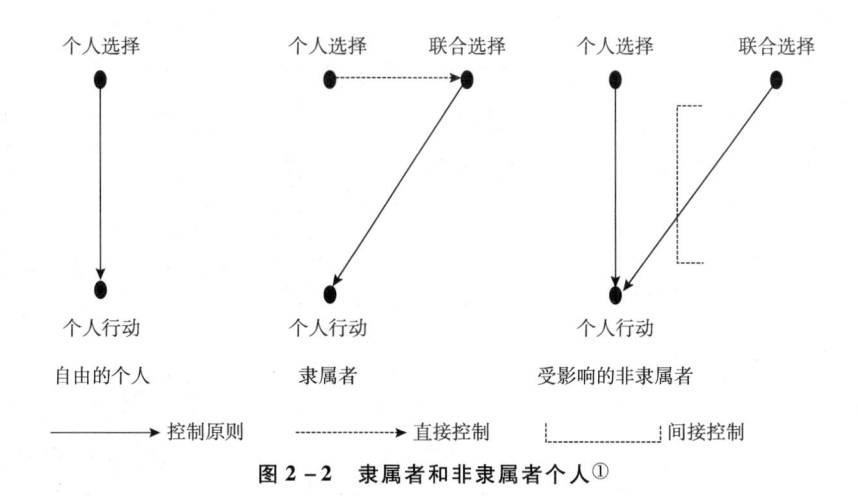

图 2-2　隶属者和非隶属者个人[1]

---

[1] Archer, Robin, *Economic Democracy: The Politics of Feasible Socialism*, Clarendon, Oxford, Oxford University Press, 1995, p. 31.

在自由的个人状态中，我的自由行动由我的自由选择来控制。一旦我隶属于一个团体，我的行动便不由我的选择而由集体选择来控制。在这种情况下，唯一能保护我的自由的方法是使集体做出的选择与我的选择完全一致，而且唯一能保证这一点的是我必须参与集体决策过程并行使直接控制权。当然，按照平等的自由原则，我必须不仅考虑自己的自由，而且要考虑团体中其他隶属者的自由。因此，要使每一个隶属者从行使集体决策过程的直接控制权得到的自由不至于和其他隶属者的同样自由相冲突，那么，每个隶属者的这种权利只能是局部的，他必须与其他隶属者分享同样的权利。这便是"所有隶属者原则"。在我不是该组织的隶属者但该组织的决策影响到我的自由的情况下，我的自由行动仍然由我自己控制而不是由集体选择来控制，该组织的集体选择便成为我在行动之前影响到我个人选择的一个重要的附加因素。为了保障我个人的自由，我需要对导致这种附加因素的集体选择做出某种限制；换言之，我需要对该组织的集体决策行使间接控制权。可以使用多种形式的间接控制权或限制，其中，最完整的形式是投否决票。然而，不是对集体决策本身投否决票，而是对影响到我的集体决策的能力投否决票。而且我必须与那些受影响的所有非隶属者一起分享间接控制权，这可能影响也可能不影响我个人的间接控制权。作为一个受影响的非隶属者，我当然可以通过分享集体的直接控制权来保护我的自由，但这样做既是不必要的，也是不公平的。之所以是不必要的，是因为为了保护我的自由，我仅仅需要行使间接控制权；之所以是不公平的，是因为集体的决策只对该团体的隶属者有约束力，对我却没有，我不是该团体的正式成员，所以我可以不服从该集体的决定。这便是为什么那些受该团体决策影响的非隶属者即那些不属于该团体正式成员应该分享其决策的间接控制权的理由。

阿切尔以民主国家为例说明如何根据这两个民主原则配置政治权力。由于国家的每一个成员都受制于国家的权柄，所以每一个成员分享对国家的直接控制权；而且每一个成员是在相同范围的事务上同时地受制于国家的，所以每一个人都平等地分享对国家的直接控制权：同样有价值的一票。即使所有隶属者原则在实践上有许多困难，但它是民主国家最基本的理论支柱。非隶属者或外国人可能会受到该国的活动和决策的影响，但他们不是该国的公民，因而不具有对该国政治决策的控制权。这并不意味着他们对该国的决策控制不了。例如，他们可以通过设置关税壁垒对该国的产品进行控制，但这种控制是间接的。同样的，阿切尔也说明了应如何根据这两个民主原则来分配经济权力。阿切尔把企业看作一群个人为了达到共同目的而进行合作的联合组织，这个共同目的就是生产商品和劳务。在资本主义经济中，至少有6个集团或个人是受企业活动影响的，或者用商业院的语言，他们是企业的"利益相关者"（stakeholders），这些人有：（1）雇员或工人；（2）消费者；（3）股票持有者或资本家；（4）原材料和生产性产品的提供者；（5）银行和其他金融机构；（6）当地居民。按照"所有受影响者原则"，这些利益相关者都应该分享对企业决策过程的控制权。按照"所有隶属者原则"，只有那些隶属于本企业权力的成员即隶属于本企业的劳动者，通过参与企业的决策过程，行使对企业的直接控制权；而那些本企业劳动者之外的其他利益相关者，通过改变或影响该企业决策的限制条件和外部环境行使对企业的间接控制权。

阿切尔认为，资本主义对企业的间接控制很好，可以保留，但对企业的直接控制很成问题，必须去除。在资本主义经济中，主要有两种间接控制的形式："政府管制"和"退出控制"（exit control）。特别是退出机制是间接控制最理想的形式，因为它允许每一个个人自动地行使最大可能的间接控制权力，以防止企业的决策对自己造成的不利影响。例如，在竞争的市场经济中，消费者的退出会对企业的决策产生重要的影响。如果企业生产的产品粗制滥造或向消费者索取过高的价格，消费者就会停止购买该企业的产品，这会减少该企业的收入，从而迫使企业改变其决策。但退出机制发挥作用要有两个前提条件：（1）有一个竞争的市场；（2）退出的成本低。当出现垄断时，则需要政府的管制。阿切尔认为，资本主义的确为每一个利益相关者提供了比较合适的间接控制机制，而在苏联式的经济中，消费者—企业的间接控制机制遭到了严重的削弱，因此导致消费品的短缺。所以在它的模式中，消费者的退出选择仍然是间接控制的主要形式，而政府代表消费者的利益而进行的管制是间接控制的次要形式。他这样写道："像在资本主义经济一样，在以经济民主为基础的社会主义经济中,消费者通过退出实行的控制是最主要的,这意味着这种经济一定是市场经济,在最低程度上存在一个竞争性的消费品市场。"[1]

阿切尔指出,只有考虑到谁应该行使对企业的直接控制权时,他的模式与资本主义模式的区别才能显现出来。在资本主义企业里,直接控制权由资本所有者行使,而在经济民主企业,这个权力将由劳动者掌握。为什么企业的直接控制权必须由劳动者行使呢?阿切尔认为,这是因为在企业活动中只有劳动者才受到企业权力的直接支配,根据所有隶属者的民主原则,应该把企业的直接控制权授予本企业的职工。

阿切尔特别驳斥了这样一种观点,即资本家或股票所有者也是企业权力的隶属者,因而应当分享企业的直接控制权,进而说明了为什么应该是劳动雇佣资本而不是相反。这一观点混淆了所有者使用某一商品的排他性权利与企业机构对人的支配权力。一个企业当然可以对资本家投入到该企业的资本具有排他性的支配权利,但这并不意味着该资本家就隶属于该企业。不像劳动者,资本不是虚构的商品,它可以被交换,而不必依存于无论是出卖或出租它的资本家。当我使用你的资本时,你可以干其他的事情;但当我使用你的劳动时间时,你不能干别的事情。正是由于资本可以与资本家相剥离,企业的权力就不应该延伸到资本家那里。企业可以对如何使用它的资本发布命令,但它不能命令资本家做什么。有谁听说过,一个公司的经理向股东大喊道:"投资再努力一点!"否认资本家是企业隶属者并不否认他们作为企业决策的影响者控制企业决策的权利,但他们只能行使间接控制权。类似的例子是银行和其他金融机构,它们和资本家一样也向企业提供相同的物品(资本)。然而,没有人认为银行要隶属于它借款的企业。

阿切尔批判了资本主义的雇佣劳动关系。他指出,按照标准的新古典理论的解释,雇主和雇员的关系简单得就像商品的买卖关系一样,雇员向雇主出卖一定数量的劳动,以换取一定的工资收入。但劳动不是普通的商

---

[1] Archer, Robin, *Economic Democracy*: *The Politics of Feasible Socialism*, Clarendon, Oxford, Oxford University Press, 1995, pp. 40–41.

品，其他商品譬如一种机器被交换时，它由卖者向买者移交的同时，也将排他性的决定如何使用这种商品的权力一同移交。但当劳动被交换时，它仍然依附在劳动者的肉体上，劳动者并不能分离出一个独立的劳动实体并把它移交给受雇佣的企业。实际上，劳动者向企业出售的"商品"不是劳动本身，而是马克思所说的"劳动力"或"劳动的能力"。在资本主义企业中，资本家通过契约购买了一定时期的劳动，但他获得的只是一种潜在的劳动能力，除非这种潜在的能力变成实际操作的劳动，否则它对资本家没有半点用途。但是实际的劳动是一个变量，在劳动的契约中不可能得到详细的说明。这就会导致工人与资本家之间的利益冲突。"无论工人准备做多少工作，拥有企业的资本家将要求他们做得更多。由于劳动的成本已经预先确定，资本家从劳动者身上得到的劳动越多，他们得到的利润也就越多。因此，如果企业的目标是利润最大化，它就必然要对它所购买的劳动力行使支配权力"[1]。

阿切尔认为，雇佣劳动不仅包含在最初的交换关系中，而且也包含在后来的企业的权力关系中。资本在工厂法典中通过私人立法独断地确立了对工人的专制，这后一种权力关系正是批判资本主义经济的焦点所在。为此，阿切尔提出了自己的经济民主企业制度模式。他指出："我所谓的经济民主是指这样一种体制，在这种体制下，经济活动的基本单位，即工厂或企业，是按照我所详细阐述过的民主原则进行治理的。"[2] 他还这样写道："在以经济民主为基础的社会主义经济中，对企业的直接控制权必须转移给在那个企业工作的人们。这并不意味在资本主义中工人对企业没有控制权，也不意味在经济民主中资本对企业没有控制权，恰恰相反，二者在这两种经济中都有继续行使对企业的间接'退出'的控制权。简单地说，资本主义是资本家能够同时行使退出控制和直接控制这两种权力而工人只能行使退出控制的经济制度；而经济民主是工人能够同时行使退出控制和直接控制这两种权力而资本家只能行使退出控制的经济制度。我把这

---

[1] Archer, Robin, *Economic Democracy*: *The Politics of Feasible Socialism*, Clarendon, Oxford, Oxford University Press, 1995, p. 43.

[2] Archer, Robin, *Economic Democracy*: *The Politics of Feasible Socialism*, Clarendon, Oxford, Oxford University Press, 1995, p. 38.

个基本模式叫作经济民主。"①

阿切尔与瓦内克一样，认为他的模式不一定必须建立在生产资料公有制的基础上，他说："经济民主的基本模式并不反对资本家（他们是所有者）和工人（他们是雇员）存在区别关系本身，它主要地反对两者之间的权力关系，特别是反对那些被雇佣者对那些所有者的权力的屈从。这意味着，不像其他经济民主的模式一样，工人所有制并不是这里倡导的模式的必需特征，它只是工人在某种条件下获得自我管理的手段。是管理制度而不是所有权确定经济民主。"②

---

① Archer, Robin, *Economic Democracy*: *The Politics of Feasible Socialism*, Clarendon, Oxford, Oxford University Press, 1995, p. 44.
② Archer, Robin, *Economic Democracy*: *The Politics of Feasible Socialism*, Clarendon, Oxford, Oxford University Press, 1995, pp. 44 – 45.

第三章
经济民主的经济学

> 即使用最严格的纯粹的经济效率的标准来衡量，劳动者参与管理制经济将同今天其他经济体制一样运行得有效率，更可能的是，比其他制度运行得更好。如果用包括人性、心理和社会方面的更广泛的标准来衡量的话，劳动者参与制经济具有无可辩争的优越性。
>
> ——雅罗斯拉夫·瓦内克

作为一种企业制度，经济民主是在而且只能在市场经济的环境中运行。经济民主将企业的决策权和控制权交至隶属于该企业的全体劳动者，这是一个高度分权和自治的经济。由于显而易见的原因，分权和自治需要市场。自治的生产单位按照市场的需求决定生产，并通过市场来进行经济核算，以充分实现其经济利益。实际上，只要是社会化的生产，只要是生产部门没有统一到集权经济的计划之中，除了市场之外，很难想象还有进行经济协调的其他工具。市场制度是同比较广泛的分权和自治相一致的，市场经济乃是协调分散的经济决策的经济体制。本章考察的是经济民主企业在市场经济环境中的运行效率，并将之与其对立物资本主义企业加以比较，目的是证明民主制经济在经济效率方面具有资本主义经济无可比拟的优越性。本章全部论点的基本根据在于经济民主作为一种企业制度所体现出来的两个最基本的特征——参与和分享，所以本章与第一章有着密切的逻辑关系。第一节研究衡量经济体制运行的经济效率标准体系，目的是为民主制经济和资本主义经济的运作情况进行总体打分；第二、第三、第四、第五节是关于经济民主的微观经济学，分别研究民主制经济的生产效率和生产成本、资源配置效率和收入分配；第六节是关于民主制经济的宏观经济学，研究其在经济增长、充分就业和物价稳定方面的表现；最后一节是关于民主制经济在非经济福利方面所具有的优点。

第一节 经济绩效的衡量标准体系

在进入本节分析的主题之前，有必要将本章使用的概念交代清楚。第一，由于本章的主要任务是考察经济民主企业在市场经济中的整体运行情况，所以仅仅把经济民主理解为一种企业制度是不够的，需要将其联结起来使之成为一种经济的系统，就是说，我们需要经济体制这个概念。我把由纯粹经济民主企业组成的经济或由其占主导地位的经济（这当然是一种假设的情况）称为民主制经济（democratic economy，瓦内克则称之为参与制经济），而着重考察这种经济的微宏观效率，并将其与主要由资本主义企业组成的经济即资本主义经济的运行效率相比较。在我国的理论经济学界，经济制度、企业制度和经济体制这些术语的使用十分混乱，所以需要理顺。在本书的第一章，我把企业制度定义为关于生产要素所有者在生产和收入分配的决策中的地位的一种制度和组织安排，包括生产资料所有制的性质（公有还是私有？）及其实现形式（个人业主制？合伙制？国有制？合作制？股份制？股份合作制？承包制？租赁制？）、要素所有者在生产中的地位和相互关系以及经济组织的管理方式（资本雇佣劳动，还是劳动雇佣资本？为谁生产？谁来决策？对谁负责？怎么管理？）和产品分配方式（按什么原则分配劳动生产物？谁得多少？）。在这里，我是在马克思主义政治经济学的"经济制度"这一概念上界定企业制度的，就是说，我所谓的企业制度就是经济制度。我特别反对把经济制度和企业制度割裂开来的观点，对我而言，经济制度是非常具体和微观的概念，它揭示了某一社会生产关系最本质和最典型的特性。离开了企业制度，就无法说清楚经济制度是什么，一旦离开了具体的企业制度，所谓"基本经济制度"便成为干巴巴的、不着边际的几个教条，而这正是我们从社会主义政治经济学教科书中所学到的。企业制度也是构成我们分析某一经济体运行的宏微观基础。

当我们从在生产关系中占主导地位的企业制度出发分析整个社会经济的运行情况时，我们便需要更宏观的概念或更系统性的概念——经济体制（economic system）。经济体制是西方经济学使用的概念，特别是西方的比较经济体制学对其有过精确定义。根据瑞典经济学家阿瑟·林德贝克（Assar Lindbeck，1930 - ）所下的普遍被接受的定义，经济体制是在特定地理区域内进行有关生产、分配和消费方面的决策并执行这些决策的各种机制、组织安排和规则。在这里，"体制"这一概念被理解为一种系统，一种整体图式或整体结构，它涉及构成统一整体的各个部分的相互依存和相互影响以及将各个部分联合成一个统一体的那些特征；而"经济体制"被理解为社会以某种系统的方法、机制、组织安排解决与稀缺资源配置和利用有关的经济问题的关系总和。我所谓的民主制经济正是这样一种经济体制的概念。当然，离开了具体的、占主导地位的企业制度或经济制度，我们也无法说清楚经济体制是什么以及它怎样解决上述的经济问题和解决的效率如何。马克思在分析资本主义经济运行时也形成了自己的概念范畴体系，这便是他为自己规定的写作《资本论》的任务是研究资本主义生产方式以及和它相适应的生产关系和交换关系。虽然马克思的生产方式范畴也是一种系统论，但其所包括的内容远远超出了经济体制概念的含义，因为他把生产力和生产关系的辩证运动纳入了进去。马克思提出生产方式范畴，是要解释社会经济形态的历史演进规律，而不是说明某一社会经济制度如何解决稀缺资源配置和利用的效率问题。本章的任务是说明经济民主制度或民主制经济的效率性，所以只在经济体制这一层面上研究就可以了。总之，对我而言，企业制度和经济制度是同一个东西的不同名称，而经济制度和经济体制是同一个东西的不同方面，恰似同一个硬币的正反两个方面。

第二，在本章中，我将更多地以经济绩效（economic performance）这一术语来代替经济效率（economic efficiency）这个概念。这不仅是因为前一个概念可以涵盖后一个概念，前者还包含了比后者更广泛的内容；而且是因为前者是一种比较性的概念，因而更适合于对不同经济体制运行的经济结果进行比较研究，而后者是一个绝对性的概念，而不管现实中的情况离这样一种绝对标准有多远。

在西方的微观经济学中，"经济效率"这个概念就是指"帕累托最优"。这是一个非常抽象的概念，而且完全脱离了现实的经济情况。它是在假定只有一种经济体制（资本主义市场经济）的前提下，并且是在美化这一制度的假设下（没有X非效率，没有代理成本，没有市场失灵，没有宏观经济运行的不稳定，等等），通过许多非现实的假说（完全理性假说、完全信息假说、完全市场假说、完全不考虑收入分配等等）和生造许多莫名其妙的概念（无差异曲线、等产量曲线、生产可能性曲线、契约曲线、边际替代率和边际转换率等），运用精美的数学工具证明了只有完全竞争才符合严格的资源配置最优标准，而这样一种市场类型在现实中从来就未曾存在过。[1]

而经济绩效是指对经济体制运行的经济效果或结果的总体评价，对经济绩效评价的核心问题当然是该经济体的资源配置以及资源利用的效率，但在这里，"效率"概念所涵盖的内容远远超出了"帕累托效率"所包含的内容：首先，它是指生产效率，即以较小的成本投入获得较大的产出；其次，它是指"静态效率"，即当现有资源的任何再分配都不能再增加总产出时达到的效率，它等于帕累托效率；再次，它是指"动态效率"，即从追加的生产要素（劳动、资本和土地）投入得到的可能的产出的增加；最后，它不仅包括微观的配置效率，还包括宏观经济运行的总体情况，如增长、就业和物价是否稳定等。经济绩效这个概念还涵盖了用"效率"概念解释不了的"经济福利"的内容，其中包括阿瑟·塞西尔·庇古（Ar-

---

[1] "帕累托最优"是指资源配置达到这样一种状态，即在不使任何人境况变坏的情况下，不可能再使某些人的处境变好。帕累托最优是与"帕累托改进"联系在一起的。如果改变既定的资源配置状态，结果是有人的福利状况变好，而没有人的福利状况变坏，这种改变是好的，应继续下去，一直到不会使其他人的情况变坏的前提条件下不再可能增进任何人的经济福利，则达到了社会福利的最大化，这也是稀缺资源的合理配置和有效利用的效率标准。帕累托最优的状态就是不可能再有更多的帕累托改进的状态。帕累托最优推理所使用的概念如无差异曲线等是很成问题的，正如美国后凯恩斯主义经济学家阿尔弗雷德·艾肯纳（Alfred Eichner, 1937－1988）所指出的，这些概念都是形而上学的，如同"鬼魂"一般，没有经验上的证据表明这样的东西实际存在着。帕累托最优也不考虑资源分配的初始状态。假设一个社会里只有一个百万富翁和一个快饿死的乞丐，如果这个百万富翁拿出自己财富的万分之一，就可以使后者免于死亡。但是这样无偿的财富转移损害了富翁的福利，所以进行这种财富转移并不是帕累托改进，而这个只有一个百万富翁和一个饿死乞丐的社会才可以被认为是帕累托最优的。

thur Cecil Pigou，1877－1959）所说的以货币量来衡量的经济福利，如收入分配的均等化；和用货币无法衡量的经济福利，如经济自由、经济安全和经济稳定。总之，经济绩效标准可以容纳人们能够想象到的经济结果的所有方面，如效率提高、收入分配平等、充分就业、物价稳定、经济增长、稳定和协调发展、经济自由和安全等。

  为了衡量某一经济体的经济绩效或者为了比较不同经济体制的经济绩效，我们必须建立起一套标准尺度。一旦有了这样的衡量标准，我们就可以不必借助于帕累托效率这一绝对的抽象标准而完成对经济体制运行总体经济效果的评价。我们只需对不同的经济体制的情况或同一经济体制在改革前后的不同情况作简单的对比，就可以发现经济福利是改善了还是恶化了。我们因此可以断定，哪一种经济体制是好的，因为它是有"效率"的，而哪一种经济体制不好或没有效率。然而，如何衡量一种经济体制运行的经济绩效？这真是个问题。为了解决这一难题，我们必须借助于在19世纪末和20世纪初在西方国家产生的、在20世纪60～80年代达到鼎盛并在苏联解体后逐渐冷落下来的比较经济体制学（comparative economic system）的研究成果。所有的经济学家都承认，经济体制是影响经济行为和经济结果的一个重要因素。但是怎么分析经济体制的影响？用什么方法评价经济体制运行的结果？在上述问题上，比较经济体制学家们遇到了许多的困难，并且未能达成一致的意见。

  第一个问题是体制部分能分离出来吗？我们知道，经济体制不是影响经济运行的唯一因素，如果若干因素都对经济运行结果产生影响，那么怎样才能辨别它们各自的作用？具体地说，只有把经济体制的影响分离出来，并将其与经济结果中一个可识别的部分联系起来，我们才能评价经济体制的影响和作用。然而，一个经济体的运行结果是许多与经济体制结合在一起的非体制因素共同作用的产物，所以我们首先需要知道非体制因素对经济运行的影响如何，才能把体制的影响分离出来。美国比较经济体制学家保罗·格雷戈里和罗伯特·斯图尔特在他们合著的、较有影响的《比较经济体制学》教科书中提出了经济结果与影响经济结果的因素之间关系的公式，即 $O = f(ES, ENV, POL)$，其中，O 表示经济成果，它是由许多指标构成的；ES 表示经济体制，它也是多维的概念，即 $ES = f(A_1, A_2, \cdots$

A_n），这意味着经济体制不能只按单一特征（例如财产所有制）加以定义，必须考虑其整体特征，大多数比较经济体制学家都同意 A 主要包括决策结构、信息结构和动力结构，即美国著名比较经济体制学家埃冈·纽伯格（Egon Neuberger）和威廉·达菲（William Duffy）的 DIM 方法；ENV 表示各种环境因素，如自然资源禀赋、经济发展水平、社会和文化因素等；POL 表示经济体制实行的各种经济政策。这一公式表明，经济结果是经济体制因素和各种非经济体制因素的函数。各种社会、政治、经济、文化、地理和自然的许多因素都影响经济体制和决定经济运行的结果，这些力量为数如此之多，而且它们的相互关系又是如此复杂，以至于将经济体制的因素分离出来是根本不可能的。

格雷戈里和斯图尔特提出了两种解决问题的办法：一种方法是比较除经济体制以外在所有其他方面都相同的经济，例如东、西德和韩国、朝鲜等，这就等于在环境因素和经济政策因素相同的条件下进行比较。在这种情况下，经济成果的差距就可以归因于经济体制本身的影响。许多人并不赞同这种方法，因为它不仅大大地限制了人们在更为广阔的范围内对不同的经济体制进行富有意义的比较，而且即使在这些少数几组经济体制不同的国家和地区中，政策和环境等非体制性因素也并不是完全相同的。另一种方法是运用经济计量学研究经济体制的影响，经济计量方法要求首先估算环境和经济政策这两个因素对经济结果的影响值。一旦确定了它们的影响值，就可以假定这两个因素固定不变，余下的就是经济体制的影响值。美国比较经济体制学家霍尔索夫斯基反对使用这种方法，他给出的理由是：首先，被观察的例子的数目对采用统计上的多重相关法来说太少了；其次，许多作用因素难于定量化；最后，运行本身不是一个明确的可定量的概念。所以，对经济体制影响的估算不适于用经济计量的方法来处理，试图从对福利的不可定量影响的观点角度对体制进行比较性评价几乎是毫无希望的。

然而并不是一点希望也没有。所有的比较经济体制学家都同意，经济体制不是静止或固定不变的，它是动态和不断发展变化的，这正如霍尔索夫斯基所指出的那样，我们可以有把握地确信，当代没有哪一种经济体制会停留在我们所熟悉的状态上，经济体制随时随地都处于改革和调整之中，差不多 20 年左右就有一个较大的变化。从动态的观点出发和运用动态分析方法，我们便可以比较同一个国家或地区经济体制改革前后的经济绩效，最典型的案例就是中国的经济体制改革，这就等于把最复杂的环境因素固定不变，从而可以比较精确地评价经济体制本身的影响和作用。我们也可以采取理论模型的方法，假定同一个国家或地区由一种经济制度向另一种经济制度过渡或进行根本性转变，这种情况在现实中也是经常发生的，我们便可以运行微观经济学和宏观经济学的分析工具进行比较研究。这就是本章所采用的方法。体制不同肯定会导致采取不同的经济政策。但本章要比较的是经济民主和资本主义这两种不同的企业制度在一种极其类似的市场经济环境中的经济绩效，这两种经济的各种宏、微观政策肯定是有差异的，但这种差异肯定不像在不同的资源配置体制下（譬如说计划经济和市场经济）的经济政策那样有着天壤之别。通过这种方法，我们便简单地处理了政策因素对经济绩效的影响。

即使可以把经济体制对经济结果的影响分离出来，我们还必须选择衡量经济绩效的一套标准。霍尔索夫斯基指出："就像汽车的情况那样，经济体制的运行也具有许多'方面'，一辆汽车可以根据消耗一加仑汽油所行里程，速度，舒适程度，外观，车内空间大小，噪音，污染和其他方面进行评判。一个经济可以根据它的生产效率，即每单位要素投入的产出，产出增长率，人均消费水平和增长率，产出构成与人口偏好相符的程度，收入不平等的程度等等方面加以评价。经济学家有一个包含所有这些局部方面的一般性观念，即福利。"[1] 的确，国民财富或物本身并不是目的，而是达到更大目的的手段。这个更大目的就是经济福利。对经济学家而言，效率就是福利或者相反。然而，福利是一个难以捉摸的观念，前面已经指出，它包括人们可以想象的所有的好的方面，其中，有些可以度量，有些不可以。因此，选择衡量经济体制绩效的标准必定是主观的。尽管比较经济体制学家们给出的衡量体制绩效的标准体系有所不同，但他们之间在这个问题上并没有太大的分歧。因为他们对什么是好的产品（good goods，指

---

[1] 〔美〕维克拉夫·霍尔索夫斯基：《经济体制分析和比较》，俞品根等译，经济科学出版社，1988，第 104 页。

能满足消费者正常需要或给社会带来价值或正效用的产品，如大多数产品和劳务，清洁的空气，纯净的水等）和什么是坏的产品（bad goods，即与good goods刚好相反，如吸毒，污染等）形成了大致相同的意见。如果一种经济体制生产尽可能多的好的产品和尽可能少的坏的产品，则该经济体制就是好的，反之就是不好的。比较经济体制学家提出的衡量体制绩效的标准大体上可以分成两个方面：第一个方面是可以加以度量的福利，如静态效率、动态效率、产出水平（物质丰裕程度）、产出增长率（经济增长率）、产出组成、收入分配等；第二个方面包括无法度量的福利，如经济自由、经济稳定、经济安全、公平合理和平等。

然而，即使我们有可能就评价体制绩效的一系列标准达成一致的意见，问题仍然存在。如果各个经济体制在每一种标准上有不同的结果，我们应该如何评价体制绩效呢？如果体制A在经济增长方面超过了体制B，但后者在收入分配平等方面超过了前者，那么我们如何对这两种体制进行总体评价呢？一种解决办法是选择"权数"，即给每一个局部的运行方面以不同比重的评分标准，然后计算出进行比较的每一种体制的加权平均数。但权数本身就带有主观性，它们取决于观察者的价值判断。另一种办法是建立体制比较的"无差异曲线"，标出局部运行的各种不同组合。在每一组组合中，好的方面（如增长效率）可以弥补坏的方面（如收入差距扩大），从而形成一组同样令人满意的局部运行效果，这样，我们便可以根据各种"无差异曲线"的位置来对经济体制进行比较。同样，使用这种方法难免带有较大的主观性，而且缺乏一致同意的计量经济方法。

总之，如何衡量经济体制的经济绩效，仍然是经济体制学所面临的主要挑战，迄今为止，经济学家们尚无解决问题的更好的办法。但是，正如霍尔索夫斯基指出的，这项工作太重要了，所以不能放弃。他建议，用仔细的观察，有见地的解释，以及在推断过程中审慎的推论来弥补计量经济方法缺少的精确性。

第二节　X效率

与资本主义企业相比，经济民主企业的一个优越性在于，它会降低美国经济学家哈维·莱宾斯坦（Harvey Leibenstein，1922－1994）所说的 X（低）效率。为了理解什么是 X 效率，我们必须从正统微观经济学的企业理论谈起。正统的微观经济学把企业作为一种生产函数即投入—产出关系来对待，它假定，在一定的技术条件下，追求利润最大化的厂商总是在既定的投入和技术水平下实现产量极大化和成本最小化。至于为什么如此，却语焉不详。这样一来，企业便成为著名的"黑箱"，我们不了解戏法是如何变出来的。正统微观经济学的庸俗性在于，它把经济学当作关于人与物之间的技术问题来处理，而完全忽视或抹杀了制度因素和组织因素的影响。它在制度既定的前提下（这不仅意味着制度是一种外生变量，而且意味着当前的制度是最好的制度），在完全无视资本主义企业内部生产关系的对抗性的条件下，集中研究稀缺资源在各种可供选择的用途间进行配置的效率问题，市场制度变成了供求曲线，企业制度是生产函数，而分配则取决于要素的边际生产力。这样一来，制度和组织的因素对人们的行为和经济活动的作用和影响也就不复存在了，而正统主流经济学则由于远离现实而变得苍白无力。

这样一种只关注配置效率而完全忽视了企业内部效率的微观经济学受到了广泛的质疑，而对这种企业理论最严峻的挑战来自经验事实的反驳。1962 年，国际劳工组织提出了一份对几个国家不同行业的劳动生产率的调查报告，被调查的国家有缅甸、希腊、印度、印尼、以色列、马来西亚、巴基斯坦、新加坡和泰国。调查结果表明，"简单地改变一下一家工厂生产过程的实际组织"，就能够使劳动生产率有相当大的提高，单位劳动和资本的成本有相当大的下降。这些"简单的改变"包括工厂的流程、浪费的控制、职工工资支付的方法、工人的训练和监督的改变。上述 9 个国家的情况表明，劳动生产率平均提高了 75%，单位劳动和单位资本的成本平均下降了 35%。之后，一系列的调查报告和实际案例分析（我将在下一章介绍几个典型的案例）都表明，组织这个要素是企业中经常观察得到的劳动生产率差异的重要决定因素。例如，费雷德里克·哈比森（Frederick Harbison，1956）在其经济发展过程中的案例研究中得出的结论是，"在技术不变的情况下，雇佣劳动的组织在劳动生产率的决定中也许是首要的因素——即是居支配地位的力量"①。这些研究报告也表明，企业并没有按照它的生产函数进行生产，产出和成本不是既定技术和既定投入下的唯一确定的最大值和最小值。相反，它们是有弹性的。这意味着，企业的生产函数和成本函数不是线性的，而是带状的。图3-1和图3-2表明了这种情况。

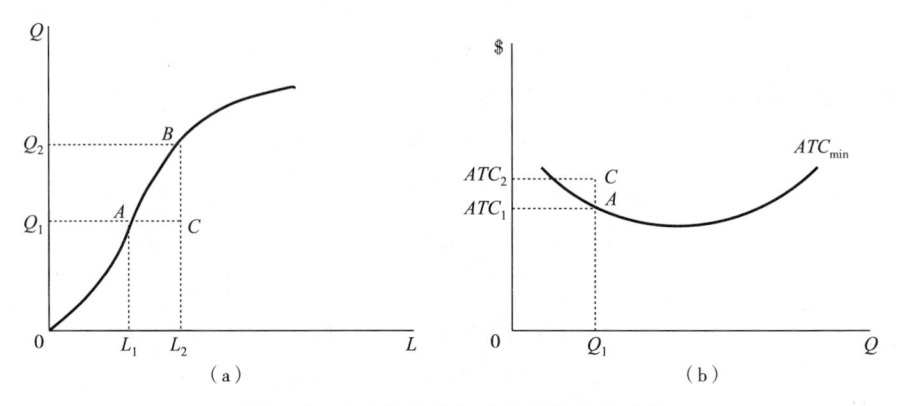

图3-1 生产低效率与企业短期生产函数

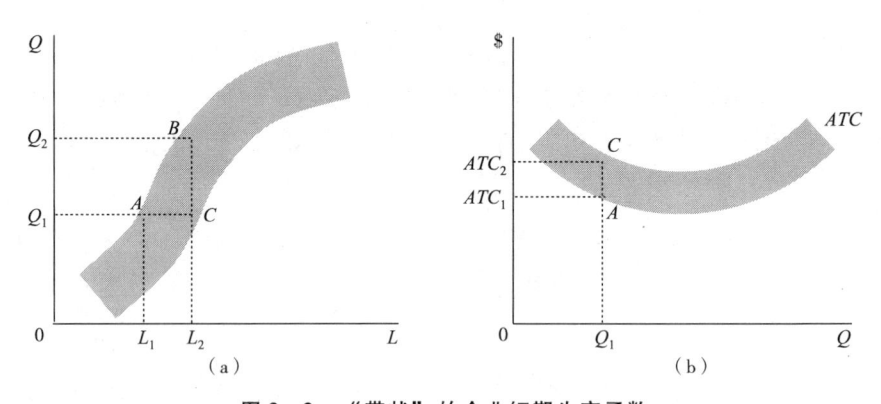

图3-2 "带状"的企业短期生产函数

在图3-1（a）中，企业是在 C 点而不是在 A 点或 B 点上进行生产的。这意味着企业出现的这样两种情况：要么是在既定的投入下（L_2）没能达到最大的产出（Q_2），要么使用超出技术所必需的最低投入（L_1）生产既定的

---

① 〔美〕罗杰·弗朗茨：《X效率：理论、论据和应用》，费方域等译，上海译文出版社，1993。

产出（Q_1）。图 3-1（b）说明该企业的实际成本高于技术上必要的最低成本。既定产出（Q_1）的最小平均成本是 ATC_1，但由于该企业实际使用的投入超过了必要的投入，所以它的实际平均成本是 ATC_2。这说明生产函数不是完全确定和已知的，一定的投入通常都有许多不同的产出率。在图 3-2（a）中，生产函数被画成一条粗带子，而不是一条细线。给定了劳动投入量 L_2，产出可能在 Q_1 和 Q_2 之间摆动。企业的成本函数也是如此，图 3-2（b）表明了这一点。

企业内生产低效率的情况是普遍存在的，而新古典经济学的企业理论从一开始就通过假设将这种低效率的可能性排除掉了。为了解释理论与现实之间的矛盾，莱宾斯坦于 1966 年在《美国经济评论》上发表《配置效率与 X 效率》一文，提出了 X 效率理论。X 效率中的 X 代表造成非配置型低效率的未知因素，就是说，这种低效率与价格和市场结构无关，它是一种未被当作经济学理论一部分的低效率，它的性质还没有完全肯定。莱宾斯坦在之后的一篇文章中这样写道："我称之为'X 效率的理论'是考察生产组织内部因错过了充分利用现有资源的机会而造成的某种类型的低效率的（因为在我研究的早期阶段，我未能找出一个适当的名词来表达这种类型的低效率，我简单地把它叫作 X 低效率）。这个理论企图分析这类低效率并确定它们带来的后果。它考察所有不属于资源配置类型的低效率。"[1] 在厂商要素投入量和技术条件给定的情况下，如果要素投入变化可以使某些产品的产出增加，而没有使其他产品的产出减少，就说明该厂商存在 X 低效率；反之，则说明它有 X 效率。

莱宾斯坦通过研究发现，新古典经济学关于厂商是根据生产函数和成本函数进行生产的观点是站不住脚的，因为这个理论忽视了一些关键性因素。新古典理论包括这样一些假设：第一，代表性企业和代表性家庭是微观经济学恰当的研究单位。第二，无论是生产者还是消费者都是追求最大化的理性经济人，企业的行为是追求利润最大化，家庭的行为是追求效用最大化。第三，企业内所有的成员都追求一个统一的目标——雇主的利润

---

[1] 〔美〕哈维·莱宾斯坦：《微观经济学与 X 效率理论：假如没有发生危机，也应当有危机》，〔美〕丹尼斯·贝尔等编《经济理论的危机》，陈彪如等译，上海译文出版社，1985，第 135 页。

最大化，换言之，雇员没有自己的与企业的目标不一致甚至相冲突的目标和利益。第四，人的行为肯定会对环境的变化作出充分的反应。第五，劳动合同是完全的，这就是说，不仅对雇员的报酬是确定的，而且雇员的劳动时间是确定的。第六，雇员的努力程度是既定的。所有这些假设没有一个是可以被直接观察到的，因此，新古典经济学无法解释企业的X效率。

与之针锋相对的是，X理论提出了如下假设：第一，只有个人有思想和行动，因而个人才是恰当的研究单位。研究由个人入手，从个人行为进到集体行为。第二，假设个人行为既是理性的也包含非理性因素。第三，企业主的利益与雇员的利益并不总是一致的。第四，人的行为并不总对环境变化做出反应。第五，劳动合同是不完全的。第六，努力程度是一个任意的变量，而不是常量。莱宾斯坦试图通过分析影响个人努力的心理因袭（他称之为"惰性区域"）和他所面临的企业内外的环境因素（他称之为"压力"）来解释X低效率的存在。总之，X效率理论提出了一整套更实际、适用范围更广泛的假设和命题，这个理论的提出是新古典经济学厂商理论的重新改写，它说明生产过程不是一种机械过程，企业也不是一部将投入变为产出的高效率转换器，X效率的实现要依赖于企业全体成员的共同努力。X效率理论首先是对新古典经济学的某种补充，意在使经济理论不仅能说明市场配置效率，而且也能说明企业内的配置效率。不仅如此，如同下面将要指出的那样，X效率理论所隐含的结论具有从根本上颠覆新古典经济学的性质。

X低效率究竟有多大？莱宾斯坦通过对经验证据的调查发现，配置无效率仅占GNP的1%，而有足够的证据表明，美国任一时刻的X低效率的数量都可能达到国民生产净值的20%~40%，甚至超过了50%，发展中国家由X低效率造成的福利损失可能更大。[①] 瓦内克把配置无效率、凯恩斯无效率和X低效率依次比喻为"跳蚤、兔子与大象"。[②]

[①] 〔美〕哈维·莱宾斯坦：《微观经济学与X效率理论：假如没有发生危机，也应当有危机》，〔美〕丹尼斯·贝尔等编《经济理论的危机》，陈彪如等译，上海译文出版社，1985，第135页，并见 Leibenstein, Harvey, *Beyond Economic Man: A New Foundation for Microeconomics*, Cambridge, Massachusetts: Harvard University Press, 1976, pp. 29–44。

[②] Vanek, Jaroslav, *Crisis and Reform: East and West*, Ithaca, New York: Desktop Published, 1989, p. 93。凯恩斯效率是指人力和物质资源的充分利用。

图 3-3 说明了由垄断而造成的市场配置低效率和 X 低效率。假定企业的长期边际成本 $LRMC$ 为一常数，长期平均成本 $LRAC = LRMC$。一个完全竞争厂商的长期均衡点为 C，价格和产量分别为 P_c 和 Q_c，而垄断厂商生产的产量和索取的价格分别为 P_m 和 Q_m。哈伯格三角形面积 ABC 代表由于垄断厂商生产的产量 Q_m 低于社会最优产出率 Q_c 而造成的社会福利净损失。图洛克四边形面积 $P_m A P_c B$ 代表为争夺丰厚的垄断利润而在政府、垄断者与利益集团之间展开的寻租、避租和护租活动而耗费的资源，非生产性寻租活动会使垄断产生的租全部耗散。而莱宾斯坦则认为，由于拥有市场势力的垄断厂商缺乏外部的竞争压力，所以存在着 X 低效率，这种低效率使企业的长期平均成本提高（从 $LRAC_c$ 移到 $LRAC_m$），其中，$EFDP_cBC$ 代表社会经济福利为 X 低效率所吞噬的面积，成为福利成本。因此，若考虑到 X 低效率，垄断所产生的社会成本就是面积缩小的哈勃格三角（AFD）和图洛克方块（$P_m AEF$），再加上由 X 低效率所造成的社会福利净损失。

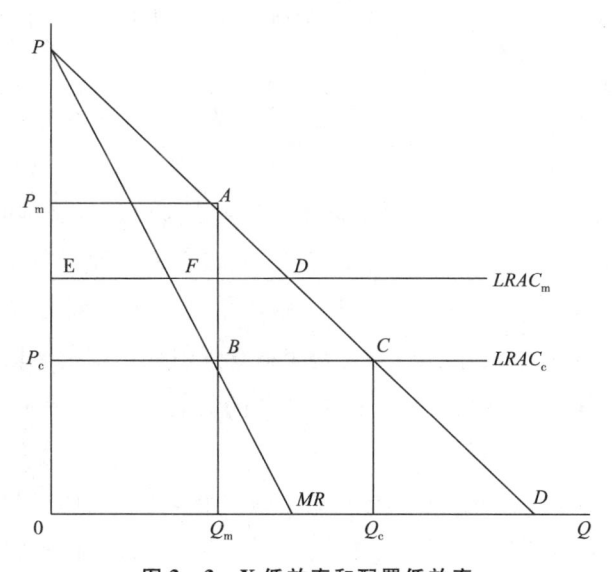

图 3-3　X 低效率和配置低效率

X 效率理论是在 20 世纪 60 年代提出来的，其提出的时间只比同一年代出现的、对微观经济学具有革命性意义的寻租理论和交易成本理论（后者是在 20 世纪 60 年代才重新得到重视）略晚而已，然而，它与后两个理论的命运却截然不同。寻租理论和交易成本理论很快就融入主流经济学之中，而 X 效率理论在 20 世纪 70~80 年代也着实红火了一番。在 1969 年~1980 年间，莱宾斯坦于 1966 年发表的论文是《社会科学引用索引》中最常被参考的论文之一。莱宾斯坦及其追随者们企图以 X 效率理论重新改写整个经济学，然而他们的企图破灭了，X 效率理论很快就销声匿迹，甚至连经济学教科书中也找不到它的影子。莱宾斯坦的追随者罗杰·弗朗茨道出了其中的部分原因，他这样写道："X 效率理论给我们提出了一个前景，即近来经济学理论所承担的研究已超出了它本身能够提供的范围。通过提出 X 效率的概念……莱宾斯坦已使大部分谨慎的新古典主义理论的捍卫者站了出来，用自己的主张为其辩护。可以得出结论，如果现在微观经济学理论正是以此为基础，那么，对企业内行为研究的推进已暂时地使微观经济学处于一个不平衡的状况。也就是说，在试图解释企业内行为而非市场行为的过程中，微观经济学已经闯进一个它现在尚没有有效处理方法的领域。而且没有理由相信，它能够自动地完成从市场到非市场行为的转变。"[1]

尽管莱宾斯坦小心翼翼地用人的心理因素和环境因素解释 X 低效率的存在，并且试图将 X 效率变成一个一般的经济理论问题，但他还是闯入了西方经济学的"禁区"，这个禁区属于马克思主义政治经济学的传统领域，用马克思的话说，它挂着"非公莫入"的牌子。X 低效率实际是资本主义企业制度的一种自然附属品，是由于资本主义生产关系的对抗性而导致的。尽管马克思没有使用 X 低效率这个概念，但他比莱宾斯坦更深刻地阐释了 X 低效率产生的原因——资本主义的异化劳动和劳资之间的阶级战争。

"异化"（alienation）是黑格尔提出的一个概念，它的最初含义是人的存在与人的本质相脱离。马克思在其早期著作中，将黑格尔的异化概念加以批判地改造，使之成为批判资本主义社会的中心范畴。马克思认为，社会分工、生产资料的资本主义占有方式和资本主义企业的雇佣劳动制度，

---

[1] 〔美〕罗杰·弗朗茨：《X 效率：理论、论据和应用》，费方域等译，上海译文出版社，1993，第 245~246 页。

使劳动、劳动的物质条件和劳动产品与劳动者对立起来,前者本应与劳动者有机地结合在一起,现在却变成了一种异己的、统治劳动者的力量而与劳动者疏远化了。资本主义劳动表现出一种异化的性质,即本来作为创造性的和正常生命活动的劳动与其本质相分离了,这种异化劳动贯穿于整个资本主义的生产过程中。第一,当工人将自己的劳动力出售给雇主,与自己的劳动力分离时,异化劳动就出现了。一旦雇主支配了工人的劳动,"劳动对工人来说就是外在的东西,不属于他的本质的东西;因此,他在自己的劳动中不是肯定自己,而是否定自己,不是感到幸福,而是感到不幸,不是自由地发挥自己的体力和智力,而是使自己的肉体受折磨、精神遭摧残(西方经济学也将劳动视为产生负效用的过程——引者注)。因此,工人只有在劳动之外才感到自在,而在劳动中则感到不自在,他在不劳动时觉得舒畅,而在劳动时就觉得不舒畅。因此,他的劳动不是自愿的劳动,而是被迫的强制劳动。因而,它不是满足劳动需求,而只是满足劳动以外的需要的一种手段。劳动的异化性质明显地表现在,只要肉体的强制或其他的强制一停止,人们就会像逃避鼠疫那样逃避劳动"[①]。第二,劳动产品的异化是劳动异化的直接后果。劳动一旦卖出,劳动的所有产品就都被雇主占有。劳动的产品现在"作为一种异己的存在物,作为不依赖于生产者的力量,同劳动相对立"。占有了劳动产品,雇主也就占有了剩余价值。积累起来的剩余价值增强了雇主的社会、政治和经济权力,并为对劳动的进一步剥削创造了条件。"工人在劳动中耗费的力量越多,他亲手创造出了反对自身的、异己的对象世界的力量就越强大,他本身、他的内部世界就越贫乏,归他所有的东西就越少"[②]。第三,"当一个人疏离他的生命活动和他的产品时,他也必定疏离他人。劳动的产品表现为资本,即对劳动的支配。社会分成了敌对的社会阶级。竞争和阶级对抗使大多数形式的合作变得不可能。异化的社会成员表现为相互竞争的、以自我为中心的个人,表现为无产者和资本家、工人和官僚、被压迫者和压迫者、统治者

[①] 〔德〕卡尔·马克思:《1844年经济学哲学手稿》,《马克思恩格斯全集》第42卷,人民出版社,1979,第93~94页。
[②] 〔德〕卡尔·马克思:《1844年经济学哲学手稿》,《马克思恩格斯全集》第42卷,人民出版社,1979,第91页。

和被统治者、但却不是表现为人类"①。

解决和消灭异化问题,是马克思关于自由人全面发展理论的重要组成部分。"异化"也是西方激进政治经济学批判现存社会经济制度的核心范畴。不仅资本主义社会存在异化问题,在实行高度集权的计划社会主义国家中,异化现象也是严重的、普遍的问题。美国经济学家纽伯格和达菲指出:"异化除了有进行分工的需要的这种技术基础外,还有其体制的基础,这就是在资本主义经济中和在许多计划的社会主义经济中都存在的、等级制的、集中的决策结构,无论在哪一场合,工人都不拥有或控制生产资料。在这两种场合,他都被迫让人雇佣自己的劳动,以换取工资收入,在决策结构中充当一个部属的角色,这使他感到没有权能,并引起了异化的其他方面"。②

资本主义异化劳动的根源在于资本主义的经济制度,即资本主义的生产关系。当劳动的物质条件与劳动者相分离,前者变成了资本,后者变成了使资本增值的手段或工具,资本主义的生产过程便具有了剥削、压迫和奴役的性质。劳动者必须要进行反抗,反抗的形式从个人无组织的消极怠工、缺勤、偷懒、开小差、干私活、浪费原材料乃至故意损坏财物到组成工会、进行集体谈判和罢工。工人们是在以低的劳动生产率和虚高的生产成本对资本进行报复,这才是 X 低效率的根本原因。

经济民主企业的参与制和分享制将会消除劳动的异化性质和把劳动者的命运与企业的经营状况紧密地联系在一起,会极大地刺激劳动者的生产积极性,他们会以最大的努力而不是尽量小的努力进行工作,从而改变莱宾斯坦所说的惰性区域和努力—满足曲线;他们也将尽可能地降低原材料的消耗和其他成本,就像对待自己的财物一样。他们之所以这样做,并不仅仅是由于心理因素和环境因素的改变,而是因为在经济民主的企业制度下,这样做符合他们自己根本的和最大的利益。越来越多的经济学家和管理学家认识到等级制的决策结构导致了微观效率的丧失,

---

① 〔克〕勃朗科·霍尔瓦特:《社会主义政治经济学:一种马克思主义的社会理论》,吴宇晖、马春文、陈长源译,吉林人民出版社,2001,第 105~106 页。
② 〔美〕纽伯格和达菲等著《比较经济体制:从决策角度进行的分析》,荣敬本等译,商务印书馆,1984,第 76 页。

他们越来越感到，民主参与管理将会解决工人的异化问题，从而会使企业在生产效率方面得到实质性的提高。例如，纽伯格和达菲这样写道："防止异化问题的唯一方法，似乎是实行这样一种体制，即变个人的激励因素为强调集体的价值标准。如果所有的人都共享组织统一的强烈感觉，并在集体的成就中得到满足，那么报酬可以同工作努力分开，所有的人都可以参加生产单位内的决策过程。这就能消除异化的一个原因。如果组织内通行的标准更注重于消除异化，而不是注重于同分工相联系的经济效率，那么也就能消除另一个原因。在这种情况下，就能消除没有权能、没有意义、缺乏内在鼓励等现象，可以建立一个更加人道的制度。"①

对劳资之间的紧张关系做"简单的改变"，就能使劳动生产率大幅度提高。许多经验性研究都表明了这一点，下一章将给出这方面的典型案例。1973年，美国卫生、教育和福利部（HEW）的研究报告总结道："我们所有的证据中没有一例显示，增加雇员参与的主要努力会引起生产力的长期下降。"② 琼斯（Jones）和斯维纳（Svejnar）在9年后通过大量的分期数据统计证明了这一点。③ 卡波（Cable）和费兹儒（Fitzroy）研究了42个被分成高参与和低参与的德国企业样本。与后者相比，前者的人均产量高出5%，每一单位资本的产量高出177%，盈利率（资本收益率）高出33%。④ 莫尔曼（Melman）比较了以色列同一产业中传统管理企业和属于开布茨的自我管理企业的效率并发现：自我管理企业中的劳动和资本的生产率以及盈利率都是较高的，而管理的成本较低。怀特霍恩（Whitehorn）执笔的一个国际小组承担的国际比较研究项目，比较了南斯拉夫、以色列（20个工人管理的工业企业）和奥地利、意大利和美国（30个传统的资本

---

① 〔美〕纽伯格和达菲等著《比较经济体制：从决策角度进行的分析》，荣敬本等译，商务印书馆，1984，第76页。
② United States Department of Health, Education and Welfare, *Work in America*, Cambridge, Massachusetts: MIT Press. 1973. p. 112.
③ Jones, Derek and Svejnar, Jan, eds. *Participatory and Self-managed Firms: Evaluating Economic Performance*, Lexington, Massachusetts: Lexington Books, 1982, p. 113.
④ J. Cable and F. Fitzroy, *Cooperation and Productivity: Some Evidence from West German Experience*, Mimeographed, p. 19.

主义企业）情况，提出在合作制企业中，劳动与资本的冲突很少发生，敌意、愤怒和仇恨所引起的精神和道德的退化得以减轻，使罢工、对抗大为减少。[1] 1990年，列维（Levine）和托森（Tyson）总结了他们的43份分析报告指出，经济学、产业关系学、组织行为学和其他社会科学的经验文献的总体评价表明：参与一般带来短期的业绩提高，有时将促使重大的、长期的进步，几乎没有任何消极后果。二人并做出一个更深入的结论：在满足如下条件时，民主的参与将极大地促进生产效率的提高：（1）利润分享；（2）保障长期就业；（3）相对缩小的工资差别；（4）工人的权益保障（例如，只有出于正当理由，才可解雇员工）。[2] 而经济民主企业充分满足了以上条件。

第三节 监督成本和代理成本

监督成本（monitoring costs）和代理成本（agency costs）是资本主义企业生产成本的重要组成部分，它们构成了科斯所说的"管理成本"（科斯对企业内部的代理成本没有详细论述）或一些新制度经济学家所说的企业内部的交易成本，这两种成本占其生产成本的一个较大比重。所谓企业的监督成本，是指为实现企业（主）的目标（利润最大化）而对劳动者的行为实施协调或控制所支付的成本，特别是当劳动者的目标与企业（主）的目标不一致时，企业管理者为控制和管制劳动者行为以使其完成企业目标而支付的成本。为了将企业主的意志贯彻下去，资本主义企业需要和必须以对人的控制来代替对物的控制。监督成本就是监工成本，是企业对劳动者进行监控的成本，它包括两个部分：对普通劳动者的劳动过程实施监督和控制的成本，这是本来意义上的监督成本，本文是在这个意义上使用这一概念；对企业高级管理人员实施监控的成本，为了将其与我使用的监

---

[1] Whitehorn, "Workers; Self-Management-Socialist Myth", 1976, No. 2 – 3, pp. 17 – 30. Also see Tannenbaum, Arnold Sherwood, et al., *Hierarchy in Organizations*, San Francisco, London: Jossey-Bass Publishers, 1974, pp. 73, 77, 86, 100, 108, 143, 213.

[2] Levine, David and Tyson, Laura D'Andrea, "Participation, Productivity and the Firm's Environment", Published in Alan Blinder, ed, *Paying for Productivity*, Washington D. C.: Brooking Institution, 1990, pp. 183 – 243.

督成本概念相区别，我称之为代理成本，这也是西方的委托—代理理论中本来意义上的成本概念。监督成本和代理成本是资本主义企业的委托—代理关系和由此而产生的不完全信息或非对称信息所必然导致的成本，它们是资本主义企业内部的控制成本和执行成本，也是资本主义企业制度的运行成本。而经济民主企业却不一定必须支付这两种成本，因为在经济民主企业制度中，导致这两种成本的制度环境和条件都不存在。如果经济民主企业导致了这两种成本，那也比资本主义企业的相关成本小得多。

首先是关于监督成本问题。偷懒是资本主义企业的顽症，也是造成劳动生产率低下的重要原因。越来越多的经济学家和管理学家都认识到这一点。他们指出，资本主义企业中存在的主要问题是工人阶级的异化以及由此产生的"他们和我们的综合征"，即由于劳动者不拥有企业的决策权和发言权而致使劳动者对劳动的结果和企业经营状况漠不关心，与管理层的对抗和不合作态度以及劳动者旷工、偷懒、怠工等。有资料表明，在美国，仅缺勤一项每年就造成了 300 亿美元的损失。[①]

为了减少偷懒，或者为了增加利润，资本主义企业内形成了具有监督性质的、多层次的科层组织，这些组织由大大小小的工头所组成。工头、领班和监工是役使劳动的必要组成部分，为了获得奖赏，他们比主人或头儿更为凶悍。为了减少偷懒，资本主义企业必须维持严酷的、兵营式的劳动纪律和增添必要的监督设备，所有这些开支（只对资本主义企业来说是必要的和必需的）都增添到生产成本中去。新凯恩斯主义经济学家提出了一个"偷懒模型"，用以说明偷懒造成的一种新的成本：在实际生产过程中，雇主的一个主要职能是对工人工作的监督，但由于不完全性信息和非对称信息，假定对工人的工作表现存在不完全的监督，工人可以决定干活或偷懒即怠工，一旦偷懒行为被雇主抓住，工人就会被开除。在这种情况下，工人是否偷懒不仅取决于偷懒被抓住从而被开除的机会有多大，而且取决于偷懒的"机会成本"有多大，即工人偷懒被开除后的收入损失有多大。如果偷懒的机会成本很大，则不偷懒；反之，则选择偷懒。假定开始

---

① Goodman, Paul, Akkin, Robert and Associates, *Absenteeism*: *New Approaches to Understanding, Measuring and Managing Employee Absence*, San Francisco, London: Jossey-Bass Publishers, 1984, p. 9.

时，所有厂商都支付同样的工资并且经济运行处于充分就业状态。在这种情况下，工人偷懒的机会成本很小，甚至为零，因为即使工人因偷懒被抓住和被开除，他也很容易找到另外的工作并得到同样的工资。因此，工人大量偷懒，效率很低。为了消除怠工，加重对偷懒者的惩罚力度，单个厂商会提高工资，使怠工者感到偷懒被抓住后的损失太大，失业的威胁造成了偷懒的"成本"，并产生维持工厂纪律的机制，于是，偷懒现象得到制止。如果所有的厂商均这样做，则社会平均工资将上升，超过均衡（市场出清）水平，从而出现失业。这样就从原先的充分就业均衡进入了新的失业均衡。尽管此时存在失业，但厂商仍不愿意以低工资雇佣工人。因为他们知道，一旦这样做，工人就会偷懒，从而回到原来的情况，换句话说，全体厂商用高于平均水平的工资"创造"出失业来防止在职职工偷懒，从而提高在职工人效率。在这里，失业起着一种有"社会价值"的作用，即它防止偷懒而产生的效率损失。

经济民主企业需要有技术监督员和质量监督员，而不需要有工头；如果需要有工头，其配备的数量也要远远小于资本主义企业配备的工头数。这不是说经济民主企业并不需要对劳动者的监督，也不必维持严肃的劳动纪律；而是说这种监督工作完全是在全体劳动者自觉和自愿中进行，根本无需支付额外的费用。经济民主企业的参与制和分享制消除了劳动的异化性质和把劳动者的命运与企业的经营状况紧密地联系在一起，这便从根本上铲除了劳动者偷懒现象产生的制度性原因。而当每一个人的福利情况不仅取决于自己的努力也取决于其他人的努力和集体的经营状况时，监督工作完全可以在无成本条件下进行。在经济民主企业里，全体监督者就是全体劳动者，生产工作和监督工作融为一体，而无需将这两种工作截然分开。而且每一个劳动者都是在场的监督者，这就解决了阿尔钦和德姆塞茨所说的信息的非对称性和团队产出的不可测量性问题。团队生产类似于集体运动项目如足球，教练与队员之间以及队员之间彼此非常熟悉，只需一眼便可了解场上的某一个队员是在玩命踢还是在踢假球。办公时间在办公桌上埋头工作的职员只需抬一下头便会知道某一个职员是否在网上玩游戏。对于那些努力工作的劳动者来说，"搭便车"行为是不公正的，因而有足够多的、道德上的理由进行谴责。而对于劳动纪律的维持，根本无需一个庞大的、花费不菲的监督机构，口头上的批评或表扬，乃至一个鄙视的眼神，就足以让偷懒者和怠工者无地自容，在一种长期和稳定的合作环境中，机会主义行为将无从得逞。

资本主义经济中的合作制企业的经验性事实证明了它具有比资本主义企业节省监督成本的特点，如蒙德拉贡的缺勤率大大低于私人企业的缺勤率；再如美国的普利乌德合作制造业（Plywood Cooperative Manufacturers）每个车间仅用1~2个工头，而资本主义企业用6~7个监工。① 阿迪芝（Adizes）发现，在两个工人管理的工厂中，监督成本几乎消失。② 伯恩斯坦（Bernstein）报告说，一个生产者合作社被它的工人所有者卖给了一家大的联合公司，结果，虽然只有不到100名工人，却需要8个工头。③ 艾宾尼萨（Espinosa）和津巴里斯特（Zimbalist）发现，在1970~1973年的智利，工人参与管理的政策改善了劳动纪律，减少了旷工和罢工的频率，并对创新行为产生了有益的影响。④ 大卫·戈登在其《臃肿无力》一书中（自由出版社，1996年）指出，"公司的官僚负担"，即执行监督职务的员工人数对职工总人数的比例从1948年的约12%增加到20世纪70年代中期的18%，在20世纪80年代早期，这一比例稳定在19%左右，到20世纪90年代才开始下降。

其次是关于代理成本问题。企业的管理者只不过是资本家雇佣的高级劳动者，他们必须服从企业主的意志，并努力实现后者的目标即利润最大化。然而，在资本主义企业里不仅劳动者和管理者的目标函数不一致，管理者和所有者的目标函数也不一致。⑤ 在所有者和管理者合一的所谓古典

---

① Greenberg, *Producer Cooperatives and Democratic Theory*: *The Case of the Plywood Firms*, Palo Alto: Center for Economic Studies, July, 1978.
② Adizes, Ishak, *Industrial Democracy*, New York: Free Press, 1971, p. 192.
③ Bernstein, Paul, *Workplace Democratization*, Doctoral Dissertation, Stanford University, 1975, p. 29.
④ Espinosa and Zimbalist, *Economic Democracy Workers' Participation in Chilean Industry*, 1970 - 1973, Academic Press, 1978, pp. 141, 148.
⑤ 西方经济学和管理学在为"组织"（organization）下定义时，总是假定它是一个具有统一目标、全体成员都接受并努力实现这一目标的联合体。这对于一个具有异化性质的组织来说，并不是现实性的假定。在一个内部成员之间存在着利益矛盾乃至冲突的组织里，所谓统一目标只是一部分人的目标，而要实现这一目标，就必须依赖于强制的手段。

企业里是不存在代理成本的，因为雇主们虽然也聘用经理替其打理具体事务，但他们一般不脱离对企业的实际监控过程。古典资本主义企业也存在着代理成本，但很小，可以忽略不计。代理成本存在于所有权与控制权分开的所谓现代公司制中，并且在企业的生产成本中占据了一个更大的比例。在股份制大公司中，所有者（股东）完全脱离了企业的实际生产过程，他们对企业的实际经营情况并不了解也不感兴趣，他们感兴趣的是手中股票的价值，企业的经营和管理委托给专职的从业人员——经理，而他们对经理的所作所为一无所知，也缺乏有力制约的手段。在这种情况下，经理实际上掌握了对企业的控制权，他们完全可以违背乃至侵占股东的利益而追求自身利益或效用最大化，如追求天价的工资、豪华的办公室和其他能显示其地位的东西（专用的高级轿车、别墅、游艇和飞机），奢侈的宴会和度假、在市场上占有更大的份额等等，所有这些都是由股东的利润支付的。资本主义的现实情况也正是如此。[1] 这就是西方经济学家惊呼的"经理革命"，在我看来，更确切的提法是"管家当政"或"太监弄权"。

股份公司制是适应生产规模扩大而出现的资本主义生产组织形式，用马克思的话说，它是生产资料的资本主义私人所有制适应社会化大生产的某种变形或消极的扬弃。将个人资本变成社会资本，在某种程度上缓解了生产资料的资本主义私人占有方式与社会化大生产之间的矛盾，因而极大

---

[1] 下面是几个典型的案例：2008年11月18日，遭受巨额亏损的美国三大汽车公司的首席执行官前往华盛顿参加国会听证会，试图说服国会批准250亿美元资金救助。他们各自是乘坐自己的私人飞机前来乞讨的。其中，通用汽车公司首席执行官瓦格纳的座机价值3600万美元，福特首席执行官穆拉利的稍微便宜，是2800万美元。这一趟的费用是60多万美元，而改坐航空公司经济舱只需288美元，坐头等舱亦只需837美元。这种讲排场的做法遭到与会者的痛斥。民主党众议员布莱德雪说，请问一个问题，愿意的请举手，你们会现在就把喷气机卖掉，然后搭民航客机回去吗？答案很明显，你们没有人举手。在下一次的国会听证会中，CEO们全都乖乖开车来开会，虽然他们没有听从有人让他们拼车的建议。2009年3月15日，在获得政府300亿美元救助不到两周内，美国国际集团（AIG）向公司高管分发总额1.65亿美元的奖金和续聘津贴，这激怒了美国公众，并在美国引起轩然大波。众议院迅速做出反应，以328票对93票通过一项法令，收回AIG发给高管的奖金，并对获得政府援助的企业发放给高管的奖金课以90%的重税。美国花旗集团发给首席执行官潘迪特2008年的年薪超过3820万美元，尽管该银行连续5个季度报出亏损数十亿美元，并三次请求政府注资援助。此前，潘迪特曾表示，在公司恢复赢利之前，他将只接受一美元的底薪。

地促进了生产力的发展。然而，这种直接联合起来的个人资本并没有改变资本的阶级性质，相反，它却创造出规模巨大的公司帝国，这反而会进一步加剧资本主义经济的基本矛盾。股份公司制的出现，也给资本主义经济关系带来了新的变化，并且产生了它必须面对的新问题。一方面，资本所有权与企业的控制权完全分离了，资本所有者完全同现实生产和再生产过程无关，他们变成了凡勃伦所说的"有闲阶级"和"不在所有者"，变成了凯恩斯所说的"食利者阶层"，马克思从中看到了它对新的社会生产方式所具有的积极意义（扬弃）。另一方面，由于代理成本的存在，这在委托—代理关系和不完全信息与非对称信息的条件下是不可避免的，所有权和控制权相分离所具有的积极意义完全抵不上其消极意义，因为它造就了一个新贵阶级或阶层——经理或 CEO 们。就像官僚阶层控制了国家并把国家由社会的公仆变成社会的主人一样，这个技术阶层已经寻求到了没有所有权的控制权，他们成为企业的实际主人，并且同样有效地迫使工人做资本家愿意他们做的事情。他们参与到对剩余价值的瓜分中去，并且占据了有利的位置，这便引起了他们与资产阶级和工人阶级之间的矛盾。不仅如此，由于公司生产的巨大财富以及他们所享有的丰厚的待遇和权利，使他们成为人上人，成为社会公众羡慕的对象和年轻人学习的榜样，他们成为社会瞩目的中心，所有的光环都在他们头上闪耀，就仿佛这是他们应得的，就仿佛社会财富的 99% 都是他们创造的，没有他们，就没有公司的存在，大多数经济学家和管理学家都是这样认为的，他们自己也这样认为。公司制出现所产生的社会和政治后果不是本书关注的问题，这里侧重的是它产生的经济问题及其代价。

公司制的出现，在企业所有者和企业监督者之间产生了一种新型的关系——委托—代理关系，在公司的管理上产生了一个新的问题——"谁来监督监督者"，也产生了一种新的监督成本——代理成本。如果一个人将自己的事务让另一个人来处理，委托—代理关系就产生了，前者作为委托人（principal），后者作为代理人（agent）。无论是委托人还是代理人，都是追求自身利益最大化的理性人，在信息不对称或监督成本很高的情况下，代理人可能或必然背离委托人的利益或不忠实委托人意图而采取机会主义行为，由此发生道德风险和逆向选择。为了使代理人的行为忠实于委托人的目标而发生的成本称为代理成本。在资本主义企业内，管理者与工人之间以及资本所有者与管理者之间都是一种委托—代理关系，不过经济学家更注重后一种委托—代理关系，即谁来监督监督者？对这个问题的解决产生了经济学的代理理论和公司治理理论。代理理论试图通过设计激励兼容机制解决代理问题，它给出的办法就是加大防止经理们偷懒的各种激励和奖励，如股票、期权、年薪、奖金等。这非但不能解决监督监督者的问题——资本主义大公司的财务诈骗和丑闻（如安然公司和世通公司）仍然层出不穷——反而使收入分配的差距扩大。公司治理结构理论试图在企业内部建立一种较健全的监控体系来解决这个问题，然而，由于信息的不对称，这也不是一种好的解决办法。

实践证明，资本主义用以解决监督监督者问题的较好机制来自外部的竞争机制，来自经理人市场上的声誉机制，和来自股票市场上的股票价值定价机制。所有这些来自外部的竞争机制最初都不是为解决监督监督者问题而设计的，然而它们能对经理们的行为形成有效的约束，就像市场竞争机制迫使每一个追求私利的人对社会和公众的福利做出贡献一样。很明显，西方经济学家们用以解决监督监督者问题的办法导致了巨大的代理成本，而资本主义大公司只有在扣除了代理成本之后还有剩余的情况下才能有效地运转，这一方面是因为资本主义大公司创造出巨大的财富，而财富的分配是极其不公正的；另一方面是因为资本主义确实形成了节省代理成本的一系列有效机制，而这些机制原本并非是为解决代理问题而设计的。西方经济学家为解决代理问题而设计的办法非但不能解决问题，反而招致更大的问题。

代理成本究竟有多大？这取决于是否形成了有效的监督机制和约束机制。在信息不对称和缺乏有效的监督和约束机制的情况下，它可以等于在没有代理关系时委托人可能得到的全部利益与委托人付出的监督成本之和，说明白点就是，它可以把委托人的全部家当都祸害完。按照詹森和梅克林（Jensen and Meckling，1976）的定义，代理成本可分为三部分：（1）签订契约的成本；（2）委托人的监督成本；（3）剩余损失，即委托人因代理人代行决策而产生的一种货币损失，它等于代理人决策和委托人利益最大化的决策结果之间的差额。前两项成本是制定和执行契约过程中发生的事前和事后实际成本,最后一项是不遵守契约的机会成本。有一套有效的监督和约束机制,可以降低代理成本;而缺乏一整套这样的机制,代理成本就会高得惊人,它完全可能鲸吞全部利润乃至企业的固定资产和流动资产,最终使企业破产。最为典型的例证就是我国的国企改革。在所谓的国企改制和大撤退的过程中,差不多所有在竞争领域中存在的国有企业几乎在一夜之间都消亡了,剩下的是盘踞在垄断领域的极少数国企大公司。这为经济学家们提供了国有企业效率低下的例证。在我看来,国企改革的失败根本不是因为它的低效率,而且因为完全缺乏制约经理行为的有效机制。作为国有资产所有者的中央政府和各级地方政府是行政机构,指望其担当起履行监督的责任是根本不可能的,即使成立国资委也是如此。工人在名义上是工厂的主人,而实际上仍然是雇佣劳动者,而且是松散、分散、对企业管理没有任何权利的个体雇佣劳动者。在没有任何制约的情况下,国企的经理们成为工厂的实际主人,就像私人企业主一样。但和私人企业主不同的是,后者毕竟关心自己财产的保值和增值,为此要尽量地降低各种成本;前者使用的不是自己的财产,而是一种公共物品和公共资源,不付成本地多拿和多占才是一种理性行为,要使国有资产保值增值是根本不可能的。相反,尽量地使国有资产迅速地贬值和流失才符合他们的根本利益,因为他们可以通过 MBO,即管理层收购的方式以极其低廉的价格购买国有资产,迅速地成为一夜暴富的私人企业主。在没有任何约束的情况下,恐怕只有良心和对法律的恐惧才能使经理们有所忌惮,但在丰厚报酬的巨大诱惑下,道德的和法律的底线被彻底地突破了,于是我们便听到了许多经营良好的国有企业迅速衰败的故事,我们也听到了国企大公司的高管们令人咋舌的高工资、极尽奢华的铺张浪费以及天文数字般的"三公消费"等诸如此类的事情。这些就是这种制度必然要付出的高昂的代理成本。

在市场竞争领域,只有解决了监督监督者的问题,国有企业才能生存下去。在信息不对称和完全缺乏制约经理行为的有效机制的情况下,国有企业的破产是再正常不过的事情,而把国企搞好反而是个例外。针对社会主义国家缺乏有效的经理人市场和股票市场的情况,美国的市场社会主义者詹姆斯·杨克(James Yunker)和普拉纳·巴德汉(Pranab Bardhan)设计了成立专门实施监督职能的经济机构和利用银行职能监督企业的新模式,用以克服兰格模式存在的代理问题和软预算约束。它们都是解决监督监督者问题的好办法,可惜没有实行。在我看来,国企改制不对头,应该使国企变为经济民主制企业。我在20世纪90年代就曾在发表的许多论文中表述了这个观点。

经济民主企业可以有效地解决代理成本问题,或者可以将其降至最低,就像古典企业做的一样,甚至更好。这是因为企业的经理是由企业的全体劳动者聘任的,经理必须对全体劳动者负责。这也是一种委托—代理关系,但与资本主义企业的委托—代理关系具有完全不同的性质。企业的管理者并不构成一个特殊的阶层,他们也是普通的劳动者,从事的是协调劳动分工的工作。全体劳动者都是在场的监督者,而企业的管理者是在全体劳动者的眼皮底下工作,信息不对称的情况完全不存在。企业的经营状况可以通过季度和年度的财务报表随时了解,企业的财务是非常透明的,哪一笔资金用在哪一种用途上一目了然,并且必须得到合理的解释。利用职务之便侵占和侵害集体利益的机会主义行为乃至犯罪行为基本上不可能出现,如果出现,也将很快被发现。那些不负责任或不能胜任的管理者将很快被撤换掉,而留下的都是有能力的尽职尽责者。那些非常有能力的、能为企业带来较大价值但向企业索取较大份额的管理者也在不受欢迎之列。在愈来愈多的人有机会接受高等教育的时代,社会并不缺少具有企业家才能的人,否则等现有的企业家都死光了,社会岂不会停滞不前?总有更好的、愿意接受更低报酬的企业家等在那里,他们之所以未能施展他们的企业家才能,是因为位置被别人占据着。企业家会犯决策错误,错误的决策会带来企业的损失,但问题很快就会被发现,错误会得到及时的纠正,从而将损失降至最小。①

---

① 批评者认为,经济民主企业会将大量的时间花费在开会、讨论和民主表决上,由此导致生产上的低效率和决策的延误。实际上,霍尔瓦特的沙漏模型已经解决了这些问题。只有在决定企业的重要政策问题(如建立和修改企业的章程,决定分配的原则,选举工人代表,对企业管理层的任免,审查企业财务报表,解雇不负责任的劳动者和吸纳新成员等)和涉及重大的企业经营决策时(如大的投资项目,企业合并或倒闭等),才必须经由全体劳动者充分讨论后批准执行。这恰恰可以避免企业的重大决策失误,如果出现失误,也能很快被纠正。在企业的日常经营管理中,经理们应该有充分的自由裁量权,他们的专业性意见也将受到足够的重视。如果开会的时间占据了生产时间而导致一部分效率的丧失,那我宁可认为,这是为实现正义而必须支付的代价。

第四节　资源配置效率

　　劳动者管理型企业在市场上的运行效率问题，一直是西方经济学家们比较关注的研究课题，这大概是因为工人合作制企业作为资本主义企业的唯一对立物在资本主义经济中一直存在着。特别在是南斯拉夫首创工人自治经济并实现了快速增长之后，西方经济学家对劳动者管理型企业的研究兴趣急剧升温，发表了大量的相关文献和著作，引起了长期的争论，并出现了旗帜鲜明的拥护派和反对派，以至于产生了一门新的学科——劳动者管理型企业的经济学（对该理论的详细评述将放到第五章）。作为经济民主企业的拥护派，我在本节的任务是运用瓦内克等人提出的观点证明经济民主企业在资源配置效率上的优越性。我当然不会一味地为经济民主唱赞歌而把经济民主说得天花乱坠。经济民主企业不是也不可能是十全十美的，它在市场经济的运行中存在着一些特殊的和需要解决的实际问题，在运行效率方面，与其替代物资本主义企业相比，也有某些缺憾和不尽如人意之处。这些问题如果得不到有效的解决，经济民主企业在运行效率方面将很难与资本主义企业相匹敌。我在第四章分析工人合作制企业在资本主义经济中的实际运行情况时将重点讨论这些问题。我始终认为，经济民主企业在运行效率方面所表现出来的不如资本主义企业之处不能成为否定这一制度的证据，因为经济民主企业在生产效率和收入分配以及非经济福利方面所表现出来的优越性足以弥补运行的低效率。我还认为，如果经济民主企业确实存在着配置低效率，那也是这种企业制度为实现正义而必须支付的代价，就是说，它是值得的。更何况，许多赞成劳动者管理型企业的经济学家提出了一些改进的意见和措施，它们将有助于克服经济民主企业在运行中遇到的实际问题。

　　如前文所说，所谓最优配置效率就是帕累托最优。只有完全竞争市场的配置效率才符合帕累托最优的效率标准，而完全竞争市场从来就未曾存在过。在经过许多非现实的假设之后，完全竞争市场被定义为有许多买者和卖者、进退自由和生产相同产品的市场结构，而实现完全竞争市场的长期均衡条件是 $P = MC$。该公式是实现帕累托最优的根本条件。一方面，产品价格 P 是消费者对增加一单位的产品所产生的社会价值即边际效用的评价；另一方面，边际成本 MC 则代表社会生产这一单位产品所耗费的资源代价。如果二者相等，则说明资源配置恰到好处，因为它实现了社会福利（它等于消费者剩余衡量的消费者福利和生产者剩余衡量的生产者福利之和）最大化。只有在 P = MC 这一点上，价格才能传递反映供求真实情况的正确信息；任何偏离这一点的资源配置都会偏离帕累托最优，因为它会导致社会福利的净损失。如果 P > MC，则说明社会分配到用于生产该种用途产品的资源太少了，也就是说，该种产品的生产数量太少了，以至于使消费者对每一单位的效用评价都大于生产这一单位产品的真实耗费。在这种情况下，社会福利没有达到最大化，因为将资源从其他用途上撤出而增加投入到该种用途上将会使社会福利增加。随着资源的增加投入和生产的产品数量的增多，边际效用递减，而边际成本递增，直至使两者相当，这时社会福利就没有进一步改善的余地了。反之，如果 P < MC，那么撤出资源和减少该产品的数量将会使社会福利增加。当价格的调节机制形成了一个使所有的市场都出清的一般均衡价格并且使这个价格等于边际成本时，资源配置达到了帕累托最优，据说只有完全竞争市场符合这个条件。

资源配置之所以没能达到帕累托最优，一方面是因为现实的市场属于不完全竞争市场，垄断厂商具有市场势力，可以将价格定得高于边际成本；另一方面是因为存在着外部性和对公共物品的需求，这些因素都不可避免地导致了消费者和生产者的"搭便车"行为，致使市场形成的均衡价格既不反映消费者的主观真实评价，又不反映生产者的客观真正成本。无论出现了哪一种情况，都意味着市场失灵了或市场失败了。这是一种价格信号的扭曲，它现在传递的是错误的信息，并且使资源配置偏离了帕累托最优。这是关于市场失灵的旧版本。信息经济学出现以后，又出现了关于市场失灵的新版本：由于不完全信息特别是不对称信息的存在，出现了逆向选择、道德风险和委托—代理问题，在这种情况下，形成的价格更是完全偏离了它应该反映的正确信息，即使是市场达到了均衡，也是没有意义的。以上是对西方微观经济学的资源配置理论和市场失灵理论的简要概括，目的是为分析民主制经济的资源配置效率作铺垫。下面，我们将运用微观经济学的分析工具说明民主制经济在克服市场失灵方面所具有的特殊优越性。

首先是关于垄断和垄断倾向问题。瓦内克指出，参与制经济的一个优点是，它肯定要小于西方市场结构与完全竞争结构的偏离程度，就是说，它一般不具有垄断的倾向。理由有三：一是基于心理学和社会学的理由。在实行参与集体决策和分享集体收入的自治团体中，有一种分裂为与经济效率相一致的、最小运行单位（集体）的自然倾向。理由很简单，因为存在着这样一种自然需要，即人们不能远离他们参与决策和分享收入的地点，或者他们不愿意通过层层的代理关系来决定与他们福利有关的最重要的事情。因此，参与制公司不像现代的资本主义公司那样具有无限成长的倾向。二是基于经济学方面的理由。如果价格不变，公司内部的效率不变，公司使产量增加一倍，则每个工人的收入将大体上保持不变。因此可以认为，参与制公司不会有扩大生产规模的特别需要，因为这种扩大不能增加每个工人的收入。相反，同样条件下的资本主义企业有扩大生产规模的足够刺激，因为资本主义大公司有谋求垄断和市场占有率的动机。最后一个理由与产品差别化和推销活动以及广告有关。由于生产规模较小和生产的产量较低，参与制公司不会像资本主义公司那样人为地制造产品差别，也不会在广告和推销活动上浪费大量的资金，因而能更有效地利用稀缺资源，并且会形成更具有竞争性的市场结构。"特别是如果我们认识到参与制企业将有助于消除推销活动中那些最放肆的形式，如果我们回想一下这些活动常常具有多么低级的趣味和内容，以及它们对公众的心理、观点和价值观将会产生何种影响时，单是这方面的原因，参与制企业的比较优势就显得十分可观了"[1]。瓦内克得出的结论是："可以毫不夸张地说，参与制经济具有一种体现了'自己活也让别人活'（the principle of live and let live）这一原则的自然倾向，它比今天的我们所知道的其他市场经济的这种倾向要强烈得多。在这里，从市场上消灭自己的竞争对手的愿望要淡薄得多。必须指出，这种情况并不意味着较低的效率。"[2]

其次是外部性问题。瓦内克认为，参与制公司的经理和工人比资本家

---

[1] Vanek, Jaroslav, *The Participatory Economy: An Evolutionary Hypothesis and a Strategy for Development*, Ithaca, N.Y., Cornell University Press, 1971, p. 27.

[2] Vanek, Jaroslav, *The Participatory Economy: An Evolutionary Hypothesis and a Strategy for Development*, Ithaca, N.Y., Cornell University Press, 1971, p. 27.

更可能注意解决外部不经济问题，因而具有将外部性内在化的激励。这是因为他们就住在会污染空气和水的工厂附近，他们与所在社区和当地居民（他们自己可能就是其中的一部分）的关系十分密切，会充分考虑后者的利益和要求。而资本所有者可能住在远离工厂的千里之外，甚至从来没有到过他们的工厂。资本主义企业的经理或是与社区联系很少而不热衷于社区问题，或是为实现股东或自己的利益最大化而有意无意地忽视乃至践踏当地居民的利益。

在纠正由于信息不对称而产生的市场失灵方面，经济民主企业也表现出无可比拟的优越性。我在上一节分析经济民主企业的委托—代理关系和代理成本时已经给出了部分的理由。考虑到经济民主企业在广义的社会福利方面所取得的成就（见本章第七节），就会得出结论认为，经济民主将从根本上改变人们的精神面貌和提高他们的道德水准，从而有助于克服他们利用非对称性信息而采取的机会主义行为。

第五节　收入分配

我在第一章已经指出，参与集体决策和分享集体收入的经济民主企业所创造的纯收入在扣除了投资和各项储备基金之后，其余部分以按需分配原则决定集体消费份额和以按劳分配原则决定个人的劳动报酬。与资本主义企业的分配制度相比，经济民主企业的分配制度的优越性表现在：第一，经济民主企业的分配原则体现了分配的正义，就是说，它是合理的，是公平和公正的。不仅如此，经济民主企业的分配原则还具有可操作的性质。第二，分配的正义必然产生正义的分配结果。经济民主企业收入分配的结果体现了平等，这意味着经济民主企业的收入差距很小，具有收入分配均等化的性质。第三，公平、平等的分配不仅极大地提高了社会福利的总水平，而且极大地改善了微观经济和宏观经济的运行效率，因为一方面，蛋糕做得更大了；另一方面，蛋糕分得更合理了。第四，公平、平等的分配将铲除阶级或阶层产生的经济根源，从而避免社会分层现象。对分配的正义或正义的分配所产生的经济、政治和社会的种种有益的结果，我们给予多高的评价都不过分。

衡量一种分配制度是否合理的标准不是效率，而是公平或"作为公平的正义"。我们也经常用正义标准来对某一种分配制度进行评判。例如，我们说，这种分配方式是公平和公正的，而那种分配方式是不公平和不合理的。实际上，我们根本就找不到衡量各种生产要素边际生产力的客观标准。不仅投入与产出之间是有充分的弹性的，投入之间也具有联合性和互补性。团体生产的特点就是产出的不可分割性，即使假设一种生产要素的投入量固定不变，我们考察另一种生产要素的投入与产出的关系（现实中没有一个企业是这样做的），也不可能测量出该要素的边际产量。资产阶级经济学的边际生产力分配论是为资本主义分配关系的剥削性和分配结果的不合理性进行辩护的理论，这一理论早已被新剑桥学派的经济学家彻底地摧毁了。

效率（劳动生产率）只是分配的前提，它本身又是分配的结果；它只负责蛋糕有多大，而蛋糕的分配则是由制度所决定的。财富的分配永远是生产条件的分配和权力分配的结果，因为后者的分配决定了每一个人在生产上的地位，从而决定了他们各自所得的份额。在一个生产的物质条件变成了资本、而生产者变成工资雇佣劳动者的社会里，财富分配的天平自然倾向于有产者一边。问题并不在于劳动者是否得到他们劳动的全部产品，而在于他们在自身劳动生产物中所得的份额是多少。在一个资本不受任何限制、可以肆无忌惮地追逐利润的社会里，工人在为提高工资而同雇主们进行的阶级斗争中总是处在最软弱无力的地位上，工资只能等于和必然等于劳动者维持生存和简单再生产的最低标准——劳动力的价值。亚当·斯密在《国富论》对此种情况有过生动的描述。他这样写道："工人们为提高劳动价格，有时也自动结合起来。他们所持的理由，有时是食粮腾贵，有时是雇主从他们的劳动得到过多的利润。他们的结合，无论是防御性的或是攻击性的，总是声闻遐迩。为求争点迅速解决，他们老是狂呼呐喊，有时甚至用极可怕的暴力。他们处于绝望的境地，铤而走险，如果不让自己饿死，就得胁迫雇主立即答应他们的要求。这时，雇主也同样喧呼呐喊，请求官厅援助，要求严厉执行取缔工人结合的严厉法规。因此，工人很少能从那些愤激的结合的暴动中得到利益。那些结合，部分因为官厅干涉，部分因为大多数劳动者为了目前生计不得不屈服，往往以为首者受到惩罚或一败涂地而告终。"① 随着工人阶级通过斗争获得组成工会的权利，劳动者集体谈判力量得到了增强，他们的境遇也有了实质性的改善。但斯密所描述的情况在资本主义社会曾经存在过，而且在当今的大多数发展中国家里仍然存在。

资本主义的分配制度必然要导致收入分配不公平和两极分化，生产条件分配和权力的不平等分配从来都是财富分配不平等的原因，然而，在资本主义市场经济中，财富分配的不平等结果却变成了它的原因——更多的财富和更大的权力总是会带来更大的财富和更多的权力。价格体系和利润体系运作的结果，自然导致了富者越富，贫者越贫。大多数严肃的经济学家都指出了资本主义财富分配的不合理性。伏尔泰说："在巨大的财产的背后必定隐藏着巨大的罪恶。"亚当·斯密指出："有大财产的所在，就有大不平等的所在。有一个巨富的人，同时至少必有五百个穷人。少数人的富裕，是以多数人的贫乏为前提的。"② 小穆勒在对私有制和公有制的分配关系进行对比时写下这样一段非常著名的话："如果要在具有一切可能性的共产主义和具有各种苦难的现今的社会状态之间做出选择，如果私有制必定会带来我们现在所看到的后果，即劳动产品分配几乎同劳动成反比——根本不干的人拿得最多，只有在名义上干点工作的人居其次，工作越艰苦和越讨厌报酬就越低，而最劳累、消耗体力最多的劳动甚至无法肯定能否挣到足以糊口的收入，如果要在这种状况和共产主义之间做出抉择，则共产主义的一切大大小小困难在天平上都将轻如鸿毛。"③ 甚至连凯恩斯也不得不承认："我们生存其中的经济社会，其显著缺点乃在不能提供充分就业，以及财富与所得之分配有欠公平合理。"他还说："就我本人而论，我相信的确有社会的以及心理的理由，可以替财富与所得之不均辩

---

① 〔英〕亚当·斯密：《国民财富的性质和原因的研究》上卷，郭大力、王亚楠译，商务印书馆，1972，第61页。
② 〔英〕亚当·斯密：《国民财富的性质和原因的研究》下卷，郭大力、王亚楠译，商务印书馆，1972，第272页。
③ 〔英〕约翰·穆勒：《政治经济学原理》上卷，胡企林等译，商务印书馆，1991，第235页。

护，可是不均得像今日那样厉害，那就无法辩护了。"①

美国著名马克思主义经济学家大卫·施韦卡特（David Schweickart，1942— ）曾借用简·潘尼（Jan Pen）关于"一群侏儒和几个巨人的游行队伍"的例子来直观反映 2009 年的美国收入分配状况：在 2009 年，美国大约有 1.2 亿个家庭，每个家庭的年平均收入为 68000 美元。设想每个家庭派一名代表参加一个小时的游行，游行队伍按收入水平由低到高排序，即最穷的家庭走在最前面，其后是较穷的或较富的家庭。假设我们通过某种魔力把每个家庭的收入变成家庭代表的身高，那么，穷人会很矮，富人会很高。假定美国人的平均身高为 1.82 米（这多少有点夸大，但便于计算），这相当于家庭年平均收入 68000 美元。再假设你具有平均身高，并在游行线路上观看，你将会看到什么？游行开始时，你将看到大量的非常矮小的人，许多人离地只有十几厘米。5 分钟之后，游行队伍的高度长到 0.3 米，代表年收入 11300 美元，有 1000 万个家庭没有超过这个高度。15 分钟之后，高度长到 0.6 米，代表年收入 22600 美元，刚刚超过官方制定的四口之家的贫困线；有 2500 万个家庭没有到达这个水平，大约 4500 万人，其中一半是孩子。20 分钟过去了，高度长到 0.9 米（34000 美元）。游行时间过了一半（30 分钟），你还是没有看到和你身高相同的人，游行者的头部仍然低于你的胸部，你的颈椎会感到不舒服，因为你始终低着头看。一个统计学家恰巧站在你的身旁，看到你的迷惑，他会向你解释"中等"（median）和"平均"（average）的区别：中等收入是把人口分成两半，一半的家庭低于中等收入，另一半家庭高于中等收入，美国的中等家庭收入是 50000 美元（1.4 米）；平均收入是用所有家庭的总收入除以 1.2 亿个家庭。由于美国的收入分配是头重脚轻的，所以平均收入要远远高于中等收入。到了第 38 分钟，几乎过了游行时间的 2/3，你才看到和你同样身高的人骄傲地从你身边走过。随后游行队伍的高度开始快速提升，第 48 分钟，长到 2.7 米（100000 美元），这是属于最高 20% 的最低高度。第 54 分钟，出现了前 10% 的最低高度，3.7 米（140000 美元），是你身高的 2

---

① 〔英〕约翰·梅纳德·凯恩斯：《就业利息和货币通论》，徐毓枬译，商务印书馆，1983，第 321、322 页。

倍。又过了3分钟，属于最高5%的第一个人出现了，4.9米高（180000美元），你身高的2.5倍。游行队伍的高度开始疯长，因为巨人们突然出现了。再过36秒，出现了最高的1%，10.7米高，400000美元，这是美国总统的年薪。即使是美国总统也不是最高的，在2009年，有137000人的年收入为美国总统年薪的4倍，这些人属于最高收入的0.1%，为1600000美元，42.7米，相当于14层楼高。最后3秒钟，属于最高收入的0.01%的超级富翁们出现了，他们中间有许多大公司的CEO们，最穷的超级富翁的年收入为900万美元，243.8米高；中间的超级富翁的年收入为1500万美元，396米高，他们的头部达到世界上最高的建筑物——芝加哥110层的威利斯大厦，比吉隆坡的双子塔还高。游行还没有结束，最后的几微秒，超级亿万富翁和对冲基金的大师们闪亮登场。在2009年，25个对冲基金经理的年平均收入为1亿美元，2.5万米高，相当于每小时挣5万美元，这意味着他们一个小时挣的钱比6000万个家庭——美国人口的一半——的年收入还多。年收入最高的是阿帕卢萨管理公司（Appaloosa Management）奠基人大卫·泰珀（David Tepper），为4亿美元，64英里高，是世界最高峰珠穆朗玛峰的12倍，他是最后通过终点线的人。请注意，这是一年收入的分配，而不是财富的分配。收入是你一年的现金流，而财富是你所拥有的资产（房子、车子、土地、股票、珠宝等）的价值。财富的分配更加不平等。如果把美国的收入分成3份，我们会发现，最高10%的人口得到1/3的收入，其余的30%得1/3，而底层的60%人口得1/3。如果把美国的财富也分成三份，那么，最高的1%人口得1/3，其余9%得1/3，而底层的90%只得1/3。[①]

收入、财富分配的严重不公已经使美国社会分裂成一个1%和一个99%的社会。美国著名经济学家、诺贝尔经济学奖2001年得主约瑟夫·斯蒂格利茨（Joseph Stiglitz，1943— ）于2011年5月在《名利场》（*Vaniti Fair*）杂志上发表题为《1%的人所有、1%的人治理、1%的人享用》（"*Of the 1%，By the 1%，For the 1%*"，文章的题目套用了林肯的名言，

[①] 参见 David Schweickart, *After Capitalism*, second edition, New York: Rowwan & Littlefield Publisher, 2011, pp. 90–94。

即"government of the people, by the people, for the people",意指现在的美国社会,1%和99%的位置颠倒了过来)的文章,他指出:"现在,身居美国财富金字塔顶端的1%人口每年的收入占全国总收入将近1/4。若以所拥有的财富而论,这1%人口所控制比例达40%。"他还这样写道:"塔尖的1%住着最好的房子,享受着最好的教育、医疗和最美妙的生活方式,但是有一样东西钱是买不来的:那就是意识到自己的命运还取决于其他99%的人生活得如何。纵观历史,塔尖的1%最终都明白了这一点,但往往为时已晚。"

当工人阶级从经济增长中分得少许的好处时,问题被掩盖了起来,一旦经济危机爆发,由收入分配不均引起的社会矛盾立刻尖锐起来。马克·吐温为他那个经济快速增长的时代创造了"镀金时代"这一概念,这个时代只有表面上金光灿烂,下面却掩盖着大规模失业、贫穷和被撕裂的社会。当2008年的金融风暴席卷全球之际,中产阶级破产了,大多数劳动阶级收入降低了,甚至失去了工作和家园,而那些巨额亏损的、靠政府以纳税人的钱救济的大公司的CEO们却依然得到天价的薪酬,并显示出摆阔的消费。这一尖锐的对比立刻引起了公愤。从2011年9月17日开始(这一天是美国的宪法日),美国民众发起了声势浩大的、名为"占领华尔街"(Occupy Wall Street)的和平示威活动,以表达对贪婪腐败的金融机构和美国政府偏袒权贵和富人的不满,声讨引发金融海啸的罪魁祸首。抗议活动发起者 *Adbusters* 杂志网站说:"我们共同的特点是占总人口99%的普罗大众,对于仅占总数1%的人的贪婪和腐败,我们再也无法忍受。""我们之所以发起本次抗议行动,是因为感觉美国已经到了必须改变的时刻。很多人失去了工作,无家可归,整个国家都在受伤害,而造成这些后果的那些人却置身事外,没有受到任何惩罚。"一名"占领华尔街"示威者说,"在美国,1%的富人拥有着99%的财富。我们99%的人为国家纳税,却没有人真正代表我们。华盛顿的政客都在为这1%的人服务"。其中的一块标语牌上是白宫的画面,草坪上写着"待售——出价最高者得"。另一个标语牌写着"我们来推倒墙,让它就成为一条街"(Wall Street 直译为墙街)。许多工人、教师、学生和知识分子都参加到抗议示威活动中。截至本书作者修改本章之日,示威活动已经进入第三周,有上万人参加,抗议浪潮已经由纽约席卷至美国许多城市，由"占领华尔街"发展到"占领高校"、"占领华盛顿"乃至"占领美国"，并且蔓延到许多西方国家。

财富和所得分配之不均，会产生社会、政治和经济的种种严重不良后果。如果大多数劳动者认为收入分配是不公平的——收入分配差距的扩大必然会产生这种结果——他们将以较低的劳动生产率进行报复，产出和社会福利将会下降。财富和所得分配的差距持续地、不断地扩大化和凝固化将导致社会的两极分化。不管性别、肤色和信仰，这个社会只有两种人：穷人和富人。社会将按其财富和收入的情况分裂为不同的阶层或阶级：无产阶级、中产阶级和资产阶级，或下层社会、中层社会和上层社会。人们生活在不同的圈子，有着不同的生活习惯，过着不一样的生活，享有不同的社会地位和社会声望，接受不同教育水平和医疗保健水平，具有不同的心理特征和个人的情趣爱好，甚至有着不同的语言和寿命。只有生活在一个圈子里的人们才有彼此的认同感，而生活在不同圈子里的人们彼此是相互隔绝的。隔绝的办法有许多种，不过，大多是以金钱和权力的尺度为标识的，比如飞机上的头等舱、富人区、警备森严的各种措施以及按大小官员在权力等级阶梯上的位置决定其待遇等等。在一个垂直流动性较强的社会里（比如说市场经济社会），这种隔绝的状况有可能被打破，但由于财富和权力的惯性作用，上等人很难堕入底层社会——如果他们不是犯了严重的错误——或者由于各种原因逃脱了应得的惩罚。这就是说，人们的社会地位是可以继承的。不同的人们之间不会有真诚的合作，有的只是屈从和假装出来的谄媚的笑脸。当社会矛盾尖锐化，各阶层之间会彼此仇恨，乃至爆发阶级战争。

关于经济民主企业的分配制度特别是按劳分配标准的民主形成过程，我已经在第一章有所交代。在这里，我只证明经济民主企业决定个人所得的按劳分配原则的正义性和由此导致的种种合意的结果。按照罗尔斯的观点，正义是全体一致同意的东西。根据民主评议而形成的分配标准恰恰符合这一点。那些认为受到了不公平对待的劳动者可以选择离开，也可以进行申诉或抗辩，反复的商议和相互说服的过程有助于达成一致的意见。这样，按民主过程所形成的分配标准十分自然地符合分配的正义原则。

不仅如此，我认为，由民主过程所形成的分配标准还解决了实现按劳分配原则必须要解决的、但在理论上根本不可能解决的问题——对各种不同性质的劳动贡献率的估算问题。前面讲过，团体生产的劳动边际产量具有不可分割性，加之劳动具有不同的性质，这就使对劳动的贡献率的正确评估变得十分困难。按劳分配的原则是多劳多得，少劳少得，不劳动者不得食。除了最后一条便于执行外，其他两条都很成问题。何者为多，何者为少，劳动所得的差距应该有多大？这些问题都很难说清楚。然而，这些问题必须解决，否则按劳分配将被束之高阁，或者只剩下了躯壳。对经济民主企业来说，这个在理论上不可能得到解决的问题根本就不是个问题，因为结果的正义自然隐藏在程序的正义之中。类似于市场竞争过程自然会形成使市场出清的均衡价格一样，按民主程序决定的分配尺度的形成是一个反复纠错的过程，其结果自然会形成对各种不同性质的劳动估算的正确尺度。

正义就是平等，正义的分配必然会产生收入分配的平等。与资本主义经济相比，民主制经济收入分配差距要小得多。所有研究工人合作制企业（它是经济民主企业在资本主义经济中的对应物）的经济学家对此都留有深刻的印象。例如，在西班牙的蒙德拉贡工人合作制公司里，最高和最低工资之间的最大差距为3∶1，即著名的三比一法则（这个比例在21世纪初略有提高）。如果考虑到经济民主企业在集体消费的按需分配原则，那么劳动者的实际收入差距将会更小。平等不是平均。平均主义对所有的劳动者都是不公平的，因而也不符合分配的正义原则。收入分配的差距应该适当地拉开。拉开的档次应该有多大？蒙德拉贡的实践提供了正确的比例。收入分配的差距最多不应该超过四倍，这是柏拉图在《理想国》中为希腊城邦的自由民规定的所持有的财富差距的界限。平等的分配或收入分配差距的缩小所产生的积极结果有：第一，平等的分配本身就会使社会福利的总量增加。福利经济学证明了这一点。福利经济学之父庇古根据边沁的功利主义和货币的边际效用递减规律，证明了两个基本的福利命题：一是国民收入分配越大，社会经济福利越大；二是国民收入分配越均等，社会经济福利越大。萨缪尔森等人也证明了，经济效率只是社会福利达到最大化的必要条件，公平分配才是其充分条件。第二，平等的分配将提供微观经济效率，并保证宏观经济在充分就业的水平上稳定地运行（这在下一节将有所涉及）。收入分配是否公平，将会影响到每一个劳动者的生产积极性，合理的分配将提供努力工作的足够大的激励，从而使蛋糕做得更大。在一个好社会里，平等和效率是不会相互冲突的。如果平等和效率确实出现了矛盾，那一定是基本的经济制度出了毛病，就应该对其进行改革，而不是任意地排列二者的次序。最后，我在上面已经提到，这可能最终会导致一个无阶级的社会出现。

当然，不同的经济民主企业之间和各行业之间的收入分配可能也会出现差距。如果收入分配上的差距反映的是各自不同的劳动生产率，那么这种差距就是合理的，而且也不可能出现收入分配的持续扩大化和凝固化，所以用不着加以理睬。如果具有市场势力，某些企业可以通过抬高价格而获得垄断利润，或者通过控制某种特殊的生产要素的供给而使其成本大大下降，如果某些行业是自然垄断行业，或者通过寻租活动设计了进入的壁垒，因而可以独占垄断利润，那么"租"便成为收入分配差距产生的根本原因。租不是一种劳动收入，也不反映企业经营的真实情况，所以它必须被（税）消灭。在这方面，民主制经济也需要政府执行微观政策，其主要内容包括：第一，防止产生垄断和消除整个市场的不完善性。在出现了垄断倾向的情况下，政府必须出面干预，采取的做法是：确定最高或最低价格，更好的做法是促成更具有竞争性的市场结构。第二，确保企业经营条件的均等化，以使所有的经济决策单位在相同的起始条件下获得收入。如果在收入上出现差别，那么，这些差别是劳动和经营的结果，而不是劳动集体不能控制的外部条件的结果。第三，当出现了能力分配（指人们在接受教育和医疗保健时的机会）和收入分配的两极分化时，国家必须干预分配的过程，以使经济服从广泛的平等目的。第四，负责提供福利等公益事业。

第六节　民主制经济的宏观经济学

前文已经指出，要分析民主制经济在市场经济中的运行效率，就必须以我在第一章详细阐述过的经济民主企业制度的两个最基本特征——全体劳动者参与集体决策和分享集体收入——为理论基础。这对分析民主制经济的宏观经济学也是适用的,而且需要特别强调。那种与微观经济学相脱节的宏观经济学,或者没有微观基础的宏观经济学——我指的是凯恩斯经济学和后凯恩斯主义主流经济学——已经死亡,现代的宏观经济学,要么使宏观理论适应微观理论,这是新古典宏观经济学的方法;要么使微观理论适应宏观理论,这是新凯恩斯主义经济学的方法,这成为自后凯恩斯主流经济学破产以来宏观经济学发展的主线。在本节中,我将像瓦内克那样提问:民主制经济能保证充分就业吗?该体制能保证物价稳定吗?它有可能产生通货膨胀吗?该体制能实现经济增长吗?我将借鉴新凯恩斯主义经济学的方法,即通过分析经济民主企业制度的基本特征来说明该经济体制所可能表现出来的整体宏观运行效果,对这几个问题给予确定的回答。

关于第一问题即充分就业问题,瓦内克的回答是:"参与制经济能够有效地保证充分就业。它将在正常的充分就业水平上或者接近于这一水平上运行。如果由于某些激烈的干扰而出现了失业,该体制中也存在一种内在的力量,而使经济回复到充分就业。与我们所知道的西方世界中的资本主义经济相比,参与制经济在这方面具有一种肯定无疑的优势。"[1] 他还指出:"无论是就一种绝对的标准还是就与其他的市场经济体制相比的相对标准而言,一个类似的优点是,和西方的市场经济相比,参与制经济遭受周期性萧条的可能性要小得多,即使出现了这样的周期,其程度也要轻得多。"[2] 为什么经济民主能保证充分就业?根源就在于这种企业制度所表现出来的参与集体决策和分享集体收入的性质。

首先,经济民主企业的用人制度决定了它不能无缘无故、随随便便地解雇劳动者。像招募新成员和解雇老成员这类事情,涉及全体在职劳动者的根本经济利益,所以必须由全体一致做出决定,而不能听由某些人譬如说企业的经理单方面说了算。吸纳新成员,可能会降低老成员的平均收入,所以经济民主企业有缺乏吸纳新成员的动机。这对新加入到求职队伍的年轻人而言,不是个好消息。在这方面,经济民主企业的表现不如资本

---

[1] Vanek, Jaroslav, *The Participatory Economy: An Evolutionary Hypothesis and a Strategy for Development*, Ithaca, N.Y., Cornell University Press, 1971, p. 28.
[2] Vanek, Jaroslav, *The Participatory Economy: An Evolutionary Hypothesis and a Strategy for Development*, Ithaca, N.Y., Cornell University Press, 1971, pp. 28–29.

主义企业表现得那么好，因为只要新工人的劳动边际产品价值大于付给他的工资，后者就有雇佣该工人的动机。然而，在吸收新工人方面，经济民主企业的表现并不像理论分析的那样糟糕，而资本主义企业的表现也不像纯理论分析的那样好。一方面，许多经济学家指出，通过建立成员资格市场和向新成员收取成员资格费，或者在动态经济中通过建立新的企业，民主制经济是可以解决这个问题的；另一方面，新凯恩斯主义经济学的局内人—局外人理论证明了，即使在资本主义企业里，受工会保护的在职者也有排斥吸纳新工人的充分动机。

如果我们在解雇在职者的意义上使用失业这个概念，那么与资本主义企业相比，即使是在企业遭受严重的经济困难的情况下，经济民主企业也不会出现失业问题，除非企业最终倒闭。对每一位在职者来说，失业等于剥夺了他们的劳动权利，从而也剥夺了他们生存和追求幸福的权利，也使他们丧失了生活的希望、信念和勇气，乃至做人的尊严。所以，这是个天大的事情，必须按民主的程序做出慎重的决定。在经济民主企业里，劳动者不会由于非其自身原因而被解雇，这意味着在经济民主的词典中，没有"解雇"的概念。每一位劳动者都获得了长期成员的资格，除非是到了退休的年龄、自愿离职、意外死亡、工厂倒闭，或者某个劳动者因其行为侵害了集体利益和社会利益而必须得到应得的惩罚，否则谁都没有权力剥夺他人的成员资格。这等于说，经济民主企业为每一位在职劳动者上了长期的就业保险。经济民主企业是在市场经济环境中运行的，它必须承担由于市场上的不确定性而产生的各种风险。来自总需求或总供给方面的负面冲击，或者由于消费者特定偏好的变化和产品相对价格的变化产生了对企业的收入和成本的不利影响，都将使经济民主企业面临经营困难乃至面临破产的风险，民主制经济也会陷入萧条之中。但是，经济民主企业不会采取资本主义企业对付经营困难和萧条的通常做法——解雇部分工人。之所以如此，是因为这样做对所有劳动者都不公平，对那些有可能被解雇的劳动者而言，这不是他们应得的，他们没有任何过错，解雇是没有理由的；对那些侥幸没有被解雇的劳动者来说也是不公平的，因为他们清楚地知道，下一次就会轮到他们。

其次，经济民主企业的分享制度具有一种特殊的抗萧条击打的能力。这一点特别重要，值得较为详细的论述。在资本主义企业中，工资与企业的净收益无关，它构成生产成本的主要部分，并具有刚性或黏性；而在经济民主企业里，工资是企业净收益的一部分，它具有充分的弹性。关于为什么工资在资本主义企业里是成本而在经济民主企业中属于净收益的一部分，我在第一章已做过较详尽的阐述。假定这两种企业都追求净收益最大化，即总收益与总成本之间的差额达到最大，同时假定无论是产品市场还是要素市场都是完全竞争市场，资本主义企业追求的是扣除工资以后的最大化即利润最大化，而经济民主企业的最大化则包含工资在内。企业的目标模式的改变将使企业的生产行为发生改变。为实现最大化目标，这两种企业都要在产品价格既定的条件下决定生产最优的、使总收益达到最大的产量，它们都力图实现总成本的最小化。一谈到成本，差别就立刻显现出来。在资本主义企业，工资是成本，而且是其最主要的部分。削减成本本身就意味着部分工人的失业，特别是在工资率具有刚性或黏性时更是如此。凯恩斯和新凯恩斯主义经济学家解释了资本主义企业的工资刚性或黏性的原因，这是因为工会的存在使工人阶级的集体谈判力量大大增强和资本主义企业工资决定制度（长期劳动合同制）的结果。工资的刚性或黏性并不意味着工资率在长期内是不能变动的，它只是意味着在短期内工资率对市场条件变化的反应是呆滞的。而经济民主企业的工资之所以是弹性的，是因为企业的净收益本身就是有弹性的，它随着市场条件的变化而变化。一旦工资由成本变成了企业净收益的一部分，劳动报酬就由刚性变成富有弹性的部分，它主要包括两个部分：最低的保障性工资和净收益分成。前者是固定不变的，相当于维持劳动力简单再生产所必需的生活资料的价值；后者具有充分的弹性，其高低主要取决于劳动的努力程度、企业经营效益的好坏、市场价格和需求情况等。这种分配制度把每个职工的命运和企业的命运紧紧地联系在一起；又把企业的命运和市场紧紧地联系在一起。正是分配制度上的这种差异，决定了经济民主企业和资本主义企业对待经济萧条的反应是不一样的。

图3-4表示的是资本主义企业对待萧条的反应及其相关的就业、产量和利润的变动情况。我们只考察完全竞争厂商的短期均衡情况。假定总需求或对企业产品的特殊需求减少——这或许是因为政府采取了宏观紧缩政策，或者是因为消费者偏好、收入、替代品的价格等发生了不利于企业的

变化——市场需求曲线向左移动，均衡价格和均衡数量同方向变动（a图）。利润最大化厂商雇佣工人的原则是使工资（w）等于劳动的边际产品价值（VMP_L），后者又等于工人生产的边际物质产品（MPP_L）乘以该产品在市场上的售价。假定劳动生产率不变，因而边际物质产品也不变。价格由 P_1 降至 P_2，致使厂商的劳动需求曲线向左移动，当出现市场不景气时，立刻就有一部分工人（L_2L_1）对利润最大化来说成为多余的了，他们必将被当作包袱甩出去，或者重新进入劳动市场，或者踯躅街头，成为对自己、家人和社会无用的人（b图）。工资是刚性的或黏性的，在短期内它是停滞不变的，在长期内它通常是随着物价指数的上升而提高。由于工资缺乏向下运动的伸缩性，厂商对不景气的反应是，削减产量从而解雇工人，以在新的市场条件下实现利润最大化目标（c图和d图）。这在短期内必然表现为大量失业的出现，而在长期的通胀情况下，这必然会出现更为严重的经济疾病——停滞膨胀。

（a）市场需求减少使价格下降

（b）失业增加

（d）利润最大化

（c）产量减少利润最大化

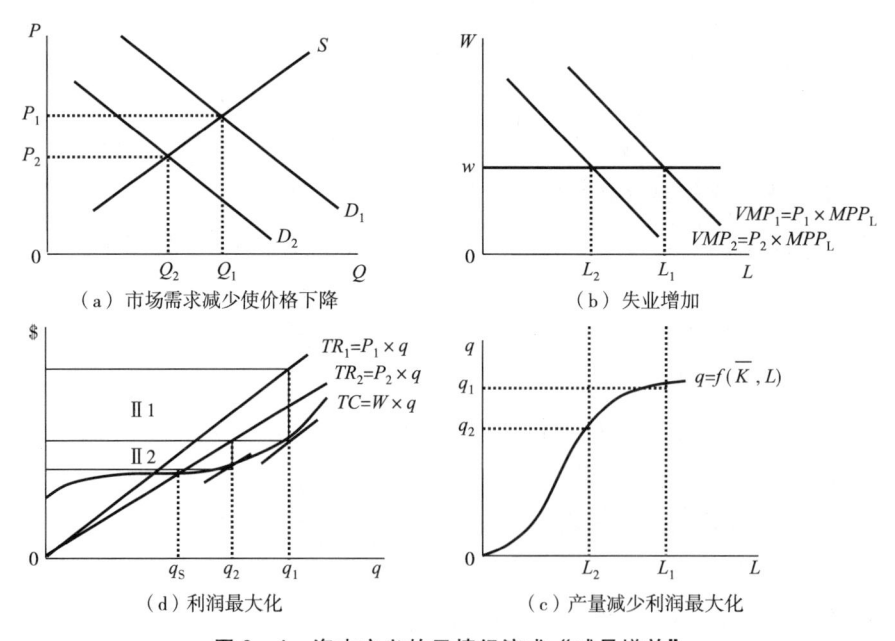

图3-4 资本主义的无情经济或"减员增效"

如果价格存在着进一步下跌的趋势，以至于出现价格等于或小于厂商的平均可变成本（$P \leq AVC$，假定可变成本全部由工资构成），厂商就会把全部工人抛向劳动市场，因为这是利润最大化厂商在短期的停止营业点（d 图中产量 q_s 相对应之点），在长期中，厂商的停止营业点还将提高，因为追求利润最大化厂商提供产量的条件是价格至少等于平均总成本（$P = ATC$），这意味着那部分在短期工作的工人在长期必然会失去工作。

因此，以追求利润最大化为目标的企业对付萧条的主要办法是，依靠诸如裁员、雇用外来工人——用外来包工或工资较为低廉的临时工人来代替本来的工人——来削减成本，保持利润不变，这种情况被称为"无情经济"。"无情经济"是利润最大化厂商在经济萧条时的必然结果，因为利润表现为收益和成本之间的差额，收益取决于市场价格和市场销售量，而工资则属于成本。利润和工资是互相对立的范畴，利润最大化的另一个意思就是工资最小化。利润和工资的对立，实际上反映的是劳资的对立。经济萧条使劳资矛盾发展到非常尖锐的程度，以至于只有牺牲工人阶级的利益才能保证资本家阶级的利益。我们知道，市场的需求是千变万化的，市场经济的运行是波动性的。谁也不能保证市场总是对企业的产品保持旺盛的需求，从而使企业的存货没有增加；谁也不能保持没有经济波动的增长，从而总是保持对就业人员的有效需求。一旦市场不景气，价格下跌，产品滞销，一部分工人马上就会变为多余的——相对于利润最大化是多余的了。只有资本主义性质的企业才可以通过解雇工人的办法，用剥夺工人劳动权利乃至生存权利来换取利润最大化，任凭这些人在劳动市场上由残酷无情的供求法则来决定命运。

这种残酷无情的做法是极其不公正的。这不仅是对无辜者的惩罚，也是以失业这个社会代价来换取所谓的企业效率。一方面，资本主义企业制度本身就是不公正的，因为在这里，劳动者和劳动过程本身只不过是实现资本增值的手段和工具；另一方面，当手段相对于目的变成多余的时候，资本主义企业的做法是把它们抛向社会，让社会来替它背这个大包袱，这实质上是把社会上所有不相干的人（消费者、在业者、失业者的家属和政府）都变成了实现资本增值的工具和手段。而在我国，无情经济的存在却得到了正名，因为它改了一个堂而皇之的名字，叫作"减员增效"。

实践证明，"无情经济"并不是对付萧条的有效办法，减员也不能增效。"美国经理人协会对那些从 1990 年以来裁减了工人的企业的研究中发现，这些企业中增加了利润的不到半数，提高了生产率的只有三分之一。作为调查对象的各公司负责人有近40%对裁员的结果不满意。这些调查表明：通过诸如裁员等措施所求得生产率的提高根本就是有限的，原因在于这种措施对公司士气的打击以及造成一部分工人因而离开了公司。留下来的工人由于工作负担过重而'精疲力竭'，在扩张时期更是如此。这也许可以说明这些进行了裁员的企业的股票在最初的六个月中在股票市场上表现得异常出色，而三年之后往往表现得异常逊色。"[1] "减员增效"的结果不是使大多数竞争性的国有企业都破产了吗？

一旦工资由成本变成了企业净收益的一部分，劳动报酬就由刚性变成富有弹性的部分，其大小主要取决于企业内部的生产效率和企业面临的外部市场条件。分享经济这一特点使它特别适合在市场经济的逆境中生存，因而是医治失业和通货膨胀的一剂天然良药。图3-5表示的是经济民主企业在市场经济条件下运行的这一特征。

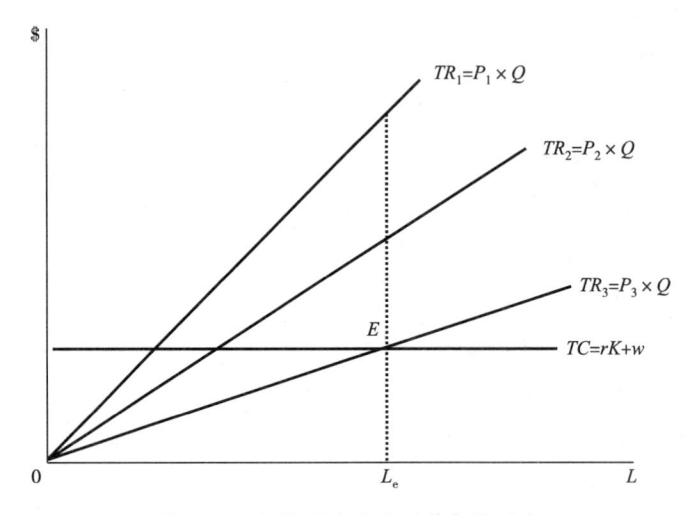

图3-5 经济民主企业对萧条的反应

当市场需求出现萎缩时，产品价格下降。假定价格由P_1下降到P_2，再由P_2降至P_3。价格的连续下跌使经济民主企业的总收益减少，企业面临更严峻的形势。然而，只要价格在E点以上，企业就不会解雇劳动者，因为

---

[1] 〔美〕罗杰·E. 阿尔卡利：《为公司重新策划》，《交流》1997年第2期。

这时企业的净收益还是大于其总成本。企业的总成本在短期内是固定的，它包括两个部分：（1）使用资本的代价 rK，r 为利息率，K 为使用的资本量，这里假定企业只需为使用资本进行支付，而企业使用的全部资本都是从外部借贷或租赁的，rK 为企业的固定成本；（2）最低的保障性工资 w，它大概只相当于社会对失去劳动能力的人和没有收入的人的救济或济贫工资。如果价格降至 P_3，即 $P=rK+w$，企业的全体劳动者才有可能全部失业。资本主义企业的停止营业点对经济民主企业并不合适。第一，经济民主企业的平均可变成本（AVC）将比资本主义企业的更低，因为资本主义企业的工资 W 要远远大于经济民主企业的保障性工资 w。第二，前面讲过，$P=AVC$ 只是资本主义企业的短期停止营业点，长期的停止营业点是 $P=ATC$。而 $P=rK+w$ 对分析经济民主企业在长期内提供产量的条件也是适用的。

因此，经济民主企业对付经济萧条的主要方法是，在仍然保持就业人数不变的同时，付给工人比通常要低得多的工资，用此种方法渡过难关。当市场萧条时，工人就会咬紧牙关，他们宁愿接受较低工资标准，也不会解雇自己的阶级弟兄。因为企业倒闭对工人来说，可能意味着长期失业。而像倒闭和开除工人是由全体成员民主地做出决定的，除非万不得已，他们是不会决定关闭工厂，也不会因为不景气而随意解雇工人，而后者正是资本主义"无情经济"的通常做法。这正如英国市场社会主义理论家索尔·埃斯特林（Sual Estrin）所指出的那样，"合作社在资本主义经济中有一种潜在的价值作用，因为在经济情况恶化时，它给工人提供了一种长期就业的选择（尽管工资很低），而不会失业"[1]。例如，美国的普利乌德合作制造业是由工人百分之百地拥有股份的工厂，在 20 世纪 60 年代萧条时期，工人们自愿降低工资，渡过了难关。因此，经济民主企业在不景气的经济环境中有可能生存下来，而处在同样环境中的资本主义企业却有可能失败。经济民主企业在市场逆境中生存的这种顽强的生命力，引起了许多经济学家的注意。不仅在西方国家经济每一次严重的萧条时期，都会出现参

---

[1] 〔英〕索尔·埃斯特林：《工人合作社：优长及局限》，埃斯特林和格兰德编《市场社会主义》，邓正来等译，经济日报出版社，1993，第 185 页。

与和分享制企业的兴盛；而且每当西方国家经济处在经济萧条时期，总有许多经济学家大力推崇这种企业制度，他们认识到，资本主义宏观经济运行不稳定的微观根源在于由固定工资制而导致的工资刚性。例如，在20世纪80年代初美国经济处于严重的滞胀时，美国著名经济学家马丁·L.威茨曼（Martin Lawrence Weitzman, 1942 - ）极力主张用分享经济来代替资本主义的固定工资制，他认为这是对付"滞胀"的灵丹妙药。①

最后，民主制经济的收入分配的均等化是保证经济在充分就业或接近充分就业的水平上运行的一个必要条件。关于财富和所得之不均会造成严重失业和宏观经济的不稳定，凯恩斯早已说得明明白白，无须赘述了。富人所得甚多，但边际消费倾向太低；而穷人虽然消费倾向很高，但所得甚少。资本主义经济因此而导致了有效需求严重不足的问题，失业由此而生。解决失业的办法之一是通过收入再分配促进收入分配的均等化。民主制经济并不需要凯恩斯的刺激消费政策，也因此避免了种种奢侈和浪费现象。

第二个问题与物价稳定和通货膨胀有关。瓦内克的回答是："由于同样的力量，参与制经济更可能出现一般物价水平的上下波动。但是，这一缺点绝没有严重到足以抵消它在实际收入、国民生产总值和就业方面较少波动或没有波动的优点……当分析长期的物价稳定性时，即是否存在通货膨胀的压力时，又是参与制经济显示了令人满意的解决办法。由于不存在确定固定工资率的工会权力，以及参与制企业保持就业的自然倾向，价格非常容易下降，就像它容易上升一样。如果不是实施了通货膨胀的货币政策，这就意味着价格水平在长期中是稳定的。相比之下，在资本主义经济中，工资和物价水平的下降要比人们心甘情愿地迫使它们提高困难得多，这意味着任何一个承诺执行充分就业政策的经济中，长期的通货膨胀实际上是不可避免的。"②

按照弗里德曼的观点，通货膨胀随时随地都是一种货币现象，就是说，通货膨胀是有关印刷机的现象，通货膨胀起因于经济脸盆里的货币溢

---

① 〔美〕马丁·威茨曼：《分享经济》，林青松等译，中国经济出版社，1986。
② Vanek, Jaroslav, *The Participatory Economy: An Evolutionary Hypothesis and a Strategy for Development*, Ithaca, N.Y., Cornell University Press, 1971, p.29.

出太多，关住货币水龙头，就可以制止在浴室中流溢满地的通货膨胀。问题是为什么资本主义国家的政府总是关不住货币的水龙头？美国著名的后凯恩斯主义经济学家西德尼·温特劳布（Sidney Weintraub，1914－1983）提供了答案。他根据凯恩斯关于货币工资和物价的关系提出了"工资成本加成方程式"（Wage-Cost Mark-up Formula），即：$P = K\frac{w}{a}$，其中，P代表一般物价水平，K代表整个经济中单位劳动成本之上的利润平均加成，它反映经济中各企业运转的外生制度环境决定的垄断程度，一般来说，在短期内它是相当稳定的，在考虑P的变化时可以忽视K的变化。w是年平均名义工资率，a是平均的劳动生产率。假定劳动生产率随时间的推移而提高的速度相对稳定，如果名义工资率的相对增长超过了平均劳动生产率的提高（$w > a$），物价就会上涨。因此，利用一般符号，我们可写出：$P = P(w)$，简言之，物价是名义工资的函数，两者呈正相关。这是一种典型的成本推进式通货膨胀。温特劳布从垄断出发研究市场价格的形成。他指出，资本主义经济中的产品市场和要素市场特别是工业品市场都属于典型的寡头垄断结构，工会作为要素市场的卖方垄断者具有把工资率提高到使劳动市场处于均衡的工资率之上的能力，而厂商作为产品市场的垄断者根据成本加成定价法具有抬高价格从而把成本的提高转嫁给消费者的能力。这意味着，价格不是从竞争性商品和要素市场的供求关系中推导出来的，而是以垄断市场的力量为基础的，价格是权力分配的函数。

在此基础上，温特劳布提出了内生的货币供给理论。货币供给的内生性是指货币供应量由经济主体的需要内生决定，中央银行不能有效地控制货币供应量，而只能被动地适应经济生活中对货币的需求。工资率的任何过度增加（$w > a$），都将通过某种在单位劳动成本之上的事先决定和稳定的加成而导致物价的上涨。由单位劳动成本的增加所导致的名义收入的增加将造成在给定实际产出水平上的交易货币（信贷）需求的增加。温特劳布假定货币的流通速度不变，那么要维持实际产出和就业水平，就必须完全满足对货币的需求。箭头的指向是这样的：货币工资上升→成本提高→利润加成→价格水平上升→货币需求增加→货币供应量增加。如果中央银行断然拒绝增加货币供应，过度的货币需求就会引起利息率的上升，并导致预料之中的凯恩斯式的结果，即通过乘数的作用，投资的减少将导致实际产出和就业的减少。在较低的实际产出水平上，货币需求将会减少，这就迫使货币的需求和供给实现相等，这一调整过程是通过实际产出和就业的减少来完成的。如果中央银行只是部分地满足了增加的货币需求——这是更为可能的情况，那么实际产出和就业就会下降，但下降程度比货币供应完全不增加时为少。在上述任何一种情况下，由于货币供应没有或部分地满足了增加的货币需求，物价水平将会提高，而产出和就业减少。这是温特劳布对滞胀问题的解释。在这里，我们有兴趣描述一下滞胀形成的具体过程：假如初级品（如石油、粮食等）价格上涨，导致生活成本增加和制造品价格上涨。工会为了抵制实际工资的下降，要求增加货币工资。在这种情况下，资本家阶级会通过提高产品售价以避免因工资上涨而造成的利润损失。初级品价格上涨必然会带来工资—价格螺旋式上涨的通货膨胀。而这种通货膨胀本身也有着抑制有效需求削减产出的作用。一方面是因为制造品价格过高，初级产品部门购买减少；另一方面，大多数工业国的政府可能采取紧缩性的财政政策和货币政策来对付通货膨胀，使收入减少，投资受到限制，从而出现通货膨胀和失业并存的局面。失业和通货膨胀同时上升的势头一旦形成，便不会有简单易行的出路。

在大多数时候，西方国家的政府都被迫在失业和通货膨胀这两种祸害之间做出艰难的选择，这种情况被萨缪尔森描述为"宏观政策的两难选择"：如果社会期望低失业水平，就必须接受高通胀；如果社会希望降低生活成本，就必须接受高失业水平。而西方经济学家们对失业还是通胀这个关系到资本主义经济制度生死的著名问题争论得一塌糊涂。凯恩斯主义者认为失业比通胀更糟糕，他们利用菲利普斯曲线所显示的两者的交替关系，为政府治理通胀和失业提供了一张"政策选择的菜单"：失业率高了，就运用扩张性的货币财政政策以高通胀率为代价换得失业率的下降；通胀率高了，就运用紧缩性的货币财政政策以提高失业率为代价换得通货膨胀率的下降。总之，混合经济下的居民必须习惯于在通货膨胀和失业下生活，但他们必须相信政府可以解决这些问题。哈耶克把凯恩斯主义的政策处方比作暴饮暴食和吸毒，认为这本质上是亡命徒的做法，一无所有却试图孤注一掷以获得短暂的喘息，并且必将使经济处于"骑虎难下"的境地。他这样写道:"现在,我们有一个通货膨胀困扰的繁荣,它的确依靠继续的通货膨胀。如果价格上升低于预期,那么,经济就会处于萧条压力之下。……放慢通货膨胀会导致衰退。现在,我们有一个难以对付的困难,好比手抓着老虎的尾巴:这个通货膨胀能持续多久?如果放任这只老虎(通货膨胀),它将把我们全部吃掉;然而,如果它跑得越来越快而我们绝望地跟着,我们仍将完蛋!"[1]

  以加剧某种经济疾病为代价来换取另一种经济疾病的减轻,这种方法在通胀率和失业率之间确实存在一种交替关系且都处于较低的水平时是可行的。然而,到了20世纪70年代,菲利普斯曲线所借以发挥作用的条件都不存在了,也就是说,它失灵了。货币主义者以自然率假说和对通货膨胀的适应性预期为基础对原始菲利普斯曲线进行了改造,他们指出,失业率与通胀率之间只存在短期的交替关系,长期菲利普斯曲线垂直于自然率水平;这意味着试图以加速通货膨胀为代价减轻失业的做法会导致滞胀局面的出现。新古典宏观经济学的第一代和第二代走得更远,他们指出,在理性预期的条件下,即使在短期内,菲利普斯曲线也是垂直的,这意味着政府的宏观政策不仅无效反而是经济不稳定的根源。与凯恩斯主义者的观点相反,后两者认为,通货膨胀才是需要认真对待的问题,而稳定通货是宏观经济政策的首要目标。在这方面,他们都假定货币供应量是外生的,都赞同弗里德曼提出的"单一规则"的货币政策,即把控制流通中的货币量作为货币政策实施的第一要义,使货币供应量的增长率与经济增长率保持一致。然而,这种政策仍然是以加剧失业为代价换取通货膨胀的减轻,只不过充分就业被当作毫无意义的目标被彻底地抛弃了。新自由主义经济学比凯恩斯主义经济学更加保守的性质就表现在这里。

  按照后凯恩斯主义的内生货币供给理论,决定物价水平的不是货币供应量,而是工资成本和利润加成。这意味着,在货币政策中不能找到如何使价格保持稳定的答案,因为货币政策对工资和薪金谈判几乎没有直接的影响,所以它不可能对价格有任何直接影响。只有当货币政策实施产生大

---

[1] 转引自〔美〕小杰拉德·奥德利斯库和苏打·舍诺伊《通货膨胀、衰退和滞胀》,〔美〕埃德温·多兰主编《现代奥地利学派经济学的基础》,王文玉译,浙江大学出版社,2008,第184~185页。

量的失业而严重削弱工会的力量时，它才能对价格产生间接的影响。紧缩的货币政策当然会降低物价上涨率，但这必然会导致利息率的大幅度上升和大规模的失业。这就是说，只有引起经济的灾难性后果时，货币政策才是管用的。20世纪80年代初英国撒切尔夫人政府和美国里根政府所执行的"货币主义"政策的后果证明了这一点。所以，英国剑桥学派著名经济学家尼古拉斯·卡尔多（Nicholas Kaldor，1908 – 1986）把货币数量说的当代"货币主义"形式看作西方国家造成大量失业从而引起灾难和痛苦的一种"可怕的诅咒"和一种"邪恶精神的降临"。它是一种尼采意义上的堕落，即试图在摆脱困境时本能地"喜欢坏的解决办法"，而不能发现"好的解决办法"。

　　资本主义经济的这种两难选择的根源在于资本主义企业制度。利润最大化和刚性工资在造成失业的同时必然会产生通胀的压力，特别是在宏观经济形势出现恶化时，资本主义经济必然会陷入停滞膨胀之中，这正是整个西方世界在20世纪70年代和80年代初出现的情况。早在20世纪30年代，凯恩斯就分析了资本主义的收入分配有欠公平和工资刚性同失业和通货膨胀之间的关系。在20世纪40年代，熊彼特又分析了资本主义制度权力集中将会出现的问题。到了20世纪70~80年代，如此之多的西方资本主义国家陷入了停滞膨胀的并发症之中，失业率、通货膨胀率高得不能忍受，分配不均问题尖锐化，这使人们开始对资本主义制度应对这类危机的能力产生怀疑，到处在寻找新的形式解决问题。正是在这种情况下，许多经济学家对参与制经济和分享经济在对付资本主义宏观经济中许多令人头痛的问题的能力越来越感兴趣，并且对其运行效率问题进行了讨论，出现了关于工人参与制企业的生产潜力的新理论，如瓦内克（1970，1971）、霍尔瓦特（1972，1978，1982）、德累兹（Dreze，1976）、杰伊（Jay，1976）、琼斯（Jones，1976，1980）、克莱雷尔（Clayrel，1980）、达克绍特（Dakeshott，1978）、沃德林（Zwerdling，1978）、卡尔尼和谢雷尔（Carnoy and Shearer，1980）和威茨曼（1984）等。经济民主企业的参与制和分享制以及它在市场经济运行中所表现出来的种种资本主义企业所不具备的优势，将会彻底摆脱资本主义经济遭受的失业和通货膨胀的双重折磨。在这方面，瓦内克已经论证得清清楚楚，无需我画蛇添足了。

第三个问题是：民主制经济能保证经济增长吗？回答同样是肯定的，但有所保留。经济能否增长，取决于要素的投入量和劳动生产率是否大于人口的增长率。美国经济学家罗伯特·索洛（Robert Solow, 1924 -　）指出，经济增长的最主要动因来自技术进步。他把除资本和劳动投入之外所有影响劳动生产率的诸种因素都称为"技术变化"，技术变化被定义为生产函数的任何一种移动，包括投资、储蓄、规模经济、技术创新、教育和人力资本等。组织的变化也被列入"索洛剩余"（Solow Residual）之中，这包括"工作放慢、工作加快、劳动力教育程度提高及诸如此类的事情"。前文已经证明，经济民主企业比资本主义企业具有更高的劳动生产率，其根本原因恰恰来自它在制度上和组织上做出的改变。考虑到经济民主企业在集体消费上的按需分配原则，它在提高人力资本方面也有长处，因为经济民主企业更愿意在对在职职工的各种培训和教育上花更多钱。

然而，在投资和创新方面，经济民主可能不具备传统企业制度的优点。经济民主企业具有比资本主义企业投资较少的动机，这可以是它的优点，因为这会促进一个竞争性的市场结构，对于那些主张"小的就是美好的"经济学家而言，它确实是美妙的事情。但如果在产权制度上没有很好的设计，经济民主企业就会只注重短期利益而忽视了长期利益，它倾向于多消费少投资，就像西方的工人合作制企业所表现的那样。瓦内克也指出："不可否认，和资本主义企业相比，参与制企业的规模较小，而且趋向成长的动力也较小，因而它为较大的发明、革新和产品开发拨款的可能性也就较小。"① 但他认为，可以通过建立专门从事发明和革新的参与制研究公司来完成此项活动。同样由于在产权制度方面存在着缺陷，经济民主企业将会缺乏从事创新活动的足够激励，因为创新所产生的"租"可能为企业的全体劳动者共同享有，从而无法实现"将个人的经济努力变成私人收益率接近社会收益率的活动"（诺斯语）。以后的分析将会表明，通过产权制度上的改革，经济民主企业可以克服这些缺陷。

在经济增长方面，民主制经济和资本主义经济各有利弊。但我认为，

---

① Vanek, Jaroslav, *The Participatory Economy: An Evolutionary Hypothesis and a Strategy for Development*, Ithaca, N. Y., Cornell University Press, 1971, p. 37.

前者的表现至少不比后者差。在20世纪60年代末到80年代初，当整个西方世界在经济增长方面的表现如此之差时，日本、南斯拉夫和以色列却都实现了经济增长的奇迹。在下一章我将指出，这些国家的企业制度都带有经济民主的某种性质。如果考虑到资本主义经济的经济增长所必然带来的种种负面效果，那么民主制经济在这方面就会胜出。新剑桥经济增长模型深刻地揭示了资本主义的经济增长所产生的种种恶果，它们包括：收入分配的两极分化，"富裕中的贫穷"，环境的污染，资源的耗竭等，这意味着只有社会上的一部分人才能享受到经济增长的好处，这也意味着资本主义的经济增长是以牺牲下一代人的利益为代价而实现的。这个社会的政治哲学的基本观点是：死人没有权利，这个世俗的地球和其上的一切东西，都属于目前活着的这一代居民（杰斐逊语）。

我还认为，低增长并不是坏事，如果增长意味着污染和贫富两极分化，那么我们宁愿不要这样的增长。在这里，我要引用小穆勒在反对为增长而增长和为财富的静止状态所辩护时所阐述的深刻观点："如果人民大众从人口或任何其他东西的增长中得不到丝毫好处的话，则这种增长也就没有什么重要意义。我不明白，那些已经比他人富有的人钱财增加一倍（这几乎不会或根本不会增加他们的快乐，而只是使他们能炫耀自己的富有），或者每年有一些人从中产阶级上升为有钱阶级，从有事可干的富人变成无所事事的富人，这一切究竟有什么值得庆贺的。只有在落后国家，增加生产仍是一项重要目标。在最先进的国家，经济上所需要的是更好地分配财产。"[①] 他也谈到了经济增长和人口增加造成的环境破坏和资源枯竭："一想到世界将丧失其生机盎然的景象，变得一片光秃，每一寸能为人类种粮食的土地都将被耕种，每一块长满花木或青草的荒地都将被翻耕，所有野生禽兽都将因为与人争食而被灭绝，人工栽种的每一个灌木或多余的树木都将被砍除，野生灌木和野花都将在农业改良的名义下被当作野草而予以铲除，想到这样的世界，就叫人不舒服。如果仅仅为了使地球能养活更多的而不是更好、更幸福的人口，财富和人口的无限增长将消灭

[①] 〔英〕约翰·穆勒：《政治经济学原理》下卷，胡企林等译，商务印书馆，1991，第320～321页。

地球给我们以快乐的许多事物,那我则为了子孙后代的利益而真诚地希望,我们的子孙最好能早一些满足于静止状态,而不要最后被逼得不得不满足于静止状态。"① 穆勒的这段话显然是为人类的子孙后代而写的,在一个半多世纪以后的今天,乃至在更加遥远的未来,这些话都具有而且越来越具有重要的警示意义。

如果没有对总供给和总需求的外部冲击,民主制经济很可能沿着充分就业(或接近这一水平)的路径实现稳定的增长。由于市场经济存在着不确定性,所以民主制经济也必须执行宏观经济政策。但在这方面,民主制经济又表现出优势来,因为它具有比资本主义经济更丰富的调控手段。霍尔瓦特分析了民主制经济调节机制的五种类型,并将其形象地比喻为"五只手":第一只手即是亚当·斯密所说的"看不见的手",自由市场竞争将把各个企业追求自身利益的行为引导到社会福利的增进上;第二只手是中央计划即"看得见的手",这种计划是参与性的,而不是行政性的,它是一种预测的工具,协调经济政策的工具和作为经济发展的指导工具;第三只手是经济政策即"间接的手";第四只手是信息生产和提供即"改善的看不见的手",它主要包括为经济决策人提供全面、准确的信息和运用现代预测方法降低对未来的不确定性;第五只手是市场外的非行政性协调即"改善的看得见的手",包括各种大量的合同、咨询和仲裁,它们都是与国家行政指令有本质区别的非市场协作工具。② 此外,国家还执行积极的投资政策以确保经济增长。

第七节 经济民主的非经济福利效果

英国福利经济学创始人庇古把作为一种意识状态的"福利"分为"经济福利"和"非经济福利"两类,前者被定义为"与货币量度相关的群组

---

① 〔英〕约翰·穆勒:《政治经济学原理》下卷,胡企林等译,商务印书馆,1991,第321~322页。
② 参阅〔克〕勃朗科·霍尔瓦特《社会主义政治经济学:一种马克思主义的社会理论》第12章,吴宇晖、马春文、陈长源译,吉林人民出版社,2001。

满意感与不满意感"①，后者是指不能用货币计量的、有助于形成人类良好品德的心理因素。他这样写道："人类既将'自己作为活着的目的'，也将自己作为生产的工具。一方面，人被自然与艺术之类所吸引，其品格单纯忠诚，性情得到控制，同情心获得开发，人类自身即成为世界伦理价值的一个重要部分，其感受与思想的方式实际上构成了福利的一部分；另一方面，人可以进行复杂的工业操作，搜求艰难的证据或者改进实际活动的某些方面，成为一种非常适合生产可以提供福利的事物的工具。人类为之做出直接贡献的前一种福利就是非经济福利，而为之做出间接贡献的后一种福利就是经济福利。"② 前一种福利是学习如何做人，后一种福利是学习如何做事，而"为造就人们成为良好工具的努力，可能引致为造就人们成为良好个人的失败"③。经济民主的优点不仅表现在如何做事方面的效率上，也表现在造就良好个人方面的成功上。

按照马克思的观点，人们在生产上结成的关系将决定他们之间的经济关系和其他社会关系。瓦内克也指出，"无论是参与制经济的'自己活也让别人活'这一原则的活力，还是企业内主要冲突根源的消除，必然会在人的态度和人的关系上得到彻底的反映，即使是在经济领域以外也是如此，因为活动在经济、社会、智力、家庭和宗教等不同领域的人们，一般来说，是带着同样的习惯、偏见、经验和态度，从一个领域进入另一个领域的"④。经济民主所体现的生产关系和经济关系必将对个人和社会产生深远的有益影响，并对人们的经济生活、政治生活和社会生活乃至心理活动都将发挥无可估量的积极作用。

首先，人们的精神面貌和道德水准将发生根本性的改变。参与和分享的实质及必然的结果是经济权力、财富和收入分配的均等化或平等化，这意味着人们在经济上是平等的。如果民主的理念和治理原则同时在经济领域和政治领域得以贯彻实施（政治民主加经济民主），那么社会就实现了

---

① 〔英〕阿瑟·庇古：《福利经济学》，金镝译，华夏出版社，2007，第19页。
② 〔英〕阿瑟·庇古：《福利经济学》，金镝译，华夏出版社，2007，第10~11页。
③ 〔英〕阿瑟·庇古：《福利经济学》，金镝译，华夏出版社，2007，第11~12页。
④ Vanek, Jaroslav, *The Participatory Economy: An Evolutionary Hypothesis and a Strategy for Development*, Ithaca, N.Y., Cornell University Press, 1971, p. 28.

人们在社会地位上的平等，他们在经济、政治和社会上具有同等的权利和相同的机会。社会上的每一个人都是自由而又平等的。只有在一个人们之间的社会地位真正平等的社会里，每个人才是自尊的，因为他或她将"自己作为活着的目的"，不把自己当作实现他人目的的手段，也不把别人当作实现自己目的的工具。命运就掌握在自己的手里，而不需要由他人来支配。经济效率的提高和收入分配的平等将使每个人都过着有尊严的生活，他们不需要也不屑于做那些违背自己的良心和践踏自己的尊严但为了生存不得不做的事情。这便是我国古训所云："有恒产者有恒心"和"衣食足而知荣辱"。在一种稳定和安全的经济环境中，人们都是自信的，因为他们可以形成对未来的确定性预期。所有我们在上面提到的，与经济民主制度相联系的非经济福利都将有利于形成健全和健康的人性、人格和心理特征，而后者将有助于塑造高尚的道德情操，它们是勇敢、正义、正直、善良、诚实、同情、认真、负责、谦虚、谨慎等我们所能想象到的一切美好的品格，或者是我国儒家所倡导的仁、义、礼、智、信，但去掉了效忠统治阶级的内容。人性的弱点和人格的缺陷总是有的，如爱恨情仇、羡慕嫉妒恨等，但在形成了个人理性和社会理性的条件下，它们不至于产生严重的社会后果。而在一个权力、财富分配不平等的社会里，人有高低、贵贱、尊卑之分，而区分的尺度在于金钱的多寡和等级制权力阶梯的位置高低。当一些人必须仰仗于另一些人才能生存或生活得较好时，前者便失去了做人的尊严，他们不再是目的，而是其他人达到目的的手段，或者他们把别人当作实现自己目的的手段；就是说他们不再是人了，不是被尊重的对象，而是被随意摆布的物或工具。一个分裂的社会必将产生人性的扭曲、人格的分裂和病态的心理，关于这一点，西方马克思主义哲学家和经济学家已做了非常精辟的分析，无需赘述。

其次，人们之间的合作和团结将会得到加强，从而达到一种双赢的局面。经济民主本身就是一种团结的合作组织，这个组织内的每一个人都是有价值的，不仅对他或她自己，而且对其他人和对集体也是有价值的。在这样一种企业文化的氛围中，劳动者将学会合作和团结，并将此种精神带到社会的其他方面去。而资本主义经济的文化精髓是以自我为中心的个人主义，这意味着人与人之间彼此不再是相互的目的，而是为了达到各自目的而互相利用的手段。资本主义的经济人是从个人理性出发来处理他与其他人之间的关系的,他们之间是不会展开合作和团结的,而只会竞争和博弈,其结果必然是"囚徒的困境"所揭示的双输结局。

卢梭曾对资本主义的人与人之间的关系有这样一段非常精彩的描写:"你喜欢怎样赞美人类社会就怎样赞美吧,可是无论如何人类社会必然是:人们的利害关系越错综复杂,相互忌恨的心理便越增长。于是人们表面上像是互相帮助,实际上却无所不至地在互相残害。在人与人的交往中,每个人的理性都给自己指定一些准则,而这些准则与公共理性对社会全体所指定的恰恰相反,每个人都在他人的不幸中追求自己的利益……恐怕没有一个有钱人不被他那贪婪的继承人(而且这些继承人还往往是他亲生的子女)暗暗祝祷死亡的;没有一个在海上航行的船只的遭难,对某些商人来说,不是一个喜信;没有一个恶意的债务人不愿意他的债权人的商号发生火灾,将所有的账据一齐烧掉的;没有一个民族不庆幸它的邻族的灾难的。就是这样,我们从我们同类所遭受的损失中获得自己的利益,这一方的损失差不多总会造成另一方的繁荣。但是更危险的是,公共灾难竟成为许多人的期待和希望;有的人愿意疾病流行;有的人愿意人们死亡;有的人希望战争;有的人希望发生饥荒。我曾看见一些可怕的人,见到丰收的景象,反而悲伤落泪。伦敦城悲惨的大火灾,使多少不幸者牺牲了生命,丧失了财产,可是也许造成了一万以上的人发财的机会……在某种世态中,人们不得不相互爱抚而又相互伤害;由于义务,人们生来就是仇敌;由于利益,人们必须相互欺骗,这是何等的世态!如果有人对我说,社会就是这样组成的:每个人为他人服务就可以获得自己的利益。那么,我将答辩说,那当然是很好的,如果他不因损害他人还能获得更多利益的话。绝没有一种合法的利润能够比得上非法取得的利润,而损人的事情总是比为别人服务更有利可图。问题只在于如何使自己逍遥法外不受惩罚。所以在这上面强者要用尽他的势力,弱者要用尽他的诡计。"①

最后,经济民主有助于实现社会的和谐和稳定。每个人都生活在不同

---

① 〔法〕让—雅克·卢梭:《论人类不平等的起源和基础》,李常山译,商务印书馆,1962,第 159~161 页。

的圈子里,与不同的人打交道。最小的也是最为核心的是由爱情、亲情和友情维系的熟人圈子,我们将其叫作"家庭"。第二个圈子叫作"共同体",它是由不同的个人或家庭为了某种目的而结成的社会团体,其中最主要也是最重要的是劳动组织或"经济共同体",在这里,人们开展劳动,创造产品和收入。不像由共同的爱好、兴趣、利益和需要而组成的社会团体,如网球俱乐部,保护动物协会等,经济共同体是由爱好和兴趣各不相同、利益和需要各异乃至对立的人们为解决最迫切的生存问题而组成的,因此需要有好的经济制度将他们凝聚在一起而不使其相互博弈。最后一个更大的圈子叫"社会共同体",在这里,人们要同自己不认识的人打交道,同他们发生市场交易关系、法律关系和政治关系,在这里也需要有好的政治制度和法律制度来调节人们之间的各种关系,而不至于使其相互厮杀。人们的活动穿梭于这三个不同的领域之间,他们所扮演的角色和所承担的责任也随着活动内容的不同而变化:在家庭,他们可以是父母子女;在经济共同体中,他们可以是同事、管理者和被管理者或者上下级;在社会上,他们可以是消费者或供给者、委托人或代理人以及选民或臣民等。在前两个领域,人们之间的关系是最密切的也是最稳定的,因而在这里,像传统的文化、伦理和道德等这些非正式约束是最有效的。在最后一个领域,正式约束或法律制度对规范人们的社会行为是最有效的。

总之,社会是否和谐和稳定,取决于家庭、经济共同体和社会共同体之间的关系,以及正式约束和非正式约束是否健全和它们之间的合理搭配。这其中,经济共同体扮演了至关重要的角色,因为经济基础决定上层建筑。一个人在经济共同体上的地位实际上决定了他或她在家庭和社会中的地位。一个靠社会救济的失业者或一个在企业里干着最卑微的工作、拿着最微薄的工资的人,他或她在家庭和社会中的地位也必定是卑微的。由于假定经济共同体是目标一致和利益共同的组织,主流的经济学和政治哲学忽略了经济共同体对社会稳定的作用,他们只研究个人在经济市场上和政治市场上的利益最大化行为,以及经济制度和政治制度对个人行为的各种制约,这样一来,稳定社会的三脚架就变成了两脚架:个人或家庭与政府。经济民主所体现的经济关系以及对人的思想和道德水平所产生的积极影响将有助于家庭和社会的和谐与稳定,因为权力、财富和收入分配的均等化将铲除阶级产生的根源和由社会分层而产生的隔阂,自由、平等、自尊、自信、团结和合作将带来社会的道德革命,人们将安居乐业,社会将繁荣昌盛。按此发展下去,就可以想象孔子所描述的"大同世界":"大道之行也,天下为公。选贤与能,讲信修睦,故人不独亲其亲,不独子其子,使老有所终,壮有所用,幼有所长,矜寡孤独废疾者,皆有所养。男有分,女有归。货恶其弃于地也,不必藏于己;力恶其不出于身也,不必为己。是故谋闭而不兴,盗窃乱贼而不作,故外户而不闭,是谓大同"(《礼记·大同篇》)。

　　以上的阐述包括了我在本章所要论证的全部命题。为了加强我的论点,我在这里不惜多费笔墨再把它们总结如下:经济民主企业是在制度和组织上对资本主义企业的根本性改造,劳动雇佣资本是该组织最基本的制度特征,而全体劳动者参与集体决策和分享集体收入是该组织制度的两个最基本的运行特征。实际上,经济民主塑造的是一种全新的生产关系。在一个以参与和分享为基本原则组成的经济共同体中,每一个人都既是劳动者,又共同承担管理的责任;既是决策的执行者,也亲身参与决策过程。在这里,没有高低贵贱之分,只有劳动分工的不同。劳动者实现了在经济地位上的真正平等,而在报酬分配上体现出来的公平或公正性质将缩小劳动者之间实际不平等的差距,从而有助于巩固劳动者之间的真正平等。劳动者将不再是实现企业目标的工具,而企业的目标就是他要实现的目标。劳资之间的对抗性质消除了,劳动过程、劳动者和劳动产品的异化性质被彻底地铲除了,管理者和劳动者之间在资本主义制度中的分离状态也消失了,这就消除了资本主义企业内部产生冲突的主要根源。瓦内克这样写道:"用不着掌握高深的经济学知识便可以懂得这样的事实,在参与制度下,一般来说,不会发生劳动与管理之间的冲突。因此,罢工和其他类型的公开经济冲突给社会和个别企业所造成的损失得以消除,敌意、愤怒和仇恨所引起的道德和精神退化也得以减轻。"[1]

　　这种全新的生产关系决定了民主制经济的经济绩效。正是由于参与和

---

[1] Vanek, Jaroslav, *The Participatory Economy: An Evolutionary Hypothesis and a Strategy for Development*, Ithaca, N.Y., Cornell University Press, 1971, p. 27.

分享，经济民主企业把职工的切身经济利益与企业的经营绩效紧密地联系在一起，从而在很大程度上改变了资本主义企业的运行特征，并且可以纠正由后者在市场经济运行中必然导致的效率丧失和种种不公正的现象。第一，它消除了劳动、劳动者和劳动产品的异化性质，这将极大地刺激劳动者的生产积极性。第二，它极大地节省了生产成本，特别是监督成本和代理成本。第三，它可以实现较大程度的收入分配的平等化，一种合理的分配制度也必将提高劳动者的生产积极性。第四，它具有一种自动地纠正由外部性、垄断和信息不对称而产生的市场失灵的自然趋势。以上四点保证了民主制经济的微观效率。第五，工资的弹性和收入分配的平等性，将使经济民主企业更能适应市场需求的变化，从而实现充分就业和价格稳定。如果不是来自供给和需求的外部冲击，民主制经济将实现长期稳定的增长，这保证了民主制经济的宏观效率。总之，通过在产权制度上的改革和对组织存在的缺陷的进一步改造，以及通过正确地制定和执行各项宏微观经济政策，民主制经济可以实现资源有效配置、收入分配均等化、充分就业、物价稳定和经济增长。

这种全新的生产关系必定会体现在人们之间的经济关系和社会关系上。在主要以经济民主企业组成的民主制经济中，经济组织之间的关系体现了以分工为基础的合作关系，一种"自己活也让别人活"的崭新关系。在经济领域之外，经济民主也将发挥积极有益的作用。

早在一个半多世纪之前，小穆勒就非常清楚地表达了工人合作企业相比资本主义企业所具有的全部优越性，他这样写道，"合作运动还将以另外一种方式更有效地促进生产力的提高，那就是合作运动将极大地刺激劳动者的生产干劲，因为它将使全体劳动者与其所做的工作发生密切关系，他们将用最大的努力而不是尽量少的努力来换取自己的报酬，这将成为他们的行为准则，同时也是他们的利益所在。由此而带来的物质利益，无论怎样评价都不过分，但这种物质利益却是无法和随之而来的社会道德革命相比拟的：资本和劳动之间的长期不合将被消除；人类的生活将不再是各阶级为了谋求相互对立的利益而展开的争斗，而将成为追求共同利益的友好竞争；劳动的尊严将得到提高，劳动阶级将具有安全感和独立感，每个人的日常工作将变为对社会同情心和实用智慧的培养"①。

必须指出的是，只有出现了将高级的参与制和高级的分享制紧密结合在一起的民主制经济，才能充分地发挥出经济民主在提高经济效率方面的所有潜能；而只有出现了劳动雇佣资本的企业制度，才能保证这一点。在资本雇佣劳动的企业里，正如我在本书第四章将要指出的，也能在不同程度上实现参与和分享，从而可以在不同程度上改善资本主义经济的运行效率，然而这并不足以充分发挥出经济民主的全部好处。

---

① 〔英〕约翰·穆勒：《政治经济学原理》下卷，胡企林等译，商务印书馆，1991，第359页。

第四章
经济民主的经济史

> 劳动的政治经济学对财产的政治经济学还取得了一个更大的胜利。我们说的是合作运动,特别是由少数勇敢的"手"独力创办起来的合作工厂。对这些伟大的社会试验的意义不论给予多么高的估价都是不算过分的。
>
> ——卡尔·马克思

经济民主并不是仅仅停留在字面上或脑海里的一种理想主义的设计,它是历史上许许多多知名的和不知名的有识之士为实现更人道、更美好社会而对现存的、不合理的劳动组织和经济制度进行的改良、改革和改造的实践和试验。就其形式和内容而言,这种实践和试验都是以参与制和分享制来改造传统资本主义企业的决策结构和分配结构,以改变该企业制度所表现出来的种种令人无法忍受之处;就其性质而言,又分为两种不同的情况:一种是在不改变资本雇佣劳动的条件下的参与和分享,另一种是在劳动雇佣资本的条件下的参与和分享。前者是一种低级形式的参与和分享,又叫"劳资合伙制企业";后者是高级形式的参与和分享,即我所说的经济民主,它通常是在资本主义的经济环境中生存着,并且与资本主义企业制度形成鲜明的对照,因此它又被称为"工人合作工厂"和"工人合作制企业"。本章的前六节描述的是工人合作制企业在国外的生存和发展的情况及问题,后五节是关于劳资合伙制企业在西方国家的情况。

第一节　西方国家的工人合作运动

工人合作制企业是一种既古老又崭新的企业制度。说它古老，是因为自从罗伯特·欧文（Robert Owen，1771－1858）第一次在新拉纳克的试验以来，两个世纪过去了，在这200年间，西方的工人合作制企业在充满敌意的资本主义环境和激烈的市场竞争环境中顽强地生存了下来；说它崭新，是因为对于那些既反对资本主义也批判斯大林模式的西方社会主义者来说，"合作社被视为一种有潜在的成功可能性的组织形式，在这种形式中，社会主义理想并不一定同商业活力相抵触"①。正是在这种情况下，一些基于理想主义和古老传统发展起来的组织形式重新燃起了人们研究的兴趣，这些理想主义和古老的传统，体现在19世纪的生产者合作社中，体现在巴黎公社中，基尔特社会主义中，工团主义中，也体现在俄国革命早期自发的苏维埃中。

在英国，合作制的种子是由英国伟大的空想社会主义者罗伯特·欧文播下的②。欧文的合作思想在工人阶级中间受到热烈拥护的理由并不复杂。马克思指出："一个除自己的劳动力外没有任何其他财产的人，在任何社会的和文化的状态中，都不得不为占有劳动的物质条件的他人做奴隶。他只有得到他人的允许才能劳动，因而只有得到他人的允许才能生存。"③ 19世纪的资本主义，正如马克思所形容的，从头到脚，每个毛孔都滴着血和肮脏的东西；或者像海尔·布伦纳所说的，是一个我们一回首便感到汗颜的时代。风起云涌的工人合作运动出现在号称"饥饿的四十年代"（the

---

① 〔英〕索尔·埃斯特林：《工人合作社：优长及局限》，埃斯特林和格兰德编《市场社会主义》，邓正来等译，经济日报出版社，1993，第172页。
② 虽然欧文第一次使合作运动普及到全国水平，但他不是合作社的主要发明者。在英国，合作运动可以追溯到18世纪中叶，创始人是受政府雇佣的在沃尔卫兹（Woolwich）和开特汉姆（Chatham）船舶修造厂的工人。早在1760年，为了反对因私人磨坊主的垄断而造成的高价，这些工人在合作的基础上成立了一个磨坊，后被私人磨坊主纵火烧毁。1777年，伯明翰的裁缝被认为是工人自我管理的生产者合作社的先驱者。而傅立叶对法国合作运动所做的一切恰与欧文对英国合作运动所做的一切一样。
③ 〔德〕卡尔·马克思：《哥达纲领批判》，《马克思恩格斯选集》第3卷，中央编译局译，人民出版社，1972，第5页。

Hungry Forties，1845－1854）绝不是偶然的。它不仅是因为爱尔兰土豆的歉收而引起的大饥荒，也是因为工业革命给工人阶级带来的苦难。在资本主义工厂制度中，工人已经沦为机器和资本的附属物，成为一种兵营式纪律下的雇佣劳动者。他们的劳动权利乃至生存的权利丝毫得不到保证，劳动时间极长，劳动条件极端恶劣；同时由于大量使用童工和女工以及产业后备军压力，工资水平被压低到极其悲惨的最低点。饥饿、劳累、伤亡累累、失业、愚昧和道德堕落是资本主义工厂制度给工人阶级带来的后果。

这是一个绝望的年代。这种绝望是建立在再也没有比现在所经历的更差的了这种感觉上，并且以无助的形式——卢德大军运动——表现出来。在社会主义思想家的宣传和启示下，工人阶级的绝望变成了对即将到来的一个互助、社会平等和博爱的新的道德世界的渴望；在这个世界里，人们可以避免尔虞我诈的竞争的工业主义而生活在幸福的状态里；为了共同的幸福而使用资本，"在自己的土地上一起生活，在自己的工厂和车间里一起工作"（罗奇代尔先锋社成立宣言）。正是在这种情况下，社会主义思想家传播的通过合作经营来解放劳动的思想，便在工人阶级中间开花结果了。许多工人渴望通过占有工厂成为工厂的主人来赢得做人的尊严，他们不仅决心不再为工厂老板干活，而且组织起来为自己干活，同时还决心不惜付出任何劳动和忍受任何困苦，使自己不再为使用资本支付高昂代价。于是，他们就动手干了起来。但是，对工人来说，建立合作制企业的最主要的困难是如何获得资本。一般来说，工人获得资本的主要途径有三个：一是自筹资本，二是接管资本家工厂，三是靠政府贷款。

选择通过自筹资金来获得资本本身就需要巨大的勇气和坚忍不拔的信念，因为它是一条充满荆棘的痛苦之旅。这正如小穆勒所观察的那样："大多数这类合伙企业的资本，最初只是创建者带来的几件工具，以及他们能够凑集的或从与他们一样贫穷的工人那里借的数量很少的资金……他们除了自己的微薄力量和工人兄弟的少量借款外一无所有，他们过着极为清苦的生活，而把全部节省下来的钱用于资本积累……他们常常身无分文，发不出工资。货物销不出去，欠款收不进来，尽量削减一切开支，有时仅仅靠面包和凉水维持生存。……正是在困苦和忧虑的煎熬下，这些创业时几乎身无分文而只有良好的愿望和双手的人，终于招来了顾客，获得了信用，拥有了自己的资本，建立起了发展前途稳定可靠的合伙企业。"①小穆勒在《政治经济学原理及其在社会哲学上的若干应用》的"论劳动阶级可能的未来"一章中，详细地记述了工人合作制企业的艰苦创业历程。如1848年法国数百名工人计划合伙建立一座钢琴制造厂，他们选出代表，请求政府提供30万法郎的资助。"要求遭到拒绝后，建立大企业的计划也就成为泡影。但有14个工人决心自己建立一个合伙企业。……对于这些自己没有钱也借不到钱的人来说，该计划确实有很大风险，但信仰就是信仰，它是不管什么风险不风险的。于是这14个人就干了起来"，"有几个从前单干的人，带来了工具和原料，价值约2000法郎。除此之外，还需要一笔流动资本。每个人好不容易各拿出了10法郎。一些未加入该企业的工人也捐献了一些钱，以表示支持。1849年3月10日，共筹集到了229.5法郎，于是该企业宣告成立。这笔钱少得连维持开业，支付一个车间的日常开支都不够。根本没有多余的钱开工资，将近两个月，他们手头没有分文。这期间他们是怎样生活的呢？他们像失业工人那样，靠分享在业工人的收入生活，或靠一点点地典卖自己的少量财物生活。他们终于完成了几项订货，于5月4日那天接到货款。这天对他们来说像打了一场大胜仗，他们决心庆祝一下。付清所有到期的债款后，每个人可以分到6法郎61生丁。他们一致同意，每个人只领5法郎作为工资，剩下的钱用来搞一次聚餐。14位股东大都一年没有喝酒了，那天他们带着妻子儿女一同参加了聚餐。每家花了32个苏。直到现在，他们谈到那一天仍很激动，听者往往也不知不觉受到感染"②。

"这些协会大都公开宣称信奉这样的原则，即它们的存在并不仅仅是为了增进单个会员的私利，而且还是为了促进合作事业的发展。所以，随

---

① 〔英〕约翰·穆勒：《政治经济学原理》下卷，胡企林等译，商务印书馆，1991，第342~43页。在该书的第三版中，小穆勒对《论劳动阶级可能的未来》一章做了重大的修改和补充，用他自己的话来说，根据"法国合作制所提供的经验大大充实"。该章对直到他那个时期的合作运动和合伙运动做了极其精辟的分析和总结，是我们研究西方国家早期合作运动的经典文献。

② 〔英〕约翰·穆勒：《政治经济学原理》下卷，胡企林等译，商务印书馆，1991，第343~344页。

着营业额的扩大，它们不断吸收新会员，这些新会员并不像雇佣劳动者那样仅仅领取工资，而是立即享受协会的全部利益，除劳动外，并不要求他们给协会带来什么，只要求他们服从这样一个条件，即在加入协会的最初几年年终分红时只领取较小的份额，以表示自己也像创立者那样做出了牺牲。会员有退会的自由，但退会时不得带走资本，而应把资本全部献给慈善事业或公共事业。每年的利润中一固定的而且一般说来很大的比例并不分配给会员，而是并入协会的资本，或用来偿还以前的借款；还从年利润中留出一部分用来补助病残会员，并用一部分年利润扩大合作事业，或援助其他遇到困难的协会。经理像其他会员一样也领取工资，只不过其工资率通常最高而已，但却严禁利用职权谋取私利。……它们大多数几乎完全没有资本，正在前人没有走过的道路上探索，像发明家和创业者那样要冒种种风险。尽管如此，在已经建立了工人协会的许多行业中，它们已成了老商号的可怕竞争对手……这些协会的确具有很强大的生命力，其中大约20个不仅顶住了对社会主义的敌视，不仅顶住了警察的骚扰和篡位时代以来政府的敌对政策，而且还克服了1854至1859年金融和商业危机带来的所有困难。一些协会甚至在克服这种困难的同时还获得了发展……在这种情况下，谁还能怀疑合作原则具有光明灿烂的未来呢"[1]。

工人接管资本家工厂的历史与工人运动的历史同样悠久。在1819年的2月，英国烟草工人在罢工11周之后，开始自己组织生产。在1964年的阿根廷，300万工人在总罢工中占领了4000个工厂，并开始组织生产。一般来说，工人接管工厂的原因有三个：（1）工厂负债累累，停发工人的工资；（2）工厂濒临倒闭；（3）工厂被资本家遗弃。所以，工人接管工厂，其实是一种自救的行为，这正如埃斯特林所指出的，"合作社的产生是在资本主义的雇主在破产之后工人们为保护工作而进行的自我保护行为"[2]。值得一提的是，英美、拉丁美洲和其他国家的经验表明，那些因资本家经营不善而濒临倒闭和已经倒闭的企业，在转变成工人合作制企业以后，都重新

---

[1] 〔英〕约翰·穆勒：《政治经济学原理》下卷，胡企林等译，商务印书馆，1991，第349~351页。

[2] 〔英〕索尔·埃斯特林：《工人合作社：优长及局限》，埃斯特林和格兰德编《市场社会主义》，邓正来等译，经济日报出版社，1993，第173页。

恢复了生机。这说明工人合作制企业在运行效率方面具有资本主义企业无可比拟的优越性，正是这一点吸引了许多西方经济学家的注意和研究。

在社会主义革命时期，工人政府通过没收手段剥夺剥夺者，使工人接管工厂的运动空前高涨。如1871年4月16日，巴黎公社通过一项法令，命令登记工厂主停工的工厂，拟定把这些工厂的原有工人联合成一些合作社来开工生产的计划，并拟定把这一切合作社结成一个大联盟的计划。再如，1917年俄国二月革命之后，列宁在著名的《四月提纲》中提出了立即将资产阶级民主革命转变为社会主义革命，他的战斗口号是：政权归苏维埃！土地归农民！给人民以和平！不久，工人增加了另一个口号：工厂归工人！十月革命的两周之后，新的苏维埃共和国政府通过了"工人控制法令"，该法令规定由工人代表组成的委员会监督整个工厂的运营，它的决议对全体工人有约束力。

在西方国家，资产阶级政府对工人合作制企业的态度也有一个根本性的转变。对欧文和傅立叶的方案，政府官员嗤之以鼻，并认为他们是疯子。但近年来，特别是20世纪60年代以来，政府对工人合作制企业采取明显的支持态度。如智利政府为自治的农业合作社提供资本，秘鲁政府也为工人管理的乡镇企业和工业企业提供资本，美国农民家庭管理局（U.S Farmers Home Administrations）支持贝茨制造厂（Bates Manufacturing），经济发展局支持苏什比德皮革厂（Sooth Bead Lathe），以及拉什工厂（Rath Metpacking）得到了房屋和城市发展部（Department of Housing and Urban Development）460万美元的贷款。英国成立了合作银行，支持新工人合作制的建立；而英国工党政府在1974年为了挽救三个破产企业，由贸易和工业部提供资金，把它们变成了合作企业，当时英国的贸易和工业部大臣是托尼·本（Tony Benn），所以这些合作社被称为"本"合作社。

资产阶级政府对工人合作制企业的扶植，一般来说，有两个原因：一是为了缓解劳资之间的矛盾和对抗。在资本主义性质的企业中，雇主与工人代表着两个利益相互冲突的社会阶级，高利润意味着低工资，反之亦然。这必然导致资本家阶级与工人阶级之间的阶级斗争。在这场阶级斗争中，工会被创造出来作为工人阶级的战斗组织，但是当阶级冲突更加激烈时，传统的集体谈判就会伴随着工人控制这一更为激进的要求。政府对工人合作制的扶植是对工人这一要求的让步。这正如埃斯特林说的:"大多数合作社则往往是在当地政府的鼓励和支持下从无到有组织起来的,这也是很多工人实实在在努力的部分结果。"① 二是为了改善资本主义经济运行的效率。资本主义经济运行存在的主要问题是:由于劳资对抗而丧失微观效率,以及由于财富分配有欠公平而造成的社会问题和宏观运行的不稳定。虽然资产阶级政府一直在寻找解决这些问题的办法,但这些问题都是资本主义企业制度造成的,因而也是在资本主义经济制度的范围内无法解决的。一些国家和政府认识到工人合作制企业所具有的优越性,并且试图推行这种企业制度和组织形式,或者将这种企业制度的某种特征与现行的企业制度嫁接起来,以解决劳资冲突和提高效率。总之,正像霍尔瓦特所说的,"当遭遇到特殊的经济问题和传统的政策失败时,工人管理就试图作为一种解决办法。土耳其政府试图通过使工人参与管理来改善臭名昭彰的国有企业的亏损。在北部瑞典,由于私人企业为了得到政府补助而进入该地区,之后又宣称无利可图而撤离,使政府的工业化政策失败。于是就自然得出这样的结论:应当建立工人管理的企业,并资助它们,因为它们不会撤离。在法国,参与制被认为是经济中增长的官僚主义化的唯一替代物。在英国,在资本和劳动的对立陷入僵局的地方,逐渐形成这样一种意识:如果经济的雪崩要被制止,传统的工业组织就必须被真正不同的组织所代替"②。

第二节 罗奇代尔公平先锋社和罗奇代尔原则

在 19 世纪 40 年代欧美出现的工人合作运动的热潮中,大多数合作社都以失败告终,但也出现了一些卓有成效的合作社,著名的"罗奇代尔公平先锋社"(Rochdale Society of Equitable Pioneers)就是其中最有影响的合作社之一。该合作社是在欧文主义者的影响下于 1844 年在英国的罗奇

---

① 〔英〕索尔·埃斯特林:《工人合作社:优长及局限》,埃斯特林和格兰德编《市场社会主义》,邓正来等译,经济日报出版社,1993,第 173 页。
② 〔克〕勃朗科·霍尔瓦特:《社会主义政治经济学:一种马克思主义的社会理论》,吴宇晖、马春文、陈长源译,吉林人民出版社,2001,第 213 页。

代尔镇成立的世界上第一个成功的和具有现代意义的工人合作组织，它在创建过程中所提出来的一系列办社原则，后被1895年成立的国际合作社联盟（International Co-operative Alliance，ICA）称为"罗奇代尔原则"（The Rochdale Principles），这一原则对世界各国的合作运动具有重大的影响和指导意义。

罗奇代尔是英格兰纺织工业中心曼彻斯特市以北约40公里的一个工人聚居的小镇，当时该镇人口有2.5万多，周围有4万多居民。这里手工纺织业非常发达，出产毛纺织品和法兰绒已有几百年历史，在英国久负盛名。1820年，该镇的工场主买进了第一部棉纺织机，以后陆续引进了多种纺织机械。资本主义的机器大工业给手工业者带来了巨大的威胁，那些凭借手工技巧谋生的小生产者无法与使用机器的资本家工厂竞争，相继破产失业。这些手工业者为了维护生存的权利，曾经发起一些捣毁机器等暴乱的行动，但都遭到政府军队的镇压。为了生存，这些手工业者不得不丢弃原有的手工技术，到资本家的工厂里做工，成为现代工厂制度的俘虏。随着失业者的增多，游离于劳动市场出卖劳动力的人数越来越多，劳动市场的供求关系发生了明显变化，从而使劳动力的价格日益下降。在纺织厂工作的工人的周工资开始约为1镑，到了1840年降到7先令左右，女工只能拿到男工的1/3，即2先令6便士。同时，工厂大量使用廉价的童工，每周只发给1便士工资。不仅如此，工厂主还常常以到指定商店购物的购货券代替工资现金，那里不但商品质量差，而且价格更高。工人在这里受到了双重的剥削，一是工厂主的剥削，一是商业资本家的盘剥，这使他们的生活状况日益恶化。当时英国下议院一位议员的报告称罗奇代尔镇是"饥饿之城"。

为了改变自己的悲惨命运，一些穷苦工人和失业工人聚集在一起讨论他们可以做些什么。罗奇代尔地处兰开夏郡和约克夏郡之间的交通要冲，当时各种流派的社会、政治、宗教激进思潮在这里交汇，信息灵通，人们思想活跃。先锋社创始人大多分别参加各个流派的活动，包括欧文派、宪章派和一神教派等。当地有个习惯，周末常有一些人聚集在一起讨论他们关切的问题。创办公平先锋社的倡议最初就是在一个自由集会讨论中提出的。宪章派拥护者认为最重要的是争取普选权，有了普选权，人民就能自已制定人民宪章,从而实现社会正义,改变他们受屈辱的社会地位和经济状况。罗奇代尔法兰绒织布工人委员会成员在会上提出的问题和建议则现实得多。他们提出的问题是:"什么是改善穷人状况的最好手段?"他们的建议就是创办合作社,依靠合作社把命运掌握在自己手里。后来成为先锋社创始人的一些人当场表示支持这个建议。1843年,罗奇代尔镇的13名工人发起组织合作社,定名为罗奇代尔公平先锋社。他们经过大约一年时间的认真讨论、策划和筹备,总结了以往合作社失败的教训,设计出一套新的办社原则——罗奇代尔原则,并决定筹集股金,自愿入社者每人1英镑。到1844年,决定参加合作社的已增至28人,每名工人每星期交两便士,后来增至每星期3便士,最初创业的28英镑资本便是这28个工人一点点地凑集起来的。合作社于1844年12月21日晚正式营业。

　　由于合作社开始只有28英镑股金,经营规模较小,只是在该镇的蛤蟆巷(Toad Lane)租了一间楼下小铺为营业处,每周六和周一的晚上营业,职员由社员义务担任。小店所在地真是名不虚传的"蛤蟆巷",那里的环境污秽不堪,有一半街道没有下水道和排水沟。当初这爿小店的开张,不仅完全没有一般商号开张那样的喜庆场面,相反,却面对着众多旁观者的疑惑眼神和邻近私商的嘲笑。由于资本匮乏,一开始它出售的只有面粉、燕麦片、黄油和食糖四种食品,加上照明用的蜡烛,以后才陆续增加经营品种。两个木桶架上一条木板就是它的售货柜台。店里因缺钱进货而几乎没有商品库存,只能现购现卖,以致邻近私商讥讽它说,一辆独轮架子车就能把它的全部货物拉走。小店之所以在周末晚上营业,是因为一周六个工作日,工人白天都要干活。28名创始社员中,有6人是纺织工人。最辛苦的是织布工人,他们天天要弯着腰在织机上操劳16个小时,而且当厂主拖欠他们工资时,他们还得忍饥挨饿照常干,以免遭失业的厄运。当时,市场上出售的食品掺假盛行,缺斤少两更是司空见惯。该小店之所以取名公平先锋社,就是表明它坚持以公平价格、准斤足两地向顾客即它的社员出售不掺假的纯净食品,信守诚实交易的公平原则;同时决心在市场经济中尚未有人开拓成功的荒野里垦殖出一片他们自己能够立足的生存空间,依靠他们群体的力量争取把市场交易的谈判权利掌握在自己手里。

由于他们谨慎诚实，特别是以提供高质量的和不掺假的商品而著称[①]，顾客和出资者不断增多，合作社事业逐步发展壮大起来。建社一年后，社员人数扩大到80人，资金总额达到900镑。1850年，该协会有了自己的屠宰厂，1851年开办了面粉厂，1855年又开办了纺织厂，1857年开始了第四家分店。到1895年国际合作社联盟成立时，社员人数已达到1.2万多，资金总额150万镑。到该社建社100周年时，已经拥有100多个分店和多处规模宏大的工厂及屠宰厂等，社员人数达到3.2万人，年营业额达到200万英镑。罗奇代尔公平先锋社独立经营到1991年为止，之后它被并入更大规模的和综合性的全国合作组织之中。

罗奇代尔公平先锋社的成功主要归功于它制定了一套公平合理、切实可行的办社原则，即"罗奇代尔原则"，而罗奇代尔公平先锋社的成功又使它的办社原则受到广泛的推崇，产生了深远的影响。1937年，国际合作社联盟在巴黎举行的成员大会将罗奇代尔公平先锋社办社原则概括为以下七点，并正式命名为"罗奇代尔原则"。

[①] 乔治·霍利约克（George Holyoake）是对罗奇代尔原则产生过重要影响的欧文主义者，也是罗奇代尔公平先锋社的记录者和宣传者，正是由于他的宣传，才使罗奇代尔公平先锋社闻名遐迩。"但是，作者和读者最感兴趣的并不是一派兴旺的商业活动，而是使这种商业交往充满活力的焕然一新的精神。买者和卖者都像朋友那样相待，一方没有欺诈，另一方也没有怀疑。……这一群群卑贱的工人以前从未吃过好东西，每顿饭吃得都很差，鞋子穿不到一个月便露出了脚趾，外衣脏得发臭，他们的妻子穿的是不经洗的白布衣服。但现在这些工人在市场上却像百万富翁那样买东西……他们自己织毛料，自己做鞋，自己缝制衣服，自己磨面。买的是最纯的糖，最好的茶叶，自己研磨咖啡，自己屠宰牛羊。罗奇代尔大街上走过的膘肥体壮的牛羊，是供纺织工和补鞋匠享用的。竞争何时使穷人享受过这样的好处呢？谁又能说在这种情况下穷人的德行没有进步呢？罗奇代尔的戒酒主义者承认，该合作商店开业以来，已使许多多工人戒了酒，它所起的作用远远大于戒酒主义者在同一时期所作的全部努力、以前，做丈夫的从不知道不负债是什么滋味，而他们可怜的妻子40年来兜里从未装过自己可随意支配的6便士，现在他们则有了一点点积蓄，可以给自己盖房子了，而且兜里的钱叮当响，每周都可以去逛市场；他们去的是自己的市场，那里没有不信任，没有欺诈；没有掺假，也没有虚报的价格。整个市场洋溢着诚实的气氛。售货人员既不匆忙慌乱，又不耍手段，也不阿谀奉承。欺骗顾客对他们并没有好处。他们只有一项义务要履行，就是给足分量，保证质量。在罗奇代尔市的其他地方，竞争仍是商业的最高原则，因而尽管有各种各样的说教，却无法产生上面那种道德效果。该商店从未欠过债，从未亏过本；在开业的13年中，收入达303853英镑，从未打过官司。协会的仲裁人在其任职期间一件案子也没有裁决过，反而不满意于没人争吵"。（转引自〔英〕约翰·穆勒《政治经济学原理》下卷，胡企林等译，商务印书馆，1991，第355页注）

（1）开放与自愿的社员资格。合作社是自愿组成的组织，入社自愿，退社自由，它的会员资格向所有能利用它的服务并愿意承担会员义务的人开放，没有人为的限制或任何社会、政治、种族和宗教的歧视。

（2）民主控制（一人一票制）。社员大会是合作社的最高权力机关，合作社一切重大事项都必须经社员大会讨论决定，合作社管理人员由社员大会选举产生。在表决时，每个社员无论股份多少，每人只有一票权利，这从根本上保障了合作社内部成员的平等权利，避免了少数人凭借较多的股份控制合作社。

（3）对资本支付有限利息。合作社使用资本的原则是，"社员平等地贡献和民主地控制他们合作社的资本"。如果认购股金是获得成员资格的条件，合作社通常对社员的股本金支付有限的补偿。股本金可以获得股息，但严格按照一般不超过市面上通行的普通利率来计算股息，社员投入的资本金不参加对合作社剩余的分红，后者是由社员对集体收入贡献的大小决定的。

（4）剩余属于全体社员。当合作社出现盈余时，首先要在盈余中扣除储备基金、投资基金和用于集体消费的公益金，然后根据社员对合作社收入的贡献分配红利。具体的做法是，按社员购买社内货物的总额之比例进行分配。即某社员应得红利＝（盈余－必要扣留）÷售货总额×某社员购买额。在资本主义企业，全部利润都归资本家阶级所有，而在工人合作制企业里，劳动人民也参加了利润的分配，这无疑是一个带有革命性意义的重大创举。同时通过这种办法，把社员的利益和合作社的利益紧密地联系在一起，使社员更加关心合作社的经营成果，这正是合作社的生命力所在。

（5）政治和宗教严守中立。合作社既不是政治团体，也不是宗教组织，不同政治观点和宗教信仰的人都可以加入合作社。合作经济是劳动者为了共同的利益组织起来的共同体，为解决成员在生产和生活上的困难而实行自我服务的经济实体，是劳动者的联合。因此，合作社本身是没有任何政治背景和政治目的的、不参与政治和宗教的经济团体，同时也表明，合作社的大门对各种不同政见和信仰的人都是敞开的。

（6）现金交易。本社员无论在何种情况下，不能以任何借口不用现金交易，也不准赊销货物，如有违反，处以罚款，并认为不称职。这一原则的制定主要是出于建社初期的经济实力和当时社会道义两方面的考虑。合作社刚成立时，股本较少，如果允许赊欠，就会造成资金周转困难，直接影响到合作社的成败。同时，当时的社会风尚把赊欠看作一种社会弊病，合作社应带头消除这种弊病。但是后来随着信贷事业的发展，这一条又作了修正。

（7）促进社员教育。合作社必须为社员提供教育和培训，以使他们能更有效地为促进合作事业的发展做出贡献。罗奇代尔协会非常重视对其社员的文化教育和培训工作，在建社初期，就办起了图书室，免费对会员开放，之后又举办儿童学校、成人班等，1849年合作社成立了教育委员会，1853年社员大会修改了社章，规定合作社每年要从盈余中提取2.5%作为教育基金，对社员进行文化、合作思想和道德的教育。

国际合作社联盟将罗奇代尔原则作为合作社的办社原则写入联盟章程之中，使之成为国际合作社联盟成员国的合作社组织共同遵循的原则。随着经济、社会和时代环境的变化及合作社实践的发展，国际合作社联盟对合作社的基本原则进行了多次修改或调整，但罗奇代尔原则的基本精神始终被坚持下来。罗奇代尔原则确定了其在国际工人合作运动史上独一无二的地位。为什么该原则能作为指导国际工人合作运动的基础原则而为全世界的合作组织所接受？在罗奇代尔公平先锋社之前，许多关于合作运动的思想都在早期的合作试验中得到体现。罗奇代尔原则的独创性在于，它将反映工人合作运动宗旨的分散的思想和观点组合成一个单一的和统一的整体，并且成功地将其运用到实践中去。罗奇代尔原则很好地体现了工人合作制企业的这样一种性质，即"合作社是自愿联合起来的人们通过联合所有与民主控制的企业来满足他们共同的经济、社会与文化的需求与抱负的自治联合体"；它很好地体现了工人合作制企业管理的民主性质，即"合作社是由其成员控制的民主组织，这些成员积极参与政策制定和做出决策。被选出的男女代表应对全体成员负责。在基层合作社中，社员拥有平等的投票权（即每成员一票），其他级别的合作社也按民主的方式进行组织"；它也很好地体现了国际工人合作运动的价值观，即"合作社的基本价值是自助、自主、民主、平等、公平和团结"①。

第三节　工人合作制企业的市场运行效率问题

工人合作制企业是在市场经济的环境中、特别是在受敌视的资本主义市场经济环境中生存和发展的，这一点本身就说明了合作制企业与市场经济并不相互抵触。但问题是工人合作制企业在市场经济中的运行效率如何？如果它不比资本主义企业运行得更有效率，那么是否一样有效率？通常来说，工人消费合作社要比工人生产合作社更容易获得成功。由于显而易见的原因，后者在获得资金、技术和占有市场份额或面临竞争的激烈程度等方面都会比前者遭遇更大的困难。在西方国家，有许多消费合作社在商业上成功的例子，例如罗奇代尔公平先锋社，却鲜有生产合作社在制造业获得成功的例子，下面将要谈到的西班牙的蒙德拉贡是个例外。这其中有工人合作制企业制度自身缺陷的原因，也有恶劣的外部市场环境的原因。本节主要讨论工人生产合作制企业在市场经济环境运行中出现的一些问题，这些问题将启发主张劳动者管理型企业的经济学家的思考以对其制度的缺陷提出改进的意见或建议。从近两个世纪西方国家工人合作运动和生产合作社的实践来看，工人合作制经济存在的主要问题有以下几个：

第一是它的失败率较高。英国市场社会主义理论家埃斯特林指出："据 1983 年'伦敦大型企业委员会'的调查，合作社的平均年龄为 5 年半。如果把 1945 年以前建立的合作社排除在外，其平均年龄则降为 3 年。"② 美国经济学家德里克·琼斯（Derek Jones，1976，1980）也研究了这个问题，他把美国的合作企业分成早期（1860~1889）和晚期（1896~1937）两个阶段，平均寿命从少于 5 年到劳动骑士团（Knights of Labor）的 21 年，最长的制桶公司（Barrel-Making Company）为 53 年。琼斯发现，在英国，有些生产者合作社已经持续生存了数代，这表明它们的经济绩效即使不比资本家企业更优越，至少也是同样有效率的。他还发现，若干小

---

① 上述引文引自《国际合作社联盟章程》（1995 年）。
② 〔英〕索尔·埃斯特林：《工人合作社：优长及局限》，埃斯特林和格兰德编《市场社会主义》，邓正来等译，经济日报出版社，1993，第 172~173 页。

合作社在整个19世纪和20世纪都始终存在，并保持着它们的合作性质。这幅图景并不像一般人所想象的那么凄凉惨淡，但同时，也不能否认合作运动的影响是极其有限的，曾经有一个时期，只有很少的工人合作组织能在经济上维持生存。琼斯的结论是：在一般情况下，合作企业并不比小企业的失败率大。埃斯特林也得出了同样的结论："最近的统计表明，合作社的失败率可能比其他形式的小型企业要低，在每年6%至11%之间，而且肯定不会再增长了。"①

第二是合作制企业的生产规模较小，而且主要集中在技术性手工业和贸易行业。埃斯特林研究了英国合作社的生产规模问题，他说："这些合作社的另一个特点是它们的规模很小，平均每个合作社的工人数量在1984年时为5人左右。……在英国就几乎没有大型的合作社的产生。1981年只有50个合作社的营业额超过10万英镑；而且迄今为止还没有哪家合作社雇佣人员逾千人的。"② 迄今为止，在世界上任何地方的钢铁、化工、大型制造业等重工业部门几乎都没有合作社的存在。合作制企业生产规模小的外部原因是资金不足。由于受到歧视对待，合作制企业不像资本主义企业那样比较容易获得银行的贷款。但无可否认，合作制企业由于其特点有一种追求生产规模小型化的内在趋势，这是由工人直接参与决策的性质所决定的。一般来说，生产规模越大，工人直接参与决策就越困难，工人在管理和控制方面遇到的问题就越多；反之，对经济事务直接的和民主的管理，只有当生产规模较小时才有可能实现。这会使合作制企业丧失了规模经济的效率。

第三个问题与第二个问题有关，即合作制企业具有比资本主义企业投资要少的动机。投资减少的动机是与合作制企业的所有制结构和分配结构相联系的。由于所有制是集体性质的，所以合作成员对集体所拥有的该组织的净资产价值不能实现其个人所有权。当合作成员退休或离开该合作组织时，他们也不能得到属于他们的那部分积累，所以工人对长期投资计划

---

① 〔英〕索尔·埃斯特林：《工人合作社：优长及局限》，埃斯特林和格兰德编《市场社会主义》，邓正来等译，经济日报出版社，1993，第172页。
② 〔英〕索尔·埃斯特林：《工人合作社：优长及局限》，埃斯特林和格兰德编《市场社会主义》，邓正来等译，经济日报出版社，1993，第172页。

可能不感兴趣,特别是老工人会坚决反对那些在他们退休后才有可能获得收益的投资计划。加之企业的净收益主要在工资与投资之间进行分配,所以同样的蛋糕,切法却有可能不同,合作制企业更倾向于受消费饥渴的支配。南斯拉夫工人自治企业和西方工人合作企业的实际经验表明,用纯收入投资,会降低工人的工资收入;而集体性质的资产是不能分割到个人的资金账户上的,所以,工人们会拒绝这样做,结果是投资不足。当然,如果允许使用外部资金进行投资,这个问题就不会那么严重。但问题首先是,它是否能够借到足够的资金以弥补在自我筹措资金方面的不足;其次,如果它们可以得到外部资金,合作社还是会投资不足,因为一旦外部资金进入企业,资本所有权就会与自治管理的原则发生矛盾。经验告诉我们,合作社一般都会担心引进"过多的"外部资金,它们害怕这会引起对企业未来发展的失控;再次,合作制企业不愿意更多地依赖外部资产的一个原因是,使用外部资本必须支付代价,如果总收益不变,这将使净收益减少,从而降低合作成员的收入,使肥水流入外人田;最后,与所有制有关的问题是,由于工人的主要财产都集中在同一个企业,而不能实现资本市场上的投资者为降低风险而实行的证券组合计划,就是说它是厌恶风险的。因此,合作制企业既不具备资本主义企业的承担风险机制和创新机制,也不能获得规模经济的好处。

生产规模小和投资不足是制约合作制经济进一步发展的主要瓶颈。对此,主张劳动者管理型企业的经济学家们主张通过产权制度的重新设计来克服这些问题。例如,瓦内克提出了"完全外部资金型模式"(full external finance formula),强调参与制企业的资本来源必须是从外部租赁和借入的,目的是为了克服南斯拉夫工人自治企业和西方合作社在投资方面存在的问题。前者存在投资饥渴问题,后者存在投资不足问题,问题虽然表现为两个极端,但瓦内克认为都是因为在处理资本所有权方面有欠妥当造成的。在南斯拉夫工人管理的自治形式中,劳动者认为,工厂是属于"国家或社会"的,他们并不承担向其所有者支付稀缺性价格的义务。瓦内克认为,南斯拉夫自治制度所面临的许多问题都根源于他们不曾采取"完全外部资金型模式"。而"完全外部资金型模式"或许能克服南斯拉夫因采取社会所有制而出现的资本的"软预算约束"问题,因为在参与制企业中,劳动者将生产资料视为他人的财产，为了使用的房屋、土地和设备，他们必须支付一种稀缺性的租金，而且他们有责任保持所租借的资本品的原值。针对新制度经济学家埃瑞克·菲吕博顿（Eirik G. Furubotn, 1923 —   ）和史蒂文·平乔维奇（Steve Pejovich, 1931 —   ）在1969年和1970年提出的因为投资计划的跨度可能超过工人在企业预期的工作年限，所以劳动者管理的企业通常遭受投资不足的问题，瓦内克认为，他的"完全外部资金型模式"可以解决这个问题，因为它允许在长期中分期地和一部分一部分地支付债务。许多经济学家提出，可以在合作制企业内部设立一种延期的个人资本账户，将投资所得分配给个人，就像蒙德拉贡联合公司所做的那样（见本章第五节），这样，就可以解决合作制企业缺乏将纯收入用于投资的动机，和克服菲吕博顿和平乔维奇提出的同样问题。针对利用外部融资与劳动者管理型企业的自治和民主的原则相矛盾，以及劳动者管理型企业缺乏承担风险的机制等问题，比利时经济学家雅克·德累兹（Jacques Drèze, 1929 —   ）设计了劳动者管理型企业利用资本市场的直接融资模式，而法国经济学家马克·福莱贝（Marc Fleurbaey, 1961 —   ）则设计了利用银行体系的间接融资模式。这些模式在我以前的相关著作中都有较详尽的阐释，它们都能较好地克服经济民主企业在投资、规模经济和承担风险等方面存在的不足。

合作制经济的最后一个问题是它的不稳定性，它很容易蜕化变质成为资本主义性质的企业。历史的经验告诉我们，合作制企业在经济不景气的环境中有可能生存得很好，但在经济繁荣时期却有可能垮掉。因为随着需求的增长和企业的发展，合作制企业倾向于从劳动市场上雇佣劳动者来增加产量，而不愿意使这些雇工成为社员。之所以会如此，是因为合作社的成就是老成员投入物质资本、人力资本和拼命苦干所取得的；特别是在经济困难时期，老社员通常忍受大大低于市场工资率的收入，如果允许新成员享受与老成员一样的待遇，就会引起后者心理上的愤恨不平。不仅如此，雇佣非社员来进行生产，还会增加老社员的收入，因为非社员干同样的活却比社员的所得要少。因此，合作制企业有一种想用廉价的雇工替代索价昂贵的社员的动机，它会从一般的劳动市场上招聘雇工，付给他们市场工资，但比自己社员的收入要低。另外，退休或离开的社员将由雇工而不是新成员来代替,因为通过这种方式同样可以提高老社员的收入。随着时间的推移,合作社社员在工人中的比例逐渐下降,最后低到很难再把这种企业称为合作制企业的程度。这样,由于自私、短视和追求既得利益,最初的合作成员便会违背了合作的原则和背叛了合作的宗旨,成为雇佣他人和剥削雇佣劳动者的雇佣者。这样一种经济乃是工人资本主义,所不同的是资本家被自私的工人所有者取代。对此,前面已经讲过,可以通过建立成员资格市场和向新成员收取成员资格费解决这个问题。

早在合作运动发展的初期,小穆勒就清楚地看到了歧视性地使用雇佣劳动的做法在成功的合作社的肌体中播下的衰败的种子,他非常精辟地这样写道,要实现合作运动的发动者所抱的崇高理想,"所有劳动者(而不仅仅是一部分劳动者)的利益就必须与企业的繁荣一致。有些协会取得成功后便放弃了合作制度的这一根本原则,而变成了股东人数有限的股份公司,这些股东与其他公司的股东只有一点不同,即他们是工人;另一些协会则不准某些被雇佣的工人分享协会的利润(令人悲痛的是,连罗奇代尔的制造业协会也采取了这种做法);以上两种协会无疑都在行使自己的合法权利,正当地利用现存的社会制度来增进自己的利益,但我们却不能希望它们用更好的制度取代现存制度。而且从长期来看,这些协会也是抵挡不了个人竞争的。同各种集体经营制度相比,个人经营制度(即由一具有主要利害关系的人来经营)具有很多极为有利的条件,而合作制度只是在一个方面可以和这些有利条件相抗衡,那就是它使所有工人与企业享有共同的利益。但是,如果资本家也采取这种做法(他们确实将会这样做)……他们便会轻而易举地挤垮合作社,因为合作社一方面保留着旧制度的缺陷,另一方面却不能充分利用旧制度的各种便利条件"[①]。

合作制经济所具有的上述一系列缺陷,似乎敲响了主张由劳动者管理企业的经济理论的丧钟,资本主义经济中生产者合作社的经验性事实也提供了不利于这一理论的证据。但是,主张劳动者管理型企业模式的经济学家认为,合作制经济存在的上述问题在很大程度上应归于它在资本主义市

---

① 〔英〕约翰·穆勒:《政治经济学原理》下卷,胡企林等译,商务印书馆,1991,第359~360页。

场经济环境中恶劣的生存条件，通过对合作制经济本身制度方面的改造和通过改变它在市场经济下运行的环境，是可以解决这些问题的。在东西方国家中，也有一些经营得相当成功的生产合作社组织，它们的存在极大地鼓舞了主张劳动者管理型企业的经济学家们。在以下的分析中，我们将给出一个农业上的例子，一个工业上的例子和一个国家的例子。

第四节　基布兹

最为成功的工农业合作社组织要算以色列的"基布兹"（Kibbutz）。"基布兹"是希伯来语的"集聚""集体""集体定居点"的音译，这是一个按照空想社会主义原则建立起来的农业合作社或集体农庄，或者更准确些说，这是一个独特的从事工农业生产和共同生活的公社组织，一个致力于互助和社会正义的社会组织，一个建立在共同的财产所有制、平等、合作、按需分配等原则基础之上的社会经济体系，对于选择它的那些人们来说，也是一个家庭。自从20世纪初第一个基布兹建立以来，100多年已经过去，基布兹至今仍然在有效地运作。

19世纪末期，由于受到俄国沙皇的迫害，生活在东欧地区的大约350万犹太人被迫迁徙，他们当中的大部分去了美国，也有25000人移居到巴勒斯坦，这其中就有基布兹的创立者们。这些人都是坚定的犹太复国主义者，他们的思想受本世纪初俄国激进社会主义革命思潮的影响，尤其是受"乌托邦"集体农庄思想的强烈影响，他们到巴勒斯坦不仅要创造一个现代国家，还要创造一个基于平等和劳动两种思想之上的新型社会。基布兹运动的开拓者之一约瑟夫·巴拉兹（Joseph Baratz）在一本书中这样写道："能在土地上工作，我们感到非常幸福，但我们越来越确信，老的定居点的做法并不适合于我们，这种老的做法——犹太人高高在上，而由阿拉伯人来为他们劳动——不是我们希望的建立国家的方法。我们认为，不应该有老板和雇员，这一定是更好的方法。"

20世纪初的巴勒斯坦是一片荒芜之地，大部分是山地、沼泽和沙漠，严重干旱，几乎没有树木，并流行多种疾病。更糟糕的是，大多数犹太移民者之前根本就没有农业方面的经验，许多犹太移民点还经常遭到来自阿拉伯游牧部落的袭击。在这样一种非常恶劣的环境中，如果不依靠集体的力量，个人是根本无法生存下去的，而且必须是这样一种集体，在这个集体中，每一个人都必须是完全平等、互助、团结和无私的。只有在这种情形下，空想社会主义者的乌托邦理想才能找到实现的土壤。20世纪初的犹太人恰恰就处在这样一种情况中，他们没有祖国，失去了财产和家园，没有丝毫的权利，到处受到迫害。就失去了全部财产、所有做人的权利和以前的社会地位而言，他们变成了一律的和完全平等的人，这些人只有团结和生活在一个完全平等的共同体（公社）之中才能生存下来。这样一种环境和这样的一种人恰好等于罗尔斯为选择正义原则而设计的"无知之幕"，这意味着，20世纪初犹太人在巴勒斯坦建立的移民点一定具有空想社会主义者所描述的关于未来理性社会的一切性质。

1909年，巴拉兹和其他9个男人和2个女人在巴勒斯坦的一片不毛之地——约旦河流入加利利海（Sea of Galilee）的地方——建立了一个新型农业集体生产组织，这就是第一个基布兹。他们清运岩石、沙砾，在上面盖起简易住房，然后挖沟掘井，引水灌溉，尝试种植谷物，同时还艰难地清除一片片沼泽污水坑，减少蚊虫的肆虐和各种传染病的威胁，为后来陆续到来的人创造良好的生存环境。劳动和生活非常艰苦，一位基布兹的创建者这样写道："身体精疲力竭，腿软弱无力，头很痛，太阳灼伤，使人虚弱。"一半的基布兹成员因病不能工作，一些人因忍受不了恶劣环境和艰苦的劳动而离开了巴勒斯坦。那些留下来的是为了他们的梦想而劳作，他们把自己的公社叫作"Kvutzat Degania"（上帝的麦子）。尽管困难重重，到了1914年，第一个基布兹的成员增加到50多人，其他的基布兹也都陆续创办起来。克服了种种艰难险阻，基布兹终于站稳了脚跟，把这片马克·吐温所称的"最凄凉的土地"变成了繁荣昌盛之地，并在以色列的重建过程中发挥了至关重要的作用。到1947年以色列建国前夕，基布兹的数量已增至145个。以色列建国后，基布兹又有了进一步的发展。开始时，基布兹仅是农业公社的移民点，后来也进入了工业。在2010年，以色列大约有270个基布兹，共12万多人，占以色列总人口的2.4%，大的基布兹拥有2000人以上，小的只有一二百人，大多数基布兹的人数为250～500人。基布兹的人数不到全国人口的3%，但它却生产了以色列工业总产量的9%，大约价值80亿美元，和农业总产量的40%，价值超过17亿美元。以色列全国50%的小麦、55.4%的牛肉和80.4%的棉花产自基布兹。几乎每个基布兹都有自己的工厂，从时装、食品、家具到电子设备、农业机械和灌溉设备以及计算机、机器人等高科技产品都有生产，其中相当一部分还用于出口。为了增强工业品的生产能力和竞争能力，一些地区的基布兹走上了联合的道路，建立起了较大规模的区域性联合企业。

基布兹的存在是这个世界上唯一能证明空想社会主义的乌托邦公社是可以实现的客观事实。多数基布兹的布局相似，位于中心的是诸如餐厅、礼堂、办公室和图书馆等公共设施，周围是成员的住宅和花园，在这些以外是各种生产和生活的服务设施，包括招待所、游泳池、健身房、博物馆、中小学校、医院、食堂、犹太会堂、服装店、超级市场、洗衣房、工厂、仓库、工具房、电工房、养鸡场等，最外边则是农田。基布兹可以说是个设施齐全的小社会，其成员一般不出基布兹就可满足一切生活的基本需要。在基布兹，没有私人财产，所有生产资料、劳动产品和收入均归集体所有，成员不领取任何报酬或工资。实行个人生活必需品的供给制，基布兹成员所需要的一切都由基布兹负担，基本分配原则是："各尽所能，各取所需"。在基布兹，没有商品，也没有货币，人人无需用钱包。他们在公共食堂就餐，他们的子女由公共托儿所与学校抚养和教育直至成年后成为基布兹成员，每户都有一套舒适的住房，包括客厅、卧室、卫生间等。房里的一切，从灯泡到电视机、家具等，一切全由基布兹提供。在基布兹的食品店、服装店，每个成员有一个属于自己的表格，需要什么只管拿，签个字就行，但一般基布兹都为每个社员设有一个外购用的账户，如果所需东西在基布兹内部实在买不到，则可以从账户上取些钱到外地购买。总之，基布兹成员之间完全平等，大家一起劳动，共同生活，所有的财产属于基布兹的每一个人，全部生活需要都是免费领取的。

各取所需的前提是各尽所能。在基布兹，凡是有劳动能力的成员都必须从事自己力所能及的劳动，无劳动能力者则由基布兹提供生活保障。基布兹既没有雇佣劳动，也不允许其成员受雇于人。基布兹人把生产劳动视为创造财富、保持集体凝聚的巨大力量，所有有劳动能力的男女成员都积极而热情地参加集体劳动。劳动光荣是人们的基本理念。即便是国会议员和政府要员，只要他是基布兹成员，每年也必须回来劳动一段时间。基布兹成员一年中大体上只干半年活，其余时间则可以自由选择学习、娱乐或外出旅游。基布兹对各种工作实行轮换制度，因为这既可以克服劳苦不均现象，又可以避免枯燥感。轮换期有长有短，一般是一年轮换一次。但从事较高技术含量工作的人则相对稳定一些，他们往往只是象征性地轮换一段其他工作后又重新回到自己的专业岗位。

在这里，主导的治理原则是自治、最大量的参与、民主和轮流执政。基布兹成员在政治经济方面的权利一律平等，实行全体成员共同参与的民主管理制度。每周都要召开一次全体成员大会。基布兹的日常事务由全体大会选出的管理委员会负责。管理委员会下辖生产计划、文教、劳动、财务、卫生体育、住房等若干专门委员会，遇到问题先由专门委员会进行初步表决，然后将讨论决定交由成员代表大会最终表决。基布兹的最高行政领导是秘书长。各委员会主任与秘书长一起组成基布兹的执行机构——秘书处，负责处理基布兹的日常事务。秘书长和各委员会主任都由基布兹全体成员大会选举产生，每届任期2~3年，专职专任。各委员会的委员则由不脱离生产劳动的基布兹成员轮流兼职担任。有关基布兹的各种重大问题均由全体成员大会讨论决定。基布兹每周六召开全体成员大会，讨论并通过基布兹的预算和生产计划，批准接纳新成员，对管理者的工作提出建议和批评，等等。在决定所谓原则性问题时，简单多数票还不够，必须有2/3的票才能通过。

从第一个基布兹的建立到现在，已经过去了一个世纪，经历了整整三代人。第一代是开拓者们，他们怀着梦想，在强烈的责任感和一种清楚的意识形态驱使下，奠定了一个真正独特的、公社式的社会。第二代是他们的子女，他们是在基布兹的社会制度框架下成长起来的，他们认同基布兹所体现出来的价值观，并为巩固和发展基布兹努力工作。俗话说，"富不过三代"。随着科技的进步，与外界交往的频繁，在富庶和繁荣中长大的基布兹的年青一代，受到外面花花世界的各种致命的诱惑，他们可能更注重个人的利益和享受，而不再传承基布兹的古老的"大同"思想，有部分年轻人在服兵役或到高等学府深造后，不回到土生土长的基布兹，而是到大城市去工作，这一现象无疑将影响到基布兹的未来。基布兹面临的最大威胁是人口的减少,即青年一代的认同问题。许多基布兹的经济开始走下坡路,有的甚至濒临破产。基布兹没有以前那么成功了,不少基布兹实行了私有化改革,内容包括:允许基布兹成员拥有个人银行账户,保留个人财产,并可以接受亲朋好友的钱物馈赠等;一些基布兹还实行了"房改",将原来统一分配的住房折价卖给个人,水、电等则开始收费。基布兹对人们的吸引力也逐渐下降。一些人担心,为适应环境变化所做的这些调整,基布兹将放弃许多最初原则,但另一些人则认为,这种妥协和随机应变的能力正是基布兹生存的关键。

虽然基布兹面临着许多问题,但它的存在就是一个"奇迹"。基布兹是犹太这个特殊的民族在极其特殊的历史环境下的特殊产物,它在其他民族和其他的环境中可能不能生存,但它的存在是有意义的,这个意义正如霍尔索夫斯基所说的那样,"有一点可以肯定,它并不是一些对现代生活失去信心的人们逃避到乌托邦的尝试,而是一种开拓性的工作,是在寻找人类生存的实际手段和工具。根植于古老传统的大同信念和道德价值会形成强大的社会内聚力,并且可以通过充分地、长期持久的社会支持和国家支持而获得益处"①。

第五节 蒙德拉贡

在工业中,最为成功的合作组织是西班牙的"蒙德拉贡合作公司"(The Mondragón Cooperative Corporation, MCC)。蒙德拉贡是西班牙北部巴斯克自治区的一个山区小镇,因有一座山常年有雾带状云彩笼罩而得名(Mondragón 意为"龙山")。这个小镇创造了一种新的合作经济模式,它成为世界瞩目的、成功的工人生产合作社的发祥地。半个多世纪以前,几个年轻人为了实现合作的理想,在这里开了一个小小的作坊。现在它却发展成为西班牙第四大工业集团和第七大金融集团,它也是目前为止世界上最大的合作社集团,被誉为"世界当代合作社成功典范"而备受关注。

---

① 〔美〕维克拉夫·霍尔索夫斯基:《经济体制分析和比较》,俞品根等译,经济科学出版社,1988,第469页。

1941年2月，蒙德拉贡合作社的创始人，一个年轻的天主教传教士阿里兹曼蒂（Jose Mafia Arizmendiarrieta，他的名字经常被缩写 Arizmendi）来到这个只有7000人、正遭受着西班牙内战后果的痛苦折磨的、贫穷的、饥饿的、被放逐的和充满紧张关系的小镇，宣传合作经济思想。他于1943年初创办了蒙德拉贡技术培训学校，为发展合作社培养人才。1954年，这个学校的第一批11名毕业生中的5个人买下了一个小车间，成立了"乌尔格"（Ulgor）有限公司，公司的名字是由这5个创办者姓名的第一个字母拼成的。创办乌尔格公司的目的并不是为了赚钱，而是为了寻求一种实现抱负的手段，而把"诸生产要素中劳动为首"的思想付诸实践，这正如5位创始人中的一位在后来回忆时所说的，"这不是一项雄心勃勃、考虑周全的方案，我们所需要的是找到一个起点，振作起来，看看究竟会出现什么结果"[①]。蒙德拉贡及其周围地区的人民支持乌尔格公司，那些怀着美好希望的人们相信技术培训学校颇负声望的毕业生的能力，他们共筹集了1100万比塞塔的款项。96名提供贷款的人当中，有些是乌尔格公司创办人的亲戚，其他则是对他们的理想怀有同情心的人，还有一部分借贷资本是以承担向新工人提供就业的特殊义务为条件从社区获得的。

在第一个合作组织的创立阶段和它的幼年时期，阿里兹曼蒂的影响作用是有决定意义的。他花了几年的时间教育他的学生，要探索一种基于团结和参与的、并与天主教的社会训导和获得必要的技术知识相一致的人道主义组织形式，他自己也思考着这样一个问题，即要想满足"诸生产要素中劳动为首"的新型合作制的需要，必须具备一种什么样的法律、经济和财务的结构呢？在两位独立的法律专家的帮助下，他们用了两年多的时间订出一部企业章程。1956年，共有24名雇员的公司开始营业了，生产制造炊事用具和炉具。此后，一家又一家产业合作社陆续诞生。在阿里兹曼蒂的建议和鼓励下，1959年建立了人民劳动银行（Caja Laboral Popular），1966年成立了社会保险公司（Lagun Aro），这两个合作金融机构对蒙德拉贡合作公司的进一步发展起了决定性作用，许多合作制企业就是在它们的

---

① 〔西〕汉克·托马斯、克里斯·劳甘：《蒙德拉贡——对现代工人合作制的经济分析》，刘红等译，上海三联书店，1991，第27页。

资助下建立起来的。1964年，在不损害以高度参与和民主管理决策为基础的工人自治精神的前提下，又实现了规模经济，成立了第一个合作企业集团乌拉尔克（Ularco）。1969年，9家小的地方消费合作社合并成立了超市连锁店（Eroski）。1974年成立了技术研发中心（Ikerlan Research Centre）。到了20世纪70年代末，蒙德拉贡已成为具有一套现代技术教育合作体系、15000多名合作成员和70家合作工厂，以及有93家分行的信用合作银行和30万存款账户的工人合作制联合集团。正是在这种情况下，于1984年成立了蒙德拉贡合作集团（Mondragon Co-operative Group）。到了1990年底，集团有23130名工人。1991年，为适应欧洲统一市场的竞争环境，该地区的众多合作社又联合起来，组建了蒙德拉贡合作公司。合作公司成立之后，事业有了突飞猛进的发展。到了2010年底，它已经发展成为有83859成员和256个分公司，集工业、金融、商业、教育和培训、科研和信息等为一体的，年销售总额148亿欧元的跨行业和跨国的合作制企业集团，成为"一个在失败已成为普遍规则的领域中的成功事例"[①]。

蒙德拉贡合作公司把自己的核心价值观表述为以下四个方面，即合作（Cooperation）、参与（Participation）、社会责任（Social Responsibility）和创新（Innovation）。这些核心价值观体现在合作社通过的《蒙德拉贡合作试验基本原则》之中，也体现在蒙德拉贡合作公司的治理结构上。

类似于罗奇代尔原则，蒙德拉贡原则是蒙德拉贡合作社的办社宗旨和基本治理原则，它由以下十大原则组成：（1）自由加入（Open Admission）。向所有能够证明自己胜任合作社工作的人开放，不论宗教信仰、政治观点、种族和性别，一视同仁，一律平等。（2）民主组织（Democratic Organization）。最高权力机构是由全体职工组成的社员大会，无论社员投入的股金多少，社员大会遵循"一人一票制"。（3）劳动者主权（Sovereignty of Labor）。诸生产要素中劳动为首，劳动不是谋生手段而是改造自然、社会和人类自己最重要的因素，劳动者享有合作社最高权力，包括分配劳动成果的权力。（4）资本的工具性和从属性（Instrumental and Subor-

---

[①] 〔西〕汉克·托马斯、克里斯·劳甘：《蒙德拉贡——对现代工人合作制的经济分析》，刘红等译，上海三联书店，1991，第1页。

dinate Nature of Capital）。资本只是一种工具，从属于劳动，是合作社发展的必要条件，资本与利润创造不直接相关，但以保值的原则获得利息。（5）参与管理（Participatory Management）。社员既是劳动者，又是管理者，所有社员实行自我管理并通过多种渠道参与合作社管理工作。（6）团结工资（Payment Solidarity）。按工作岗位和工作业绩的不同制定不同的工资标准，以体现社员对合作社的贡献，规定最高工资和最低工资差距为3∶1，通过横向调剂，确保所属合作社或子集团之间的社员工资水平不会出现太大差别。（7）合作社之间的合作（Inter-cooperation）。与巴斯克自治区、西班牙、欧盟和世界各地的合作社进行广泛的合作，促进了合作社运动的全面发展。（8）推动社会变革（Social Transformation）。致力于以合作社为主的各项活动，为社区经济的发展和社会进步做出贡献。包括：创造新的就业机会、建立符合合作制原则的社会保障制度，并与当地经济、社会组织密切合作，创办公益事业等。（9）普遍合作（Universality）。在社会经济各个领域，主张实现和平、公正和发展的目标，主张缩小贫富差别。（10）发展教育（Education）。投入必要的人力、财力和物力，开展各方面的教育和培训，提高合作社成员的专业素质和水平。

蒙德拉贡原则是劳动者社会合作运动精神实质最生动的写照和最精彩的诠释，它强调劳动神圣和劳动者主权，强调劳动者平等的人格和权利，强调劳动者之间的民主、团结、互助共济与共同发展，也强调合作运动在改造社会和人方面所必须承担起来的社会责任。

蒙德拉贡合作公司的组织管理模式是按经济民主原则构建的，图4-1表明了这一点。全体社员大会是最高权力机构，实行一人一票制通过和决定企业的大政方针，如通过发展规划、决定重大投资事项、总结工作、修改章程、选举委员会成员等。社员大会每年至少召开一次，合作社的执行委员会或超过三分之一的社员可以随时召集社员大会。管理委员会是社员大会闭会期间的常设机构，是合作社的最高管理机构和代表。其成员一般为9~12人，管理委员会主席是合作社法定代表人。委员实行2倍差额选举产生，任期4年，每2年换选50%，可以连选连任。落选人员依得票多少次序，在现任委员出缺时自然递补。管理委员会主席也实行差额选举，由社员大会直接选举产生。管理委员会的所有委员均是兼职，无任何专门报酬。只有在规模较大的合作社里，管理委员会主席才是专职。管理委员会的职责是：任命、监督和撤换经理、厂长，批准成员的加入或辞退，确定工资等级，提交年度报告和统计报表，向社员大会建议利润的分配方案，审批财务经营计划和业务，审批管理计划等。合作社总经理由管理委员会聘任。管理委员会与总经理的关系是建立在相互信任和充分授权的基础上的。合作社无论大小，均不设副总经理。企业各部门负责人由总经理提名，委员会批准。合作社总经理与各部门负责人共同组成执行委员会。总经理和各部门负责人任期为4年，可以连任1期。

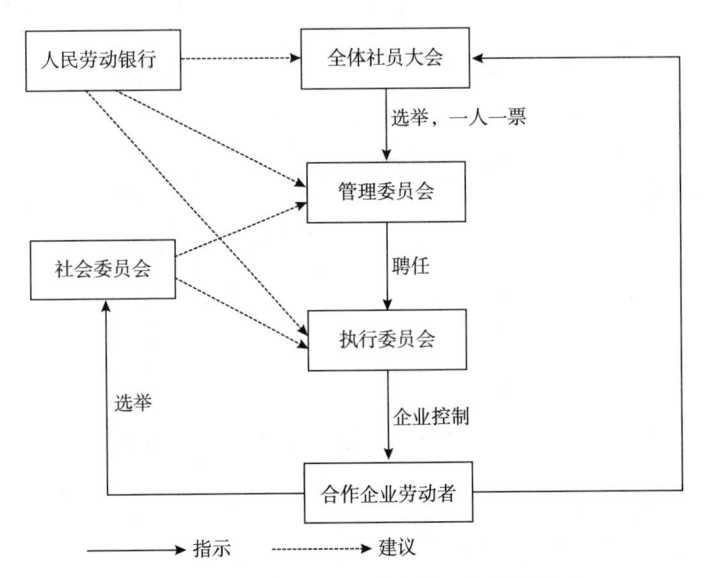

图 4-1　蒙德拉贡合作公司的组织管理模式

蒙德拉贡管理模式的独特之处在于它的社会委员会。它是由合作社成员所在的工作集体（如车间、班组、事业部等）选举产生的机构。根据合作社的大小，每10名或更多的成员可以选举1名委员（但一般不超过50名委员）。委员任期2年，每年改选50%。蒙德拉贡不鼓励重复参选或当选，以便让尽可能多的社员有机会担任社会委员。社会委员会主席由管理委员会主席兼任。社会委员会的职责是负责社会保障、工资制度、劳动卫生、职工福利等社会事务，并参与合作社管理。管理委员会或总经理拟决定的所有重大事项，须先通过社会委员会征求社员的意见，社会委员会根据社员的意见向管理委员会或总经理提出决策建议。建议未被采纳时，社会委员会还可以按照合作社章程决定是否将意见提交社员大会表决。合作社还设有审计委员会，一般由3人组成，由社员大会选举产生。审计委员会主要负责审计合作社的年度财务报告，只有经其审计批准的财务报告，才能提交社员大会讨论。另外，人民劳动银行的决策也会对合作社的各项决策产生重要的间接影响。

与当地的资本主义企业相比，蒙德拉贡合作公司的良好运行绩效主要可以通过就业量、收入分配和对职工的教育和培训等方面的差异表现出来。在就业方面，1976~1986年，蒙德拉贡所处的巴斯克地区的资本主义企业有15万人失业，而它却增加了4200人就业。在20世纪90年代初期，西班牙的经济危机使巴斯克的失业率达27%，但蒙德拉贡的总体就业量仍没有下降，很少有合作者完全失业。在蒙德拉贡，没有失业之虞。如果某个合作社因经营不善而倒闭，其社员可以被安排到其他的合作社工作。而当经济处于繁荣时期，蒙德拉贡的一个重要战略目标便是积极促进就业，它把扩大就业作为履行自己社会义务的责任。多年来，合作公司的就业量一直在增长，为本地区做出了重要贡献。表4-1是根据有关数字整理的蒙德拉贡的就业量增长情况。

表4-1 蒙德拉贡的就业增长

单位：人

年 份	1984	1989	1990	1994	1999	2003	2004	2005	2010
就业人数	18795	21928	23130	25990	42861	68260	70084	78445	83859

蒙德拉贡合作公司的最高工资与最低工资之间的差距给所有参观它的人都留下深刻的印象。按合作社最初的规定，最高工资（合作社的总经理）与那些在合作社拿最低工资的工人之间的收入差额为3∶1，即著名的"三一原则"。1991年蒙德拉贡合作公司组建后，为与资本主义企业争夺高级人才，将原来的最高最低工资比调高。一般而论，与当地资本主义企业的相同的工作相比较，蒙德拉贡普通员工的工资高13%，而高级技术人员和高级管理人员的工资要低30%。尽管蒙德拉贡的技术和管理人员的工资相对较低，但很少有人跳槽。对公司价值的认同，一种实现自我价值的更

理想的环境，都足以补偿收入的减少而保持工作的积极性。美国人类学家卡斯莱米曾在蒙德拉贡生活18个月，她的统计表明本企业的管理者、高级技师对企业的认同率很高，仅有18%的异己性，而这个数字在私人公司超过60%。民主管理、参与和平等的收入分配都使全体成员更加努力工作，这是X效率的一个重要体现。许多的研究已经表明，蒙德拉贡的缺勤率大大低于本国私人企业的缺勤率。

蒙德拉贡高度重视对社员的教育和培训。蒙德拉贡的发展首先是从一个专业技术学校开始的。为了适应发展的需要，蒙德拉贡还成立了蒙德拉贡大学和3个技术研究中心，这些机构全部按照合作社的方式组建和运作。蒙德拉贡大学还建立了学生合作社，帮助贫困学生半工半读。蒙德拉贡合作公司的10%以上的利润投入到教育、文化和福利活动之中。

蒙德拉贡之所以从小到大、越办越好，关键在于它通过制度创新和组织创新有效地克服了传统合作社在生产规模、吸收新成员和投资方面存在的先天不足。前面已经指出，传统合作社的生产规模很小的原因主要是因为它受到了不公平的对待，因而很难从资本主义商业银行那里获得贷款。早在创业的初期，蒙德拉贡的奠基者们就开始着手解决贷款难问题，作为其结果，就是在1959年创建了自己的合作银行——"卡佳劳动大众"。该银行从合作企业和社员那里吸收存款，也从蒙德拉贡以外的地区的企业和居民那里获得资金，用以资助合作社各项事业的发展和为合作企业和个人提供各项服务。银行同样采取合作社管理体制，最高权力机构为全体社员大会，社员包括银行职工和出资的合作社代表。成员大会下设管理委员会、监察委员会和社员委员会。管理委员会由12名成员组成，其中2/3为合作社代表，1/3为出资的银行代表。在2009年，蒙德拉贡合作银行在西班牙8个自治区和大区设有370多个分支机构，年存款1860万欧元，年贷款164亿欧元，年收益超过3.3亿欧元，这些贷款大部分用以支持合作事业的发展。除合作银行外，蒙德拉贡还组建了保险合作社（Seguros Lagun Aro）和社会福利合作社（Lagun Aro），为合作社开办养老、医疗保险等业务。这三个金融机构在2009年的资产总计为42亿欧元。有效的资金保障和有力的金融支持是蒙德拉贡合作事业不断发展壮大的关键。

针对合作社缺乏吸纳新成员的动机这一问题，许多主张劳动者管理型企业的经济学家都建议成立成员资格市场和收取成员资格费,蒙德拉贡恰恰是这样做的。在蒙德拉贡,每一个新成员入社都必须交纳一定的资金,其标准由管理委员会提出并经社员大会批准,数量相当于一个年轻社员一年的收入。早期的入社资金约合1000美元,现在提高到1.258万欧元,这一标准大约相当于当地创造一个就业机会所需资金的10%。资金的多少应以不对成员的加入构成障碍为准,如一次性交纳有困难,技术人员可以在2年内分期付清,普通工人在3年内缴清,在必要的情况下,可以向"卡佳劳动大众"贷款,以减少入社障碍。交纳入社资金的目的,在于使社员在经济上有拥有感,在工作中有激励作用。除规定的金额外,社员还可以自愿决定投入更多资金,但社员多交纳的资金只作为借款,合作社以比银行利率高约2个百分点的水平支付利息。为了体现合作社的原则,合作社并不把入社资金叫作"股金"和"投资",而是称为"经费"和"捐款",并采用与银行业务不同的会计规则。

针对合作社缺乏投资的动机,蒙德拉贡的解决办法是在合作银行设立个人资本账户,恰好也像许多经济学家所建议的一样。合作社为每个社员设立"个人资本账户",社员缴纳的初始入社资金全部记入该账户,合作社税后利润分红也全部存入"个人资本账户"。账户资金归社员所有,但此资金暂留在合作社使用,社员只有到退休或离开合作社时才可提取。社员在退休之前退出合作组织时,也可以有条件地取出其个人资本账户上的资金,通常分5年提取,每次提取资金总额的1/6,合作社最多可以扣除其账户金额的20%。如果社员去世,"个人资本账户"可以兑现退还给其法定继承人。蒙德拉贡社员的"个人资本账户"积累是其合作银行资金供给的一个重要来源,它也为合作社员将收入用于投资而不是消费提供了足够的激励。

总之,蒙德拉贡合作公司之所以取得巨大的成功,关键是在坚持合作的核心价值以及罗奇代尔原则的基础上,通过在实践中不断地探索和根据市场经济的发展不断加以变革和调整,形成了特色鲜明的"蒙德拉贡经验",从而有效地克服了合作制企业在市场经济运行中所表现出来的种种缺陷。蒙德拉贡合作公司的做法值得学习和借鉴,并且对于促进合作事业的进一步发展具有普遍性的指导意义。

第六节　南斯拉夫

在西方发达国家,并没有在全国范围内推行工人合作制经济的纪录,因为这显然需要政治制度和经济制度的重大变革。在这些国家中存在的合作组织就像被资本主义经济的汪洋大海包围着的一个个"世外桃源"。对主张劳动者管理型企业的经济学家来说,真正的困难不仅仅是如何降低海平面而把这一个个孤立的岛屿联成广阔的大陆;问题还在于,一旦工人合作制企业成为一国国民经济的主要组织形式,它生存得有多好?在这方面,我们确实发现,一些试图摆脱资本主义和极权社会主义发展模式和发展道路的发展中国家,把工人合作制经济当作第三种选择或"第三条道路",在全国范围内推行劳动者管理型企业制度。这其中最典型的国家是铁托总统时期的南斯拉夫社会主义联盟共和国。

1948年,南斯拉夫和苏联关系破裂,南斯拉夫共产党被开除出苏联领导的共产党情报局。这就使南共联盟的领导人彻底摆脱了思想上的偏见和体制上的僵化的任何束缚,他们不再有任何必要去表明必须效忠于苏联共产党和必须承袭苏联的社会政治经济体制。然而,南斯拉夫共产党的领袖们仍然是马克思的忠实信徒,他们在马克思和恩格斯的著作中发现了建立一种新的社会主义模式的指导性意见,而这种社会主义模式恰恰与苏联模式截然相反和针锋相对,这便是马克思在总结巴黎公社的经验时阐明的一种消除了资本主义雇佣劳动的性质,是终于发现了的、可以使劳动在经济上获得解放的生产组织形式——工人合作工厂。从20世纪50年代初开始一直到铁托逝世的80年代初的30年间,南斯拉夫人一直在进行着社会主义政治经济体制改革的大胆实践,并形成了独特的南斯拉夫式的社会主义模式。就其经济体制来说,南斯拉夫模式是一种以"工人自治"(self-management)的企业制度为核心的"自治社会主义"和"市场社会主义"。

工人自治意味着由工人自己来管理工厂。"在自治的制度下,由企业的全体成员所组成的工人集体就构成了基本的决策实体,各种最重要的问题,诸如企业的规章制度,同别的企业进行合并,建立附属企业,以及关闭工厂等,都由全体成员投票决定,这就是实行充分自主的民主。在其他一些问题上,南斯拉夫的企业则是通过代表而不是自主的民主来进行工作的。权力授予各企业选出的由 15～120 名成员组成的工人委员会。工人委员会是负责做出目标决策和最重要的生产决策的机构,大致和美国公司的董事会差不多。工人委员会又选出 5～11 人作为代表组成管理委员会来执行这项任务。除此之外,工人委员会在企业代表和政府官员组成的工作委员会的推荐下正式任命经理。……企业经理就是企业的执行官,他代表该企业同所有其他组织打交道"[1]。

与这种工人自治的企业制度相适应的是生产资料的社会所有制。南共联盟认为,斯大林时期的苏联已经蜕变为官僚主义政权,而产生这种政权的经济根源就在于实行生产资料的国家所有制形式:第一,由于国家的利益并不总是与人民的利益相一致,国家垄断生产资料可能使生产者和生产资料相分离,这就存在产生特殊利益集团的危险。第二,生产者继续处于被雇佣关系中,剩余劳动处于直接生产者的权力之外。第三,生产者处于执行命令的被动地位。第四,这种形式不可避免地导致官僚主义,而官僚主义必然从工人手中夺取政权。为了避免国有制的弊病,南斯拉夫以生产资料的社会所有制取代了国有制。所谓社会所有制,是指生产资料既不是国家的,又不是任何个人的,也不是任何集体的,它属于全社会,归全体人民所有。任何人都不是所有制权利的主体,都不得以所有制的体现者来支配劳动的成果,只有使用这些生产资料进行劳动才创造出管理和使用生产资料的权利。在工人自治制度下,工人并不直接拥有企业的生产性资产,他们只是受社会的委托而使用这些资产。南共联盟的社会所有制理论是马克思的社会主义生产资料公有制理论的发扬光大以及在实践中的补充和发展,它的积极意义在于表明,任何个人、集体、阶级和集团都不能将对生产资料的垄断作为剥削劳动和榨取剩余价值的手段,即便是以国家的名义也不可以。许多反对工人自治的经济学家把南斯拉夫经济的最终瓦解归咎于它所采取的社会所有制。他们指出,这样一种所有制形式必然导致所有权主体的缺位,由此导致企业行为短期化的种种表现。在我看来,南

---

[1] 〔美〕纽伯格和达菲等著《比较经济体制:从决策角度进行的分析》,荣敬本等译,商务印书馆,1984,第 230～231 页。

斯拉夫的经济问题产生的根源不在于社会所有制，而在于匈牙利经济学家亚诺什·科尔内（Janos Kornai, 1928 - ）在 1986 年提出的公有制企业的"软预算约束"问题。所以，社会所有制表现出来的问题并不像一些经济学家认为的那么严重，就是说，不能以它可能产生的负面作用来否认其积极作用，而且它本身的缺陷是可以通过产权制度的重新安排而加以克服的。

南斯拉夫工人自治企业在市场运行中表现出来的主要问题是，企业在消费和投资方面缺乏自我约束的机制而导致的消费饥渴症和投资饥渴症。自治企业的投资饥渴症可能与社会所有制有关，如果不付成本便能使用可以产生收益的生产性资产，那么后者便成为一种公共资源而导致过度的使用。问题在于，如果不是由于存在着软预算约束，这两种病症根本不可能同时并存。在一种企业的支出受制于企业的收入的硬预算约束条件下，消费（工资）与投资的关系一定是成反比的。南斯拉夫企业在自身的积累率很低时仍然可以实现较高的投资率，这只能以银行的信贷支持和借外债加以解释。问题是为什么企业可以通过贷款和借债的方法获得投资基金？答案是社会主义的政府面临在一种巨大的政治压力，要求国家对经营困难的企业采取宽大政策以承担损失，或提供财政援助予以补贴。由于不愿意让企业倒闭，政府要求银行以较低的利率来满足企业的贷款需求，因为使可贷资金市场达到均衡的高利率会使负债太多的企业倒闭。这样，消费膨胀、投资膨胀和信贷膨胀三者互为因果，相互支持，最终必然会导致宏观上的通货膨胀以及滞胀的局面，这正是南斯拉夫在 20 世纪 70～80 年代遇到的主要经济问题。所以我认为，南斯拉夫解体在经济方面的原因并不在于它采取了一种较高级的公有制形式，而在于它也找不到解决社会主义软预算约束问题的药方。企业的软预算约束问题的根源在于政治领域。即使在资本主义国家，也存在这个问题，例如，奥巴马政府在经济危机时期投入大量纳税人的钱对濒临倒闭的企业给予财政援助。由于意识形态方面的原因，在把稳定和安全看得比流动和改变更重要的社会主义经济中，政府更不能容忍解雇和破产，因为资本主义市场经济的退出机制被认为太严酷了。因此，在社会主义的监控机制下，克服社会主义政治上的软预算约束问题是非常困难的任务。软预算约束问题，而非它采取生产资料公有制的本身，才是使南斯拉夫工人自治经济最终瓦解的经济原因。

南斯拉夫工人自治经济的经济绩效如何？直到第二次世界大战之前，南斯拉夫还是欧洲工农业生产最落后的国家之一。"二战"期间，在希特勒纳粹政权和军事力量的蹂躏之下，国民经济又遭到严重的摧残，国家处于极端贫穷困苦的境地。在最初采取自治体制的30年间，南斯拉夫的国内生产总值一直在高速增长，南斯拉夫的经济以比欧洲各国更快的步伐繁荣起来。在20世纪60年代和70年代，南斯拉夫GDP的平均增长率达到6.1%，经济增长速度紧跟在日本及以色列后面，居全世界的第三位。人均GDP由1950年的469美元增加到1980年的3000美元。农业人口占总人口的比重由1948年的67%降至1981年的19.9%。经过改革与发展，人民生活水平有了很大提高，住房、医疗、教育和儿童保育都是免费的，人口识字率达到91%，人均寿命达到72岁。在一代人的时间内，南斯拉夫将受战争严重破坏的落后国家建设成为中等发达的国家。南斯拉夫工人自治所取得的成绩，极大地鼓舞了主张实行劳动者管理型企业制度的经济学家们。但是，在1980年铁托逝世之后，南斯拉夫出现了严重的经济问题，发展速度之低，通货膨胀率和失业率之高，外债负担之重，都是前所未有的。1980～1988年的国民生产总值的年平均增长率由20世纪70年代的6%降至0.75%，而通货膨胀率由20世纪50年代的不到3%和20世纪60～70年代的两位数（20世纪60年代为11%，20世纪70年代为19%）迅速攀升到20世纪80年代的三位数和四位数（1987年为118%，1988年为250%，1989年达到惊人的1251%），失业率由1980年的13.5%上升到1988年的16%，外债已高达200多亿美元。到了20世纪80年代，居民的实际生活水平下降了1/3以上，大约倒退了10年。最终，南斯拉夫社会主义联盟共和国在1992年解体，它分裂为五个不同的民族国家。

许多反对劳动者管理型企业制度的经济学家把南斯拉夫的解体归咎于它所采取的经济制度。这完全可能是一种倒果为因的错误观点。如果你了解南斯拉夫人的历史和各民族之间的错综复杂的情况，那你一定会认为，南斯拉夫的解体是由于政治原因而非经济原因。南斯拉夫地处素有"欧洲火药桶"之称的巴尔干半岛，它是由许多民族组成的，包括来自三种不同的世界文化的三大部分——西方的天主教、东方的东正教和南方的伊斯兰教，人数在 50 万以上的民族有 8 个，最大的塞尔维亚族只占人口的 36%。这 8 个民族在历史传统、宗教信仰、文化习俗和经济发达程度等方面差异很大。第一次世界大战后，8 个民族虽然统一进一个王国里，但由于这个王国实行大塞尔维亚主义，民族关系相当紧张，民族矛盾十分复杂。只有像铁托这样的铁腕人物才能将这些民族团结在一起，建立南斯拉夫社会主义联邦共和国。铁托执政时期，在南斯拉夫实行了民族平等政策，国家实行联邦制。1980 年铁托总统去世，南斯拉夫失去了一位有权威的领袖，许多原来被掩盖的民族问题开始表面化，最终导致南联盟分裂成为 7 个独立的国家，"南斯拉夫"这个曾经光荣的名字在历史上彻底消失了。经济陷入长期衰退的糟糕表现不可能是其经济制度的缺陷所引起的，而是国家瓦解和政治崩溃前夕的必然结果，恰似第一次世界大战之后战败的德国和垮台前的国民党政权的经济情况一样。克罗地亚著名经济学家霍尔瓦特这样解释南联盟瓦解的原因："南斯拉夫是把工人管理的理论应用于全国规模的唯一国家。经常有人说，工人管理是行不通的，因为南斯拉夫解体了。这种论断是 non–sequitur（不符合逻辑的推论）。在 4 个 10 年内，南斯拉夫是欧洲发展最快的国家。这个国家在这么短的时期跨度内的发展，超过了自从南斯拉夫人定居在巴尔干半岛以来的 1100 年的发展历史。并且，经济的成功不可能是政治失败的原因。不幸的是，南斯拉夫没有一个邓小平作为铁托的继承人。如果有这样的继承人，近来的历史将会是非常不同的。在铁托去世后的 10 年里，当权的政客们显示出是平庸的和不负责任的。潜在的民族主义复活了（存在着 7 个民族），极端的民族主义分子同时在（6 个共和国中的）两个最大的共和国掌握了权力。内战和国家的解体是不可避免的结果。最终的导致的是，极度的失业，比 20 世纪 30 年代还要糟糕的经济危机，极端的两极分化——以及资本主义的复辟。南斯拉夫经验的这一事实有助于澄清马克思主义关于人在历史上作用的热点论战。除了经济关系和社会关系之外，政治权力关系也显示出是至关重要的。"①

---

① 〔克〕勃朗科·霍尔瓦特:《社会主义政治经济学：一种马克思主义的社会理论》中文版前言，吴宇晖、马春文、陈长源译，吉林人民出版社，2001，第 3~4 页。

第七节 劳资合伙制企业与利润分成

一个半世纪以前,小穆勒曾乐观地预言:"如果人类不断进步的话,则应该预料到,最终占统治地位的合伙经营方式,将不是作为主人的资本家和没有管理权的工人之间的合伙经营,而是劳动者在平等基础之上的合伙经营,即工人共同拥有企业的资本,经理由工人选举产生并可由工人罢免。"[1] 迄今为止的历史并没有证明小穆勒的预言,但确有迹象表明,在劳资合伙制企业中,工人与企业之间的关系正在悄悄地发生变化,到了20世纪末,已经可以明显地观察到这种变化对传统资本主义企业制度的侵蚀。这正如美国学者阿尔卡利所指出的,"过去十年来,美国工人和企业之间的关系有了静悄悄的新发展。这种发展既为大多数企业领导人和政府官员所漠视,也为专心致志地报道企业裁员所造成对工人的损害的新闻界所忽略。这是一种向新的企业文化发展的趋势。在这新的企业文化中,经理、股东和工人的利益被有意识地紧密联系在一起。把各家利益联系起来的办法包括利润分成和职工入股的种种计划"[2]。中国的留美学者崔之元也观测到这一变化,他指出:"在前苏东社会主义国家全面推进以'私有化'为核心的改革的同时,美国的公司法却已发生了相反方向的深刻变革。长期以来,私有制在公司法中体现为如下公司的治理结构:股东是'所有者',经理必须并且仅仅为股东的利润最大化服务,但是,从80年代末至今,美国已有29个州(即超过半数的州)修改了公司法。新的公司法要求公司经理为公司的'利益相关者'服务,而不仅为股东服务。换言之,股东只是'利益相关者'中的一部分,而劳动者、债权人和共同体则为另一部分'利益相关者'。公司法的这一重大变革,突破了似乎是天经地义的私有制逻辑,成为美国近年政治、经济舞台上最有意义的事件。"[3]

劳资合伙制企业通行的原则仍然是资本雇佣劳动,但在劳资关系方面

---

[1] 〔英〕约翰·穆勒:《政治经济学原理》下卷,胡企林等译,商务印书馆,1991,第341页。
[2] 〔美〕阿尔卡利:《为公司重新策划》,《交流》1997年第2期。
[3] 崔之元:《美国二十九个州公司法变革的理论背景》,《经济研究》1996年第4期。

却比资本主义企业有较大的改善。在决定工作条件、环境、工资待遇和影响企业的就业和其他决策方面,劳资合伙制企业中的普通劳动者比资本主义企业里的雇佣劳动者享有更多的权利,他们可以在工资之外分享企业的利润,可以持有公司的股票成为企业所有者,也可以以劳动者的身份出席公司的董事会和监事会并影响公司的决策。这意味着雇主与工人之间的关系发生了变化,他们之间并不仅仅是雇佣和被雇佣的关系,而是表现出一种合伙经营的关系和合作关系。在允许工人参与企业的决策和分享企业的收入方面,劳资合伙制企业与经济民主企业有相似之处,但在程度上差了许多。两者之间的本质性差别源于它们奉行的是不同企业主权原则:劳动还是资本?劳资合伙制企业是比资本主义企业更人道的企业制度,我把它视为经济民主的一种低级形式或过渡形式。在西方国家,劳资合伙制企业主要有利润分成、工人股份所有制计划和联合决定这三种形式。我们从利润分成谈起。

利润分成(profit sharing)是劳资合伙制经济的一种较低级的形式,它没有改变资本主义企业制度的决策结构,但对其分配结构却有实质性的触动。在资本主义企业里,利润全部归企业主所有,工资是固定不变的,它与劳动者的努力程度和企业的效益无关。在劳资合伙制经济中,雇主允许工人分享属于自己的利润的一部分。这正如小穆勒所说的,"凡是对企业做出贡献的人,不论是用劳动还是金钱做出这种贡献,都按其贡献的大小,像合伙人那样享有企业的股权"[1]。1889年在巴黎召开的利润分成国际会议将"利润分成"定义为:"一种可以自由签订的协议;在这个协议下,雇员按预先确定的固定比例接受利润中的一份额。"[2] 由于这个定义没有强调利润分成的刺激动机,詹赫灵(Jehring)将这个定义修订为:"利润分成是以利润来衡量的、通过雇员直接参与(在他们的通常工资之外)的合作来提高产量和降低成本的任何一种方法。"[3] 而威兹曼把雇员的报酬

---

[1] 〔英〕约翰·穆勒:《政治经济学原理》下卷,胡企林等译,商务印书馆,1991,第335页。

[2] Metzger, B. L., "Profit Sharing in Perspective", Profit Sharing Research Foundation, 1964, p. 1.

[3] Jehring, J. J., "Increased Incentives through Profit Sharing", Profit Sharing Research Foundation, 1960, p. 2.

制度分为工资制度和分享制度，前者是"厂商对雇员的报酬是与某种外在的核算单位（典型的代表是货币或生活费用指数）相联系的，而这种核算单位的价值既与厂商经营状况无关，又与厂商所做或所能做的一切无关"；后者是"工人的工资与某种能够恰当反映厂商经营的指数（譬如厂商的收入或利润）相联系"①。

作为劳动报酬的一种支付形式，分成制早在资本主义以前的社会中就存在着，例如在封建社会有谷物分成制；在英国的煤矿中，矿工按一定的比例从矿主的销售款中得到报酬；"在英格兰南海岸，捕鱼所得的利润按以下方式分配：捕获量的一半归渔船和渔网的主人，另一半在船员之间均分，但船员有义务帮助修补渔网"②。在资本主义社会里，利润分成经济"采取了合作社净收益分成、以班组或全厂实绩为依据的生产奖励、参与毛收益或净收益、毛利润或净利润的分配、优先按预定价格购买股票权、按照生产率增长情况分级增加工资和参与投资基金的使用等形式"③。

法国人勒克莱尔（LeClaire, M. E. J., 1801—1972）被认为是"现代利润分成之父"。他是巴黎的一个房屋油漆店主，雇用200名工人，最初用普通方法（即用固定的工资或薪金）支付报酬。1835年，他的一位朋友的下面一段话对他的触动很大：除非工人参与分享雇主的利润分配，否则无法摆脱劳资之间的敌对。这种观点是与当时流行的经济思想相抵触的，所以，勒克莱尔开始时不以为然。但当他为由劳资矛盾而引起的各种问题苦恼时，他便日益萌生了利润分成计划。起初，当勒克莱尔不满意于工人的行为时，他先是提高工人的工资，力图使他们卖力地干活儿。"但结果却使他很失望。只有当他能够亲躬每一件事，从营业方针到最细小的琐事都予以监督过问时，他才在某种程度上感到称心；而一旦由于营业额增加，他只能发布命令和听取汇报时，从前的那些让人烦恼和不愉快的事便又发生了"。他发现"有这样的工人，他们如此不关心雇主的利益以致完

---

① 〔美〕马丁·威茨曼：《分享经济》，林青松等译，中国经济出版社，1986，第2页。
② 转引自〔英〕约翰·穆勒《政治经济学原理》下卷，胡企林等译，商务印书馆，1991，第336页。
③ 努蒂：《共同决定和利润分成》，《新帕尔格雷夫经济学大辞典》，经济科学出版社，1996，第1卷，第507页。

成的工作量还不及所能完成的 2/3；雇主因此而陷入烦恼之中，看到自己的利益被忽视，他不能不认为，工人在合谋使养活他们的雇主破产。……如果雇主和工人的利益由某种共同的纽带，例如年度分红计划，连接在一起，情况就不会是这样了"①。在以后的几年中，勒克莱尔绞尽脑汁想设计出使这种想法付诸实施的可行性方案。但是，实行利润分成计划的主要反对意见认为，该计划不能使企业经营效益提高到足以弥补企业主的利润损失。然而，勒克莱尔想到，是否有这样一种可能，利润分成计划通过工人的积极性和工作努力程度的提高而使收入提高，不仅足够支付工人所分享的红利，而且会增加雇主的利润？对雇主来说，挣 100 法郎而付给工人 50 法郎不是比挣 25 法郎而把它全部保留更好的办法吗？

这些问题只有通过试验才能回答。1842 年 2 月 15 日，勒克莱尔鼓起足够的勇气，并且不顾一些人的反对和工人的怀疑，开始把他的想法付诸实施。1843 年 2 月 12 日，勒克莱尔把他的 44 名符合条件的工人召集在一起（勒克莱尔似乎只允许他所雇用的工人总数的一小部分分享他的利润），他把装有 12266 金法郎的钱袋扔在他们面前的桌子上，把它打开，按每个人的分享比例把钱分给大家。怀疑消失了，工人们带着信心离开，因为他们知道，如果他们干得更好，如果公司繁荣，他们将直接受益。

"勒克莱尔的试验甚至在全面开展的第一年，就取得了很大成功。那一年，他的雇工，凡是工作够 300 天的，没有一个挣得的收入少于 1500 法郎，而且有些雇工的收入远远高于这一数目。勒克莱尔规定的最高日工资率为 4 法郎，换句话说，工作 300 天应挣得 1200 法郎，因而剩下的那 300 法郎或 12 英镑，必定为工作够 300 天的雇工分得的最低剩余利润额。勒克莱尔先生生动地描述了他的工人在习惯和品性方面所取得的进步，这种进步不仅在工作时间和与雇主的关系上有所表现，而且在其他时间和与其他人的关系上也有所表现，他们更尊重他人和自己了。谢瓦利埃先生在 1948 年出版的一本著作中，援引勒克莱尔先生的话说，工人干劲的增加，即使从金钱的意义上说，也完全补偿了勒克莱尔先生为工人放弃的利润。1857

---

① 〔英〕约翰·穆勒：《政治经济学原理》下卷，胡企林等译，商务印书馆，1991，第337~338 页。

年，维利奥梅先生说：'虽然他那一行中欺诈行为很普遍而他从不搞欺诈，但他却总是能够在竞争中站住脚，尽管他放弃了很大一笔利润，但他的收入仍然相当可观。他能够做到这一点，全靠他的工人具有非凡的主动精神，全靠他们之间的相互监督，这补偿了他因为只满足于获得利润的一部分所做出的牺牲'"①。

巴黎的其他一些大雇主竞相仿效勒克莱尔的做法也都取得了很大成功。例如，"1847年3月，巴黎一家印刷所的老板保罗·杜邦先生，决定把利润的1/10分给工人，使他们成为合伙人。……杜邦先生及其合伙人发现，实行这种合伙制后，他们的利润有很大增加，而工人也对其雇主的这个好主意赞不绝口。由于一些工人的努力，该企业1849年获得一枚金质奖章，在1855年的万国博览会上获得了一枚荣誉奖章。某些工人由于自己的发明和劳动甚至得到了奖励。如果这些优秀的工人在一般的雇主手下干活，那他们是不会有空闲来搞发明的，除非他们把全部荣誉让给发明者以外的人；但在这种合伙制下，倘若雇主不公平，只要有2/3的工人即200名工人反对，雇主就不得不改正自己的错误"。再如，"前巴黎警察局局长吉斯先生，长期以来一直是设在丹尼斯的一家制油厂的老板……1848年，他开始亲自管理这座工厂，发现有些工人每个星期总有几天喝醉酒，上班时有些工人唱歌，抽烟，甚至吵架。为改变这种情况，他采用过许多方法，但都没有成功，最后还是采用以下方法取得了成效，即禁止工人在工作日酗酒，否则将被解雇，同时他保证每年拿出5%的纯利润作为年度奖金与工人分享，每个工人得到的数额将与其工资成比例，而工人的工资是按现行的工资率支付的。采用该方法后，一切便都发生了变化，工人充满了干劲和献身精神。少喝酒节省下来的钱和按时上班增加的收入，改善了工人的生活。年度奖金平均相当于6个星期的工资"②。

在英国，一些企业也效仿勒克莱尔的做法采取利润分成制度而大大增

---

① 〔英〕约翰·穆勒：《政治经济学原理》下卷，胡企林等译，商务印书馆，1991，第338～339页。1961年7月19日，美国的利润分成基金会从华盛顿法国驻美国大使馆的官员那里获悉，勒克莱尔所创办的公司仍然存在，该公司的利润分成制度在121年之后仍然在有效地运作。

② 〔英〕约翰·穆勒：《政治经济学原理》下卷，胡企林等译，商务印书馆，1991，第339～340页。

加了企业成功的因素。在德国，最早对分享经济进行理论分析的是经济学家屠能（Johann Heinrich von Thunen，1783 – 1850）。他反对马克思废除私有制的主张，认为解决资本主义矛盾的方法不在政治领域而在经济领域，分享利润将有助于克服资产阶级与无产阶级的对抗性矛盾。他认为工资不应该只等于必要生活资料 a，而应包括必要的生活资料和剩余两部分，设其总和为 A，A 不仅取决于 a，而且取决于劳动产品量 p，据此，他提出了 $A = \sqrt{ap}$ 这一公式（这个公式在屠能死后被刻在他的墓志铭上），认为必要生活资料和劳动产品量乘积的开方，就是合乎自然的工资。他的解决方案是：使每个人都成为所有者，在通常的工资的基础上，获得投资的利息。屠能不仅如此主张，而且还身体力行，在他的农庄里与他的雇工分享地产的利润。

允许劳动者分享企业利润的一部分，不应该被看作资本家阶级对工人阶级的一种恩惠，它是在资本主义环境下劳资对抗、阶级战争和资本家阶级为改善自身的利益、增加利润而进行改良的产物。在不改变资本主义雇佣劳动工资制度下引入利润分成制度，其实质是在不触动资本主义基本生产关系的基础上试图通过改变其分配方式以解决资本主义的经济问题。因此，我认为，劳资合伙制企业是由于工人阶级的斗争而导致的资本主义企业制度的变异，或者借用马克思的用语，是对资本主义企业制度的"消极的扬弃"。尽管如此，作为由资本主义企业到工人合作制企业之间的一种中间形式或过渡形式，劳资合伙制企业也在资本主义的雇佣劳动关系上打开了一个缺口。这是因为，资本主义雇佣劳动这种制度安排使劳动和资本在物质生产过程中的合作关系变成了要素所有者之间在生产和分配关系上的阶级对立、敌视和冲突，由此种冲突而导致的双方各自利益的损失和因此而产生的效率损失，是能够通过某种使劳资双方合作的企业制度的重新安排而得以减轻的；就是说，在劳资双方的博弈过程中，确实存在着走出"囚徒困境"的合作解。合作是建立在博弈者理性行为的基础上的，每一个博弈者的策略选择不仅依赖于自己的理性行为，也依赖于对手的理性行为。从勒克莱尔和其他人的劳资合伙制的试验中可以看到，工人对利润分成的反映是积极明确的，但只有明智的、有远见卓识的企业主才能在此项计划中看到自己的利益之所在，因为这意味着对雇主权威的挑战和把本来属于自己钱袋中的一部分拿出与本来不应该得到的人分享。这是一种让步，因为在这里劳动者不再仅仅被作为一种生产要素来对待，这正如约翰·布赖特于1877年在罗奇代尔工人集会上的讲演中所说的："英国的工人不再单纯是一部机器，不再单纯是看管一个纱锭或一台织布机，或是在车库旁、烧窑旁或矿山操作的工人了。它不再仅仅是一个生产出商品的人，而是一个——由于这一切变化——被注入新的生命而且具有一种新的、有促进作用的责任感的人。"① 一旦工人被当作有感情、有意见的人来对待，企业主就有可能不仅仅在分配方面而且在其他方面也考虑劳动者的利益，倾听他们的声音，这就为劳动者参与管理铺平了道路。

第八节 美国的劳资合伙制经济：ESOPs

或许是由于土地丰饶低廉、劳动力相对昂贵等原因，美洲殖民地不存在像母国那样的典型的阶级结构和阶级关系。"在其他国家，地租和利润吃掉工资，两个上层阶级压迫下层阶级。但在新殖民地，两个上层阶级的利害关系，使得他们不得不更宽宏地更人道地对待下层阶级"②。所以，"美国企业从建国早期以来在如何对待劳工问题上一直在进行各种试验，但对工作场所的新的合作模式的兴趣则是在最近十年中变得特别浓厚起来。美国的第一个利润分成计划是1795年在宾夕法尼亚玻璃厂实行的，其创始人为艾伯特·加拉丁，他在杰斐逊与麦迪逊总统任期内曾任财政部长。一个世纪之后，在'福利资本主义'时期，利润分成和职工入股计划被广泛使用来提高生产率，并削弱工会和激进思想的吸引力。20年代，当提供这类计划的运动达到高潮时，多达650万工人拥有他们公司的股票，总值约50亿美元（相当于90年代早期大约2000万工人拥有总值2500亿美元的股票）"③。

---

① 转引自〔法〕巴斯夏《经济和谐论》导言，许明龙译，中国社会科学出版社，1995，第12页。
② 〔英〕亚当·斯密：《国民财富的性质和原因的研究》下卷，郭大力、王亚楠译，商务印书馆，1979，第234页。
③ 〔美〕阿尔卡利：《为公司重新策划》，《交流》杂志，1997年第2期，第61页。

股票市场的崩溃和随之而来的大萧条，使公司的利润和股票的价值狂跌，从而使福利资本主义一蹶不振。到了1939年，仅存37个实行延期利润分成计划的（deferred profit sharing program）的企业和几百个实行现金利润分成计划（cash profit sharing program）的企业[1]。但在"二战"以后，当美国经济恢复生机时，福利资本主义又有所抬头。实行延期利润分成计划的企业由1939年的37个增加到1963年的33522个，延期的利润分成占职工退休金的比重也由1940年以前的5.6%提高到1962年的49%[2]。但是，福利资本主义并没有消除传统资本主义的弊病，资料表明，社会财富日益积聚与集中于少数人手中的过程并没有停止，特别是财产分配愈加不平均，到了1972年，占美国总人口1%的富人拥有56.5%的公司股票，5%的富人拥有72%的股票。在这种情况下，出现了"人民资本主义"的思想——鼓吹通过股份制使人人都可以拥有股票，并且成为企业的"主人"，从而可以消除无产阶级与资产阶级的传统界线，解决资本主义的弊端。其具体表现形式是美国政府在20世纪70年代开始推行的"工人股份所有制计划"（Employee Stock Ownership Plans，简称ESOPs）。

所谓ESOPs，简言之，是这样一种计划，在该计划中，美国政府启用税收、信贷等手段，鼓励用工人的退休金购买该公司的股票，以期达到提供工人退休福利、为公司提供融资手段、促使财产从公司私人所有者向他们的雇员转移等目标。ESOPs的最初设计者是旧金山的律师路易斯·凯尔索（Louis Kelso）和路易斯安那州的民主党参议员及参议院财政委员会主席拉塞尔·龙格（Russell Long）。凯尔索认识到在美国资本主义制度下财富高度集中这一事实，他相信，如果这一趋势继续下去，必然会导致私人财产概念和美国政治平等传统概念之间的矛盾，资本主义和民主将不能共存。凯尔索认为，解决问题的关键在于分散资本所有制结构。为此，他设

---

[1] 利润分成主要有三种形式：现金利润分成计划是指只要利润确定后（如每月、每季或每年），利润以现金支票或股票的形式直接支付给雇员；延期利润分成计划是指利润并不马上支付，而是记入雇员的账号中，只有当雇员退休后或出现下列一些特殊情况如死亡、伤残或离开本企业，雇员才能以现金的形式提取他们分成的利润；混合的利润分成计划（combination profit sharing）是指利润部分以现金的形式、部分以延期的形式支付。

[2] Metzger, B. L., "Profit Sharing in Perspective", Profit Sharing Research Foundation, 1964. PP. 6–7.

计了这样一种计划，即以社会退休保障制度和信用制度为启动杠杆，鼓励工人购买雇主手中的股票，与雇主分享经营成果，从而创造新的所有制结构，刺激生产率提高。凯尔索于1956年建立了第一个用"贷款"的职工入股计划，从而购进了在加利福尼亚的帕济阿尔托地方的半岛报业公司的多数控股。这种用职工入股方法来拓宽收入和财富的分配的做法使龙格特别感兴趣，他认为，职工入股可以减少阶级冲突，提高生产率。从1973年起，龙格发起了旨在通过联邦立法促进ESOPs的长期运动，在1973~1987年期间，他在15项以上的法案中为职工入股计划赢得了国会的支持。特别是1984年里根政府通过的《税收改革法案》，使ESOPs成为不可抵抗的诱惑物。该法案规定：（1）如果ESOPs掌握了公司30%以上的股票，该公司的股票持有者将他们的全部或部分股票卖给ESOPs，并将其出卖股票的价值再投资于其他公司的股票，则可以免征资本所得税；（2）以工人获得股票为目的贷款给ESOPs的银行，可以减免50%的利息所得税；（3）如果ESOPs将股票的红利分配给ESOPs的参加者，该公司则可以从它的应纳税收入中减去支付ESOPs持有股份者的相应数额。

ESOPs在以下两个方面与传统的退休金计划和利润分成计划不同：（1）它的投资方向不是多样化的有价证券，而是雇主公司的股票。上述两种传统计划的主要目的是为受雇者提供退休收入，它们用在投资于公司股票上的数额，一般不会超过10%，因此它们与公司的投资和营运无关。（2）ESOPs是唯一可以建立在借贷资金基础上的工人福利计划，通过这一计划，工人可以借钱购买公司股票，而其债务将通过公司的正常经营与清偿贷款而偿还，其结果是工人可以不动用自己微薄的储蓄，不用提供抵押品或其他任何形式的保证，就能获得公司的股票。同时，也正是因为具有可以借钱的唯一特权，ESOPs可以作为公司融资的有力工具。

ESOPs主要有两种方式。第一种也是最简单的形式叫作股票红利计划（stock bonus plan），因为它不涉及任何借贷资金，不包括使用商业信用，该计划又被称为"非杠杆"的工人股份所有制计划（non-leveraged ESOPs）。与利润分成计划不同，股票红利计划允许雇主提供股票而不是现金，雇主可以决定什么时候和提供多少股票。参加股票红利计划的好处是，公司可以立即减免纳税额，其减税额相当于公司提供的股票市场价格总额。因此，该计划可以使公司在不增加现金支出的情况下增加流动资金，因为公司在保有全部资产的同时可以得到减税的优惠。ESOPs 的典型形式是叫作"杠杆的"工人股份所有制计划（leveraged ESOPs），因为它是建立在借贷资金基础上并以银行信用为启动杠杆的，它是真正的 ESOPs。凯尔索和龙格都认为，只有政府启动信用机制的杠杆，才是 ESOPs 产生经济和社会效果的核心。杠杆的 ESOPs 的建立和运作过程可以用图 4－2 来说明。

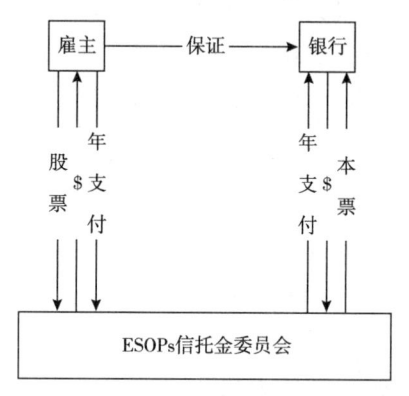

图 4－2 "杠杆的"工人股份所有制计划

（1）公司成立 ESOPs 信托基金委员会，该委员会从银行借款，并向银行交具负责偿还贷款的本票。（2）公司向银行出具书面保证书，保证每年向 ESOPs 提供足够的收入，以使 ESOPs 具有偿还贷款的能力，并保证如果 ESOPs 失去偿还贷款的能力，则由公司负责承担该项债务。（3）ESOPs 用银行借款从股票所有者手中购买公司的股票。（4）公司每年以现金的形式支付红利给 ESOPs，使 ESOPs 逐年偿还银行的贷款，公司的该项支出可以获得减税的优惠，从纳税收入中扣除。（5）ESOPs 购买的公司股票首先以抵押品的形式由贷款银行持有。每年，随着 ESOPs 偿还债务，股票由银行的抵押品变成 ESOPs 的财产，在每一个工人的工资基础上按着工资总额的百分比分配到工人的"假设"的或"暂时停止使用"的账户中。所谓"假设"的或"暂时停止使用"的账户，是指与其他退休福利基金一样，有一个"生效"期，通常为 10～15 年。新的税收改革法案将生效期缩短为 7 年。（6）如果工人在生效期满以前离开公司，他的股份将被没收，并分配到其他工人的账户中；如果工人在生效期满后退休或离去，他享有的股份将分配给他。他将有两个选择：他可以在60天内将他的股份卖给公司，如果他没有这样做，他在第二年还会有同样的第二次机会。如果他没有利用这两次机会，公司将不再收购他的股份。这项规定主要是针对股票不上市的公司，如果是上市股份公司，工人可以将其股票按市场行情在交易所出售。

在生产资料私有制占主导的社会里，设计ESOPs的目的，并不是要使工人拥有企业，而是试图通过改变公司的金融结构改善私有经济运行所产生的种种弊端。事实上，即使工人百分之百地拥有公司的股票，他们也不能真正控制企业，而大多数参加ESOPs的公司其目的不是使工人拥有企业，而是把它作为一种融资手段和减税优惠。首先，工人没有他们应该拥有的投票权。虽然法律规定参加ESOPs的私人公司可以在少数几个重要问题上（如合并、倒闭、迁移等）让工人参与投票表决，但全国ESOPs中心的调查结构表明，在1984年存在的7000家参加ESOPs的公司中，有85%没有给予工人投票的权力。其次，决定是否参加ESOPs的，不是工人，而是经理。同时，经理有权决定哪一个工人可以参加ESOPs，哪一个不可以参加。尽管法律在这个问题上规定了非歧视的原则，但经理很容易将60%的工人排斥在ESOPs之外。再次，ESOPs委员会的成员，不是由工人直接选举产生的，而是由经理任命的，而ESOPs股票的投票权是由委员会成员行使的，这就使工人"所有者"与他们的代表隔绝开来。最后，更主要的是，工人"所有者"无权任命和罢免经理。

问题很清楚，行使ESOPs企业真正控制权的不是工人而是经理。具有讽刺意义的是，在这个私有财产权被广泛接受的国度里，工人"所有者"却不曾拥有他们应该拥有的权利，这些"职工兼股东"对公司的政策决定的影响力微乎其微，并不比其他工人多。职工入股计划与其他退休金计划一样，它极易为资方所控制，资方尽可以用它们来促进他自己的利益而不是工人们的利益。例如，韦尔蒙特·阿什斯托集团公司（Vermont Asbestos Group，VAG）是百分之百地被职工"所有的"ESOPs企业，但董事会的会议实际上对工人关闭，管理层做出的一系列重要决定与工人"所有者"的愿望背道而驰。最早企图建立"民主ESOPs"的拉什包装材料公司的一位工会的工作人员曾以失望的口吻对会面者这样说,"即使所有的厂长都是由 ESOPs 参加者选出,工人也不能控制拉什包装材料公司。我们拥有它,但与开始时相比,我们却越来越少地控制它。"曾发生过经理叫警察把工人"所有者"驱逐出工厂的事件,另一个 100% ESOPs 企业公司的工人"所有者"正在罢工。①

20 世纪 80 年代是 ESOPs 的鼎盛时期。由于停滞膨胀(stagflation)、恶意收购(hostile takeover)和《税收改革法案》的实施,ESOPs 有了极大的发展。停滞膨胀使许多公司的情况恶化,为了避免停业清理或工厂关闭,不少公司参加了 ESOPs。例如,1984 年,职工购进了韦尔顿钢铁公司,这次购进是最早几次职工入股计划成功地挽救处于倒闭威胁企业中的一次。韦尔顿是北美洲最大的钢铁公司,从 1984 年到 1990 年,该公司在职工入股之后办得极为成功,公司赢利,工作条件有所改善,就业人数上升,而其他钢铁公司则大幅度下降。同时在 20 世纪 80 年代,职工入股计划经常被经理们用来挫败具有敌意的接管,因为 ESOPs 占有大量的股份,从而使企业兼并者无从下手。据统计,《幸福》杂志中的 500 家大公司中的 27% 至少有 4% 的股份掌握在工人手中。图 4-3 表示从 1975 到 1990 年参加 ESOPs 的公司数和职工人数的增长情况。

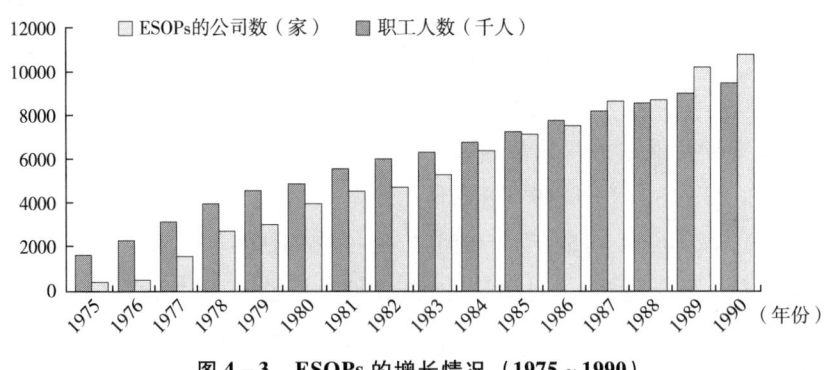

图 4-3　ESOPs 的增长情况(1975~1990)

然而,ESOPs 的努力在 1987 年股票市场的崩溃以及随之而来的 20 世纪 90 年代初的经济衰退中化为泡影,股票价格的惨跌和公司的破产使工人

---

① 《商业周刊》,1980 年 9 月 22 日。

眼睁睁地看着他们的储蓄金额在消失。"只要股票价格上涨，ESOPs 就是一件好事；但如果股票价格下跌，ESOPs 就绝对是不明智的投资计划。"一位投资分析专家这样说。另一位退休金法律顾问说，如果经济衰退持续较长时间，"你就得准备许多有关 ESOPs 的诉讼案，听到许多有关 ESOPs 的可怕故事。"这些可怕的故事已经出现了。由于不景气，许多参加 ESOPs 的公司因无法偿还银行的债务而债台高筑。一些公司加入申请破产的行列，其中包括著名的汤姆森·麦金尼公司（Thomson Mckinnon Inc.）和泛美航空公司（Pan Am. Inc.）。汤姆森·麦金尼公司的职工拥有 77% 的公司股份，价值总额达 14000 万美元，许多高级工人拥有的股本超过了 10 万美元。1987 年 10 月 19 日的"黑色星期一"使汤姆森·麦金尼公司的股票价值总额降至 12000 万美元，并且继续下降。到了 1989 年中期，职工在一封信里被告之："ESOPs 的股票完全有可能一钱不值。"当该公司被迫停业清理时，某些拥有 10 万或 20 万以上美元股本的工人变得一无所有。一些在破产边缘上挣扎的 ESOPs 公司采取利润最大化企业的传统做法来对付萧条，即依靠诸如裁员和雇用外来的工资较为低廉的临时工的办法来削减成本。例如，我们在上文提到的韦尔顿公司自 1990 年以来遇到了一系列问题，被迫裁减职工，从 1989 年的 8000 人减至 1994 年的 6000 人，而且还要进一步裁减。为了筹款来进行基本建设，工厂不得不向公众出售股票，从而减少了职工占的资本份额和压缩了他们的股本所得的利润。各种经营中的问题进一步加剧了劳资间的紧张关系。

第九节　续前：美联航与 NUMMI

强有力的证据表明，简单的职工入股计划本身并不足以引出参与制经济的高效率。20 世纪 90 年代以来，一些遇到困难的企业从实行简单的职工入股计划转而进行新的劳资伙伴关系的改革，改革的核心是提高职工的参与程度，从而把职工的利益与企业的利益有意识地连接在一起，如奖励工人提建议、参与企业管理、创造平等气氛、缩小收入差距等。结果，工人士气大振，生产率成倍提高。尽管这种现象还只是一种苗头，所涉及的只有企业中十分之一左右的"困难户"，而且在实行中还得克服管理方面和传统观念的阻力，但它已形成朝向一种新的企业文化发展的趋势。美国经济学家阿尔卡利在其《为公司重新策划》一文中举出不少濒临破产的企业悉心改革、转危为安的例子[①]，来说明这一趋势的发展，其中两个最著名的例证是美国联合航空公司（the United Airlines Inc.）和新联合汽车制造公司（New United Motor Manufacturing Inc. 即著名的"NUMMI"）。

1994年7月，联合航空公司的职工以总值将近50亿美元的调低工资和福利以及其他让步，换取了55%的公司股票。这是美国最大的职工购股，其数值之大引起了人们的注意。同样引人注目的是，联航公司职工只要继续拥有公司至少20%的股票就将获得公司中的多数表决权这一安排。他们还赢得了更大的职业保障和十二个董事位置中的三个和对公司重大决策的否决权，以及直接挑选公司最高层管理人员和经营公司的权利，这在美国工商业中是少见的。

在实行新的劳资伙伴关系之后，联航公司很快就争得了市场的较大份额，比它的竞争对手更快地提高了劳动生产率和利润率。它还增加了8000名就业工人，而它的对手们却在裁减人员。这些成就已经在它的股票价格上反映出来。此次职工入股以来其他航空公司的股票价格上涨了约三成，而联航公司的股票已上涨了大约二倍。具有讽刺意味的是，正是由于公司的成就而使资方和职工之间发生了争执，工人要求更高的利润分成，而资方打定主意要将这些钱再投在公司的继续发展上。

《商业周刊》把美联航取得的进展归于劳资双方之间"一度被认为是不可想象的合伙"。这种合伙关系把经理单方面说了算的等级制企业改造成更为合作、有激励机制的企业：首先，工人被赋予对他们的工作更多的直接责任和控制权；其次，他们能得到为执行他们的责任所必需的信息和训练；第三，他们所得的部分报酬和他们完成任务的好坏挂钩。在许多情况下，资方还向工人们保证：辞退工人这步棋只有在万不得已必须采取最后一招时才实行，少了这种保证，工人们将不太可能去支持会节约劳力的改进措施。"我们不再是一个靠发号施令和控制来运行的公司，"公司的新

---

① 参阅〔美〕阿尔卡利《为公司重新策划》，《交流》1997年第2期。下面的例子都是出自该文。

任总经理杰拉尔德·格林沃尔德（他担任此职是作为职工入股这个行动的一部分）这样说。改组后不久，格林沃尔德便下令撤去了公司总部将总经理的办公室隔开的厚重的玻璃门，同时建立了几个职工小组来考察公司的运作情况。

联航公司的职员们在合作和参与管理的工作安排下生产得更多更好，收入也更高。例如，一群驾驶员、舷梯周围的工作人员以及经理人员设计了一种简单办法，让飞机在停机坪上时使用电来代替喷气燃料，从此每年为公司节约了大约 2000 万美元。为此唯一的基建投资是购置更长的梯子，好让舷梯旁的工作人员可以把电缆插进去。一位主管燃料的负责人说，"以往，我们会发一道命令，而一切也就会照旧进行。"除了节约燃料的计划外，一个小组建议在冬天雇用一小时 7 美元的临时工来卸滑橇，这样要比付给舷梯周围工人每小时 38 美元的加班费要省得多。另一个小组建议给驾驶员和机上服务员以更大的灵活性来决定调换值班班次，如此可以减少请病假的时间。在 1995 年，旷工率因而减少了 17%，为公司每年节约了将近 2000 万美元。1995 年秋天，公司考虑购买陷入困境的美国航空公司，因为它的航线可以和联合航空公司互相补充，联航最后决定不投标，其部分原因是职工们对两个公司是否真能合而为一深表怀疑。"我们实行开放，"格林沃尔德说，"不但没有失去什么，而且所得甚多。"工人们的意见使公司免于受过度扩张之害，而过度扩张已使许多其他航空公司一蹶不振。

联航公司的例子只是通过改变公司的传统治理结构而挽救企业的许多成功的例证之一，它说明了实行以入股、参与和分享为基本特征的新型劳资伙伴关系（当然是建立在生产资料私有制基础上的，因而不能彻底实现）可以在一定程度上改变利润最大化企业的运行特征，并且可以调动和刺激工人的生产积极性，从而提高生产效率。实际上，无论工人是以所有者的身份还是以企业利益相关者的身份，允许他们在一定程度上参与企业的管理和决策，已经成为眼下西方企业管理的一种"时尚"。一些美国的公司开始就如何使职工在更大程度上参与管理进行各种试验，最普通的方式是"协商"安排，例如在车间举行定期、自愿的碰头会，使工人有机会就管理问题发表意见。不过有些公司走得更远，它们建立了自行指挥的工作组和生产小组，使小队工人可以自行管理自己的工作。在这方面，最为著名的例子是通用汽车公司和丰田汽车公司在原来通用汽车公司在加利福尼亚的弗里蒙特的汽车厂成立的生产小型轿车和卡车的合资厂。这个合资厂把新型的劳资合伙关系与丰田的高效率工作组织制度结合起来，其结果是，使"世界上最差的厂"——弗里蒙特通用汽车厂，变成了美国生产率最高的汽车装配厂，以至于在美国企业管理学的辞典上出现了"NUMMI"这个特殊的术语。

弗里蒙特汽车厂原是通用系统中成绩最差的厂之一，也是整个汽车工业中最差的。厂中工人酗酒无度，吸毒成习，其产品质量低劣，生产率低，工人旷工率高得异乎寻常——有时在星期五及星期一，甚至没有足够上班的工人以维持生产线的运作。工厂于1982年关闭。1984年与丰田汽车公司合资之后，这个厂并没有引进新技术，85%的工人仍在老厂工作，然而，NUMMI的生产率不久就几乎达到老厂最高水平的两倍，高出通用各厂平均水平近40%，成为企业管理的一个典范。

NUMMI的成功经验有两条：一是采取了改变劳资关系的措施；二是抛弃了泰勒的所谓"科学管理"，而采用了工人、技术员和管理者的"团队合作"（team work）的日本所谓的"丰田生产方式"。这些措施和方法有：（1）与联合汽车工人工会订立了新的合同，让工会在从生产节奏到公司的基本建设投资的各种事务中起正式的咨询作用。（2）奉行不解雇工人的政策。公司遇到特殊经济困难时，不是解雇工人，而是削减管理人员的薪水；收回转包出去的工作，分给本厂工人；征求自愿退职，给工人重新分配任务，以及实行其他既不裁减工人又可降低成本的措施。（3）创造一种"平等"的工作环境，生产工人和部门主管享受同样的津贴和特权，例如，共用快餐厅和其他设备。（4）由6~8名工人组成一个小组，小组长根据工会与资方一项协议挑选决定，他们比其他工人每小时多得少于50美分的工资；三四个小组为一个队，队会每月两次：一次讨论安全问题，另一次则由劳资双方互通信息；全体职工一年开两次会：一次讨论产品质量，另一次检查前一年的总效益，并讨论来年的目标；此外，公司总裁和副总裁们每一季度和工人一起举行午餐会，讨论职工的切身问题。（5）工种减至两类，而在老弗里蒙特通用汽车厂，则有80多个工种，小组成员必须能够完成小组的一切任务，工资差别缩小了，工作轮换次数增加了。(6)鼓励小组成员对有关他们工作的问题独立做出决定，劳资双方寻求一种互相尊重和信任的关系，在有关企业的问题上，资方必须征询工会的意见，雇员和资方双方同意以非对抗方式解决问题，这些方式包括讨论、达成一致意见、圆桌会议等。(7)开办各种各样的训练班，培训新成员熟习生产小组所需要的多方面的技能，所有的小组成员都接受解决问题的技术方面的训练。(8)有一个正式的奖励工人提建议的计划。凡是提出好建议的工人得到经济上的报酬。1991年，NUMMI的工人提出了1万多条建议，其中，80%以上已被采纳。(9)工人的工资与生产成果挂钩，职工每年得到优质产品和高生产率奖金，奖金是根据公司的生产率数字、顾客的满意程度调查和两次内部质量检查结果来计算的。

这样做的结果是，一座效率低得可怜、1982年关闭时雇用5700人的汽车工厂，在经过少量投资之后，工人大体上仍是原班人马，却被改造成为通用系统中生产率最高的工厂之一，旷工率下降到2.5%，而在老弗里蒙特通用汽车厂，旷工率高达25%。NUMMI体制的精髓是"充分利用工人的能力"。小组成员被当作专业人员看待，受到体贴和尊重。有人把NUMMI的生产体制形容为这样一种体制，它把职工的参与和不断改进的过程与通过"科学管理"技术使工作标准化的努力结合起来。然而，不同于传统"科学管理"的是，在NUMMI，没有工业工程师来规定使每项任务能以最有效的方式完成的工作标准。相反，在NUMMI，是工人自己来规定工作标准，并由他们自己负责不断改进这些工作标准的。

第十节　德国的共同决定制

就在美国实行工人股份所有制计划的差不多同时的20世纪70年代，许多欧洲资本主义国家（联邦德国、英国、瑞典、挪威、丹麦、奥地利、荷兰、法国、卢森堡、西班牙等）通过法律，要求工人代表进入大公司的董事会、监事会和管理层，实行共同决定制。所谓"共同决定"（Co-determination，以下简称共决制），是指雇员通过组成委员会并选派自己的代表进入公司的管理层来参与公司决策的一种制度。在不同的法律环境中，劳动者所享有的共同决定的权利是不同的。在一些国家如美国，工人没有任何影响公司决策的法律权利；而在另一些国家如西德，法律则明确授予工人参加公司管理层和影响公司决策的权利。德国是最早以法律的形式明确工人参与公司决策权利的国家，Co-determination 这个英文单词就是从德文 Mitbestimmung 转译过来的，所以，本节主要介绍德国的共决制。

虽然德国的共决制是第二次世界大战之后才正式出现的，但是其发展有一个历史的过程。共决制之所以在德国出现绝非偶然，一方面，普鲁士国家在残酷镇压社会主义运动之外还推行各种改良主义改革措施，企图改善劳动阶级的物质福利和调和劳资双方的对立和矛盾；另一方面，扩大和完善共决制一直是德国社会民主党和德国工会所主张的"经济民主"的重要组成部分，是他们的纲领性要求。社会主义的经济理论和经济纲领，以及各种改良主义思潮和政策为共决制在德国的出现提供了滋补的土壤。

德国共决制的政治历史起源于1848年革命。在1848年德国首届当选国会在法兰克福召开的大会上，少数派提出了《德意志国家工商业管理条例》的议案，第一次要求在企业中设立工人委员会，试图改变工业的组织形式。该议案虽然最终未获得通过，却产生了积极的影响。1850年，在萨克森邦的爱伦堡，有4家印刷厂第一次建立了工人委员会。1891年，反社会主义法被废除。德皇威廉二世受到社会主义思想的兴起、社会民主党在选举中的胜利以及矿山工人的罢工压力的影响，颁布了《营利事业法增订法》，该法允许企业组建工人委员会。然而，只有在工会活动活跃的企业内才有工人委员会。1916年，德国颁行了《为祖国义务服务法》，它开始把设立工人委员会作为企业义务强制性规定下来。1920年，魏玛共和国政府通过《工厂委员会法案》，要求所有超过20名雇员的企业都必须建立"工厂委员会"，工厂委员会由工厂企业中全体就业者选举产生，在与工会协商一致的条件下，在现行工资协议范围内，保护雇员的共同社会经济利益，支持雇主实现企业的经营目标。1922年，通过《工厂委员会补充法案》，要求工厂委员会派遣一至两名雇员参加所属公司的监事会。这样，在工厂—公司两级机构中形成了共决制的初步轮廓。在工会兴办的企业即所谓的公共经济企业中，任命一名工人委员会的雇员代表为公司董事会中负责人事与社会问题的委员。这就是后来联邦德国"矿冶共决"模式中

"劳动经理"的前身。

德国社会民主党则一直把经济民主或工业民主作为自己的经济纲领的一个主要目标。在其成立之初，即在1869年爱森纳赫成立大会通过的纲领中就已指出，工人阶级要争取一切平等权利与义务，要求国家"保证民主管理"。6年后，即1875年哥达合并代表大会通过的纲领又要求"由工人选出的负责人监督矿山、矿井、工厂、作坊以及家庭工业的劳动"。在1891年爱尔福特党代会召开前公布的纲领草案中，德国社会民主党仍坚定不移地站在工人阶级立场上，提出"由帝国劳动总局、各专区劳动局和劳工管理科以及由工人选举出来的企业视察员负责监督一切工业企业，并负责调整城乡的劳动关系"。尽管这些纲领中充斥着对资产阶级国家迷信的浓厚色彩，但要求民主管理、民主监督的思想已略见端倪。当然，这时候德国社会民主党提出的民主管理、民主监督的对象还比较空泛，诸如"监督劳动"、"监督一切企业"等都不具体，至于通过何种手段，怎样进行管理和监督，则更未涉及。第二次世界大战之后，欧洲社会民主党中流行这样一种观点，即认为经过几代人的努力，政治民主多少得到了某种程度的实现，目前主要的奋斗目标应是经济民主。社会党国际法兰克福宣言把经济民主说成是一切经济目标的本质，其主要内容是劳动者参与生产决定，与资方共享决策权。德国社会民主党在战后很长一段时期内，一直是作为合法存在的最大反对党进行政治活动，开展了争取确立共决权的卓有成效的斗争。

1951年5月，由于社会民主党、工会和广大煤矿钢铁工人以群众性罢工相威胁，联邦议院通过了《煤与钢铁产业共同决定法案》（Coal, Iron and Steel Codetermination Act）。该法案规定，在雇员人数超过1000人的煤炭、矿业和钢铁企业中，雇员代表和雇主代表以等额比例进入公司监事会（Supervisory Board，德国的监事会相当于英美的董事会，即Board of Directors）。雇员代表进入监事会的理由是，他们将更好地代表集体利益行事，而在第二次世界大战中，那些钢铁公司和矿业公司公开资助纳粹党。为了避免僵局的出现，监事会中必须有一名中立的代表。这样，这些公司的监事会原则上由11名成员组成：5名雇主代表，5名雇员代表，和一个被称作"第十一人"的中立代表。中立代表既不是工会也不是雇主联合会的代表，也不同他们有任何工作上和业务上的关系，在公司中既不是雇员也不是雇主，并且同公司没有经济上的重大利益。该法案还规定，在公司管理委员会（Management Board）设立一名劳动经理，他的权利和地位与管理委员会中其他成员完全平等，负责人事与社会问题。劳动经理的人选要在不违背监事会中雇员代表多数票的情况下决定。尽管共决制局限于煤炭和钢铁等领域，但该法案的通过具有重大的意义，它承认和以法律的名义明确地规定了劳资双方在管理公司事务方面具有平等的权利，开创了西方发达国家实行高级的劳资合伙企业制度之先河。该法案通过以后，一些公司进行了反抗。例如，曼内斯曼钢铁公司注册了钢铁行业之外的控股公司，企图逃避受该法律的管辖。作为对这种行为一种反应，联邦政府在1956年颁布了补充法案以杜绝这种情况。

《煤与钢铁产业共同决定法案》通过之后，德国社会民主党和德国工会致力于将共决制推广到所有的大中型企业中去。1952年，在其努力下，联邦议院通过了《工厂委员会法案》（Works Councils Act）。该法案规定，职工人数在501～1999之间的其他行业的企业，职工代表要占监事会的1/3席位。1959年，德国社会民主党通过的哥德斯堡纲领指出，"对经济成果做出决定性贡献的工人和职员迄今仍被排斥在有效地行使共决的大门之外。然而，民主却要求职工能在企业和整个经济中共决。职工必须从经济领域中的奴仆变成经济领域中的公民。"该纲领还提出这样的要求："钢铁工业和煤炭工业实行的共决，标志着一个新的经济制度的开始。必须将共决进一步发展成为适用于大企业的民主企业法。职工在经济部门的自治机构中的共决必须得到保证。"在20世纪60年代中期，社会民主党从反对党变为参与政权的执政党，共决制的普及和推广工作进展神速，共决法得到进一步完善。共决制的推广取得关键性突破的标志是1976年《共同决定法案》（Codetermination Act）的通过，该法案把共决制推广到煤炭、钢铁、矿冶行业之外的所有企业。

《共同决定法》规定，凡是职工人数超过2000人的公司，监事会平等地由股东代表和职工代表组成，监事会成员的人数按照公司的规模大小分别为12名、16名和20名，股东代表和职工代表各占一半。1976年的共决法把共决制推广到所有大型企业，这无疑是一个巨大的进步。但与1951年的共决法相比，雇主的权利得到了明显的照顾。这首先表现在公司监事会中劳资双方代表的力量不均等。法案规定，监事会成员总共 12 名，6 名雇员代表中必须有一名高级职员的代表。事实上多数高级职员的地位接近于资方，他们不能代表雇员的利益。其次，法案规定监事会的主席由资方担任，当监事会内劳资双方投票出现僵局时，这位主席拥有双票权，可以最后做出任何有益于雇主的决定。煤炭、钢铁、矿冶企业监事会中的中立者在这里完全没有了。雇员代表中应有 2 名企业中的工会代表，他们与其他雇员代表一样都是由全体职工选出来的。法案还规定，管理委员会中的劳动经理人选不再取决于雇员代表方面的多数票，而是由资方提名。尽管如此，1976 年的共决法还是遇到了企业主的顽强反抗。法律颁布后，9 家公司和 29 个雇主同盟认为它侵犯了所有者的基本权利，向联邦宪法法院提出违宪控诉，联邦宪法法院最后裁决确认 1976 年的共决法与联邦基本法是一致的，驳回上诉。2004 年，德国议会又通过了《三分之一参与法》（Third Participation Act），这部法律与 1952 年的《工厂委员会法》相比并没有太大的变化，但是其选举规则简单了，并且修补了法律实践中所批评的几个法律漏洞。在 2005 年底，德国共有 729 家受《共同决定法》管制的公司和 30 家受《煤与钢铁产业共同决定法》管制的公司，至于适用于《三分之一参与法》的公司，则有 2000 家之多。

德国的共决制在两个不同的层次上实行：工厂和公司。工厂层次的共决制是指通过在工作场所建立工厂委员会实现劳动者的参与决策。参与决策的范围主要涉及与个人切身利益有关的劳动事宜，如劳动时间、劳动保护、劳动安全等，其法律基础是 1952 年和 1972 年的《工厂委员会法》。1972 年的《工厂委员会法》规定，"在拥有 5 名以上有选举权的雇员的工厂企业中，可选举 3 人组成工厂委员会。"工厂中所有 18 岁以上的雇员都可以参加选举。外国雇员也有选举权和被选举权。无论加入工会与否，其权利、机会均等。工厂中高级职员不属雇员，不得参加选举。工厂委员会委员任期为 3 年，不称职者可根据雇员意见随时撤换。工厂委员会委员在任职期间及离任一年之内雇主不得以任何理由解雇。多数委员在任职期间不脱离本职工作，只有在大企业中才允许有一名或几名脱产的工厂委员会委员。任何人不得阻挠妨碍工厂委员会的工作。对于工厂委员会委员来说，既不允许由于他的工作而遭受歧视，也不允许接受任何好处。工厂委员会拥有多方面的权利，首先是在社会和人事事务方面。在工厂内部规章制度、劳动期间的起止、休假计划的安排以及具体人事问题如招工、定级等方面，工厂委员会都拥有参与共决的权利。没有工厂委员会的同意，工厂企业的经理不得安排加班或延长工时，不得设置考勤钟或其他监督雇员劳动的设备，不得擅自发布关于附加工资或奖金的规定，不得任意宣布解除工人租用公寓的契约。工厂委员会不能阻挠工厂主解雇雇员，但雇主必须及时把解雇决定通知工厂委员会，工厂委员会在一定范围内有提出异议的权力。如果被解雇者向劳动法院提出控诉，工厂委员会提出异议，在法院判决之前，这名雇员可继续留在原工作岗位上。如工厂发生危及雇员利益的重大变化，如解雇一批雇员、工厂停工或关闭等，必须事先及时通知工厂委员会。后者有权要求雇主制定并实施一项社会计划以补偿或缓解有关雇员所遭受的损失，如支付赔偿及搬迁费等。

公司层次上的共决制就是指职工代表进入公司的监事会，并且享有与雇主代表基本上相同的人数和权利。关于这一点，我们在上面讲述德国共决制的历史时已经有过较详细的说明，这里再作简要的总结。一般而论，德国公司共决制依照不同的行业和规模分成这样三种类型：最平等的共决制出现在适用于1951年《煤与钢铁产业共同决定法》的煤炭、矿业和钢铁企业，在这里，雇员代表与雇主代表在监事会中的席位和权利完全相等；其次是适用于1976年《共同决策法》的所有雇员超过2000人的公司，在这里，虽然股东代表和职工代表在监事会各占一半，但资方代表显然获得了更多的权力；最后是适用于1952年《工厂委员会法》和2004年《三分之一参与法》的所有少于2000名职工和多于500名职工的企业，职工代表在监事会的席位要占1/3。

德国的共决制是在不改变生产资料资本主义私人占有制的情况下所能达到的最高程度的民主，它说明了一种不按照私有制逻辑来治理的企业完全有可能在生产资料私有制的基础上建立起来。工人不是凭着所有权而是凭劳动者的普通身份进入公司的管理层参加决策，他们与资方平起平坐，对公司的管理具有基本上同等的权利。工人之所以有管理公司的权利，不是基于效率的理由，而是根据正义的民主原则。德国的共决制是更人道的企业制度，它表明，如果与资本相比，劳动不是更重要，至少同等重要，所以它与真正的经济民主企业的距离只差一步。如果劳动雇佣资本的原则得以进一步贯彻——这在日本的企业制度中有所体现——这一步就跨越过去。在"二战"之后,德国的复苏、繁荣和强大与其推行共决制是密不可分的。

第十一节 日本的"从业员主权"

沿着由低级的劳资合伙制企业向高级的经济民主企业不断地向上移动的光谱,本章的最后一节将介绍日本的企业制度。日本的企业特别是大公司在其演变、发展和改革的过程中,特别是在"二战"后美国占领军强制推行的经济民主化改革政策过程中,逐渐形成了具有鲜明特色的企业制度和企业文化,这些特色与欧美典型的资本主义企业制度有着本质的不同,并且与劳动者管理型企业有许多的共同点。许多日本学者也指出了这一点。例如,日本著名经济学家今井贤一和小宫隆太郎指出:"日本的大企业努力使正式从业员的平均收入最大化,正式从业人员以工资、奖金、和其他收入的形式领取企业利润的一部分,因此,具有与所谓'劳动者管理型企业'类似的性质。"[1]

首先,日本企业制度配置经济权力的原则是劳动雇佣资本,而非相反。日本学者将这一原则表述为"从业员主权"。日本著名经济学家伊丹敬之指出,"所谓从业员是由经营者和工人相结合而组成的。也就是固定在企业中,在那里工作,在那里生活的人们的全体从业员",而"从业员主权是指企业归长期固定在那里工作的人们所有,他们是企业的'主权者'"[2]。可见,所谓"从业员",就是隶属于企业的全体劳动者;而"从业员主权"就是"劳动者主权"(下面将要提出,这是一种低级形式的劳动者主权)。日本的大企业都是股份制公司,就是说,它的大部分资金都是来自外部的股东。所以,股东或资本所有者理所当然地成为法律上的所

---

[1] 〔日〕今井贤一、小宫隆太郎:《日本企业的特征》,今井贤一、小宫隆太郎主编《现代日本企业制度》,陈晋等译,经济科学出版社,1995,第13页。

[2] 〔日〕伊丹敬之:《日本企业的"人本主义"体制》,今井贤一、小宫隆太郎主编《现代日本企业制度》,陈晋等译,经济科学出版社,1995,第46~47页。

有者或"主人"。然而,与欧美股份制企业不同的是,日本公司的股份主要不是由个人或私人所有,而是各个公司相互持股,或者归一个主办银行(the main bank)为核心的金融系列(keiretsu)所有。据此,有人将日本的经济制度称为"法人资本主义"。这种论断只是根据这一制度的表征而进行的肤浅描述或简单的意识形态方面的归纳,而没有触及其本质特征。实际上,日本的公司根本上不是按照"资本家的逻辑"来进行管理和经营的。

要说明为什么日本企业制度具有劳动者管理型企业的性质和诸种特征,就必须回答企业到底是谁的?今井贤一和小宫隆太郎说得好:"企业的'所有',不是从法律上的权利义务关系,而是从经济学的观点来看,它并不是形式上谁拥有企业谁不拥有企业这种'黑白分明'的问题。而应该分析在分配由企业这一组织产生的盈余(有时是亏损)时,谁分得了多少,它又在多大程度上参与了经营决策。"[①] 如本书第一章所言,企业到底是谁的这一问题归根结底取决于企业的剩余索取权和生产、分配的决策权是如何配置的。经济民主企业配置这些权力的原则不仅使企业的所有权与对企业的控制权彻底分开了,而且使资本所有权与企业经营权彻底分开了,这意味着股东或资本所有者无权和不得干预企业内部的所有决策,包括对企业经营和生产活动的监督(只有当企业经营遭遇到困难甚至濒临倒闭时,资本所有者才有权干预),企业高级管理层的任免和企业剩余的分配,等等。

伊丹敬之指出:"在法律上,日本的商法规定股东是公司的所有者。但这只不过是原则。现实的企业经营实践中,企业行为与其说是基于股东所有,不如说是基于在那里工作的人所有。……只是当企业在法律上的所有权遇到争执时,股东才作为主权者出场。除此之外,完全可以说企业就如同其主权属于在企业中长期工作的人们那样运转着。"[②] 日本公司的"股

[①] 〔日〕今井贤一、小宫隆太郎:《日本企业的特征》,今井贤一、小宫隆太郎主编《现代日本企业制度》,陈晋等译,经济科学出版社,1995,第15页。
[②] 〔日〕伊丹敬之:《日本企业的"人本主义"体制》,今井贤一、小宫隆太郎主编《现代日本企业制度》,陈晋等译,经济科学出版社,1995,第47页。

东对于企业经营的内容一般不介入，也没有强有力的发言权"[1]。不仅如此，股东甚至不能任命和罢免企业的管理层，后者大多是来自内部的管理人员经过多年的磨炼而由低级岗位逐渐晋升并被推举到高级岗位的，其合法性不是来源于股东的信任，而是来源于员工的认可。这意味着企业的管理者并不代表股东的利益而是代表企业全体劳动者的利益来进行经营管理，这改变了企业的目标模式。日本的企业并不追求股东的"利润最大化"，而是"努力使正式从业员的平均收入最大化"。日本的股东所得的最终股息回报并不多，因为企业净收益中的很大一部分由企业内部的管理者和劳动者所支配和享有。这并不意味着否定了资本所有权，而只是把它作为一种收益权，而不是作为企业经济权力配置的基础。相反，由于分享经济极大地提高了企业经营绩效，资本所有者的权益在资本收益率上得到了充分的体现。对此，今井贤一和小宫隆太郎指出："虽说把企业利润的一部分分配给了从业员集体，但它会促进从业员能力的提高，有利于经营资源的积蓄，其结果会导致长期企业业绩的提高，进而促进股票价格上涨，这样股东就不会感到非阻止从业员分享利润不可了。事实上，可以说因为日本的股东在其股份投资中享受着远比平均利息率高得多的收益率，所以他们并不感到其利润遭受着不正当的侵蚀，由于经营者们积极的经营活动，他们得到了充分的回报"[2]。许多日本学者都指出，日本企业追求从业员收入最大化可以和资本的利润逻辑并行不悖。为了企业的长期发展和更好地从外部吸纳资本金，企业也重视"利润"，追求扣除了成本（包括从业员的收入）之后的纯收入最大化，但是正如伊丹敬之所指出的那样，"日本的企业确实追求'利润'。就是向工人们分配利润金。确切地来讲，与其说是经济学中定义的利润，不如说是为了从业员雇佣的长期安定及事业的长期有意义地发展的企业资本，或者说是在此意义上的'附加价值'。更严密地讲，日本企业所追求的与其说是'长期利润'，不如说是'长期的总附加价值'。将追求这样的附加价值说成是追求利润，这是日本企业

---

[1] 〔日〕今井贤一、小宫隆太郎：《日本企业的特征》，今井贤一、小宫隆太郎主编《现代日本企业制度》，陈晋等译，经济科学出版社，1995，第14页。

[2] 〔日〕今井贤一、小宫隆太郎：《日本企业的特征》，今井贤一、小宫隆太郎主编《现代日本企业制度》，陈晋等译，经济科学出版社，1995，第14页。

的现实。绝不是追求古典资本主义的利润,即作为向股东分红的资金"①。

其次,"从业员主权"决定了日本企业制度有别于欧美企业制度的两大最显著和最著名特征——"终身雇佣制"和"年功序列制"。终身雇佣制是一个容易引起误解的概念,因为企业不可能永远雇佣一名正式职员直至其不能工作为止。在日本,企业职工的退休年龄一般在 55~60 岁之间。本书的第三章已经指出,经济民主企业的劳动者与企业之间保持着一种长期的和稳定的就业关系。这一点最具体和最鲜明地体现在日本大企业的用工制度中,这是说明日本的企业制度具有劳动者管理型企业性质的有力证据之一,也是日本的企业制度有别于欧美的企业制度的鲜明特色之一。年功序列制"也不能按字面的含义解释为依在职年头机械地决定工资和职位。同样学历、工龄的人之间,在就职以后的一段时间内,不论工资、奖金,还是职位都几乎无差别地提高、晋升,但不久就依工作成绩和能力考核逐渐拉开了工资、奖金、晋升的差距"②。该分配制度也体现了劳动者管理型企业分享集体收入的性质,它也较好地克服了劳动者管理型企业在吸纳新成员方面存在的动机不足的缺陷。

"从业员主权"实际上创造了一个截断资本所有权直接控制企业的结构,而终身雇佣制和年功序列制将企业全体劳动者的命运与企业的命运紧密地联系起来,日本的大企业实际上归属于该企业的全体劳动者所有,从业员也有一种作为企业主人翁的自豪感和责任感。"在日本,工作于企业,特别是大企业的人们潜意识地认为'公司属于工作的人们所有',如果要问:'公司是属于谁的?'日本企业中的人员很少有人会回答:'是属于股东的'。'属于自己一方'的回答还是占大多数的"③。企业制度的改变也必然反映在企业的生产组织和行为的改变上。日本的"丰田生产模式"就是这方面的典型。也只有解释了日本企业制度的性质,才能说明这种特殊的、日本式的生产模式之所以产生的原因。在注重对在职者的人力资本的

---

① 〔日〕伊丹敬之:《日本企业的"人本主义"体制》,今井贤一、小宫隆太郎主编《现代日本企业制度》,陈晋等译,经济科学出版社,1995,第 55 页。
② 〔日〕今井贤一、小宫隆太郎:《日本企业的特征》,今井贤一、小宫隆太郎主编《现代日本企业制度》,陈晋等译,经济科学出版社,1995,第 4 页。
③ 〔日〕伊丹敬之:《日本企业的"人本主义"体制》,今井贤一、小宫隆太郎主编《现代日本企业制度》,陈晋等译,经济科学出版社,1995,第 46 页。

培训和收入分配的平等化等方面，日本的大企业也表现出具有劳动者管理型企业的若干特征。① 日本的企业制度决定了日本公司的效率，正是日本这种带有劳动者管理型企业性质的企业制度才是理解日本在20世纪60~70年代经济腾飞过程中所创造出来的"日本奇迹"的关键所在。

在解释日本的"从业员主权"产生的原因时，今井贤一和小宫隆太郎给出了如下的理由：第一是美国占领军推行的日本经济民主化政策，第二是日本的家庭储蓄率相当高，资金供给丰富，第三是日本所信奉的东方文化特别是儒教文化观念。此外，日本所处的地理位置也是一个因素。日本是个狭小的岛国，资源贫瘠，人们普遍有一种危机意识，这促使人们之间相互合作，而不是互相斗争。以上除第一点与外力推动有关（这当然是重要的），其余都与东方文化有关。研究欧美的企业制度在日本的变异肯定是一件很有意思的事情，它说明了传统和文化在制度和组织变迁中的作用。它还揭示了这样一点，即经济民主不仅在意识形态上是社会主义的天然盟友，它还特别适合于在东方的文化中生存。像美国这样以崇尚个人主义至上的国家是很难接受合作的思想的，主流的文化是个人的利益神圣不可侵犯，因此必须划出一个足够大的私人空间，在此领域，个人就是主宰。个人之间的社会合作主要是通过市场交易来完成的，而市场过程只不过是追求最大化的个人之间的博弈过程。在这样的文化背景下，共存共荣和共同发展是异类的文化，合作是穷人的哲学，而不是富人的。而像日本这样崇尚东方的集体主义的儒教文化国家，却完全有可能（实际上也是如此）摒弃资本主义企业文化中的个人主义成分，而实行一种基于要素所有者之间合作的企业制度。

如果说德国的企业制度离真正的经济民主企业的距离只差一步，那么，日本的企业制度就差了半步。这半步就差在它不是建立在一人一票制的基础上，而依然是建立在等级制的管理基础上。所以，日本的企业制度并不是纯粹的和真正的经济民主，依然是一种由劳资合伙制向工人合作制过渡的一种企业制度。今井贤一和小宫隆太郎指出了日本的企业制度与劳动者管理

---

① "二战"前日本企业的经理或董事的年收入和一般大专毕业的新职员的收入相比，相差一万倍，而战后其差距只有7.5倍（同上书，中译本序）。

型企业制度之间的区别和联系:"严密地讲,所谓'劳动者管理型企业'一般是以劳动者集体为中心设立企业,筹措资金,并根据需要雇佣经营者等人员。此外其经营上的基本决策也不分阶层由劳动者集体民主参加来制定。所以原本以股份公司的形式设立起来、由以总经理(或者董事长)为顶点的等级式组织进行决策的典型日本大企业,在这一点上与劳动者管理型企业有着本质的不同。但是由可被视为从业员集体代表的经营者进行基本决策,并且正式从业员参与分享利润等方面两者有着共同点。"[1]

这半步看上去很小,但实际跨越却很难。前面讲过,日本的企业制度与东方文化有着密切的联系,正是这一点决定了这半步很难跨越过去。东方文化中没有民主的观念,有的是儒教的"长幼有序"的等级观念。正是这半步没有跨越过去,才决定了日本经济衰落的命运,也决定了日本企业制度的衰败。日本的企业制度创造出日本经济的繁荣,它也能在经济的繁荣中生存下去,并且生存得很好。然而,一旦经济开始衰退,这种企业制度就很难维持下去。这是一种只能共富贵而不能同甘苦的制度。由于日本的大企业不是真正的经济民主企业,所以它并不具有对待萧条的真正机制。年功序列制依然是一种刚性的工资制度,就是说工资只能上升,不能下降,否则总经理的位置就会保不住了。企业的收入减少,年功序列制就会崩溃。为了节省成本,从业员的工资不能减少,只能雇佣工资低得多的临时工来代替正式的从业员,这样,终身雇佣制也崩溃了。在20世纪80年代末开始的日元升值、日本的金融泡沫破灭和经济全球化的激烈竞争环境中,日本企业制度中的那些独特的成分消失了,或者说它被欧美的主流的企业制度吞没了。日本经济陷入了"失落的二十年"。

---

[1] 〔日〕今井贤一、小宫隆太郎:《日本企业的特征》,今井贤一、小宫隆太郎主编《现代日本企业制度》,第13页。

第五章
经济民主的思想史

> 对宗教的批判最后归结为人是人的最高本质这样一个学说，从而也归结为这样一条绝对命令：必须推翻那些使人成为受屈辱、被奴役、被遗弃和被蔑视的东西的一切关系。
>
> ——卡尔·马克思

经济民主不仅仅是对现存的劳动组织和经济制度的改革实践，还是许多思想家和理论家关于改造资本主义劳动者组织和经济制度的理论主张，这其中既包括各种各样的社会主义者，也包括许多著名的具有左翼色彩的哲学家、社会学家和经济学家。实际上，理论和现实总是互动的。一方面，对于这样一种具有明显的理想主义色彩和设计痕迹的企业制度而言，理论往往走在实践的前面；另一方面，当劳动者管理型企业在敌视的环境中顽强地生存下来，并且表现出效率性和更人道的种种特征时，特别是当资本主义经济的宏微观运行出现了严重的疾病时，总有许多社会改革家倡导经济民主，并将其作为资本主义企业制度的替代物。在这种情况下，关于经济民主的理论成为普遍关注和研究的对象。特别是，东西方的经济学家们围绕着劳动者管理型企业在经济效率方面的问题进行了分析和辩论，提出诸多理论见解，乃至形成了一门新的经济学分支——劳动者管理型企业经济学。本章的任务是对经济民主的思想、观点和理论作简要的梳理。

第一节 分权的社会主义者

经济民主和社会主义有着极为密切的关系，可以说它是社会主义劳动组织和经济制度的核心内容。资本主义市场经济催生了政治民主，但在经济领域实现了资本专制。如果认为私有制是资本主义的万恶之源，并主张实现生产资料的公有制和按劳分配，那么，就必须从根本上改变现存的企业组织和资本主义的劳动关系，代之以一种崭新的社会生产组织形式，这种生产组织以劳动者在生产上的平等地位为最基本特征，从而可以消灭剥削、压迫和欺诈，实现真正意义上的社会革命和道德革命，公有制只是实现这种革命的必要条件，而按劳分配是其在经济上的表现形式。所以，经济民主是社会主义思想中顺理成章的东西和应有的题中之意。

在社会主义思想史和运动史上，存在着两种相互对立的传统：集权社会主义和分权社会主义。前者是指革命的（即由无产阶级以暴力夺取政权）、集权的（即生产、分配和交换的手段完全归政府所有，而且受政府权威的指导）和计划的（即由统一的自觉的中央规划代替分散的无意识的市场）社会主义，后者是指主张劳动单位自治并"对官僚权贵的意图和政府干涉效率极不信任"和"要对社会主义国家所特有的用集权手段干预经济的倾向加以抑制"[①] 的各种社会主义思潮，主要包括：合作主义、无政府主义、工团主义和基尔特社会主义。[②] 除了集权的社会主义，各种社会主义流派无不主张以经济民主改造人们之间的经济关系，进而改变人们之

---

① 〔英〕埃斯特林和格兰德编《市场社会主义》，邓正来等译，经济日报出版社，1993，第1、2页。
② 基督教社会主义和费边社会主义也提倡经济民主，特别是"工业民主"这个概念（industrial democracy）最早是由英国的费边主义者提出来的，但我不把它们看作社会主义的思想派别，而是视为资产阶级或小资产阶级的改良主义，因为它们相信资本主义的生产成就，而痛恨其分配结果，试图寻找一条不通过公有制而达到社会主义的道路。由于社会主义具有巨大的道德感召力，许多资产阶级和小资产阶级改良主义者、民族主义者、封建主义者、极权主义者乃至种族主义者都把自己的学说主张贴上"社会主义"的标签，至少在苏联解体之前是如此。所以，有各种各样的"社会主义"。社会主义首先是一种价值观，这种价值观是从法国大革命继承下来的，资本主义社会没有实现的民主、自由、平等和博爱。并非只有社会主义者接受自由、平等、民主的价值观，但只有社会主义者承认，必须为这些价值观的真正实现奠定一个坚实的经济基础——公有制和按劳分配。

间的社会关系,实现一个理想的、更人道的社会。

长期以来,在社会主义国家的意识形态中,分权的社会主义一直以异端的形式存在着。由于我们对分权的社会主义思想传统比较陌生,因此有必要按照时间的顺序简单地评述这些社会主义思想派别。然而,正如美国经济学家霍尔索夫斯基说的那样,"如果将下列选出来进行评价的作者们,看作是从旧世纪尘埃中保存下来的博物馆肖像,那将大错特错。无可置疑,他们与现代社会有着不可分割的联系。150年前空想社会主义者开辟的道路,正是当代许多激进派和革命党人一直重复追随的道路"。[1]

合作主义。合作主义,熊彼特称之为"协会主义"(Associationism),是指"所有各种各样采用下列原则的社会主义计划:由工人协会来管理生产,并通过生产者合作社来进行社会改造"[2]。合作主义者对资本主义社会采取严厉的批评态度。他们认为,工业世界充满了罪恶和不公正,而造成这种种罪恶的根源是私有制,是劳动对资本的屈从。他们提倡根据联合劳动、联合消费、财产共有和权利平等的合作原则来解放劳动,改造社会,实现道德革命,而合作社可以作为改造资本主义社会的途径和未来社会主义社会的生产组织形式。"通过合作原则,我们也许将能变革社会。在变革后的社会中,个人的自由和独立将同集体生产在道德、智力和节约等方面的优势结合在一起,而且用不着采用暴力或掠夺方法,甚至也不用突然打乱现存习惯和期望,就会结束社会分为勤劳者和懒惰者的状态,就会消除所有社会差别,而只保留通过个人努力正当获得的社会地位,从而至少在工业部门实现民主精神的最美好志愿。……随着这种变革的进行,资本所有人将逐渐发现,他们的利益所在不是与最低劣的工人一起维护旧制度,而是把资本借给协会,并不断地降低利率,最后甚至把资本换成定期年金。通过这种或与此相类似的方式,现存资本最终将正当地、自然而然地变成所有工人的共同财产,由此而实现的转变将是实现社会主义的最简便途径,同时也是眼下所能想象出来的、最有利于普遍利益的对工业事务

---

[1] 〔美〕维克拉夫·霍尔索夫斯基:《经济体制分析和比较》,俞品根等译,经济科学出版社,1988,第140页。
[2] 〔奥〕约瑟夫·熊彼特:《经济分析史》第2卷,杨敬年译,商务印书馆,1994,第117页。

的安排"①。

　　合作主义者反对暴力，他们通常设计出一个代替资本主义社会的美好社会蓝图，作为一项广泛的社会改造计划，不加区别地向社会所有阶级、主要是向统治阶级推广，并且企图通过改良和进行一些小型的试验示范来完成社会革命。由于其改革方案中的空想成分和实现手段的天真成分，合作主义无疑地具有乌托邦的性质。但合作主义在西方国家有着广泛的、实际的合作运动的支持，它也是一种改造资本主义社会的实践。由于涉及的人物众多，所以需要有较大的篇幅对他们的思想进行描述。我们从空想社会主义者谈起。

　　合作思想之父是罗伯特·欧文和弗朗索瓦·马里·夏尔·傅立叶（Francois Marie Charles Fourier，1772－1837）②。这两个伟大的空想社会主义者用以改造资本主义制度的基本形式是"新和谐村"和"法郎吉"。这是自治的生产和消费统一的合作组织，财产的共有将使卑贱的劳动变成自主的劳动，而劳动者将由受奴役变成劳动的主人，合作和互助的精神将代替尔虞我诈和互相倾轧而成为新的道德准则。不用说，空想的成分和乞求于上流社会的帮助，注定了欧文和傅立叶改造资本主义试验的失败，但他们是伟大的失败者和令人钦佩的理想主义者，因为他们为了追求认为是正义的事业倾注了毕生之力，甚至倾家荡产、身败名裂也在所不惜。

　　欧文深信，人是受环境支配的，如果能改变环境，就会改变人类和社会。同时，他还接受了李嘉图的劳动价值论，认为工人除"生产出自己的生活资料"，还"生产出剩余产品"，但这部分却成了资本家的利润。因此，"劳动者生产出剩余产品以后，应当得到公平合理的报酬"。③ 作为新

---

① 〔英〕约翰·穆勒:《政治经济学原理》下卷，胡企林等译，商务印书馆，1991，第360~361页。
② 法国另一位伟大的空想社会主义者圣西门似乎不在合作的社会主义之列。他喜欢集权更胜于分权。他提倡"能人统治"的原则，主张应当按照组织一个工厂的原则来组织社会，在这个社会里，有一个"总指挥"来对社会事务作出安排，而银行家、企业家和科学家这些首领在圣西门理想国中所扮演的角色，恰如哲学家在柏拉图理想国所扮演的角色一样。霍尔索夫斯基认为，"斯大林主义的理论包含了圣西门纲领中除平均主义以外的全部主要原理，并增添了共产党的作用"（〔美〕霍尔索夫斯基:《经济体制分析和比较》，俞品根等译，经济科学出版社，1988，第145页）。
③ 《欧文选集》第1卷，柯象峰等译，商务印书馆，1982，第312页。

拉纳克纺织厂的经理，欧文只是稍微改变了工人的工作和生活环境，就不仅使他博得目光远大的慈善家的好名声，而且使他所拥有的财产至少达到了 6 万英镑。"新拉纳克的经验告诉他，在工人的生活中，工资只是许多因素中的一个，其他因素还包括诸如自然环境、家庭环境、商品的质量和价格、雇佣关系的稳定性、职位安全等等（新拉纳克的工厂与在它之前的某些工厂一样，即使是在没有工作可做的情况下也照发工资）。但是，除此之外，适应新社会的调整还包括许多内容：对孩子和大人的教育，提供娱乐、舞蹈、音乐，以及高层次道德标准和老人及年轻人个人标准的普遍设定，所有这些创造了一种氛围，在这种氛围里，工业人口作为一个整体获得了新的身份地位。数以千计的人从欧洲（甚至美国）跑来参观新拉纳克，就好像它是属于未来的飞地，它完成了一项不可能完成的任务——依靠人性化的运作来成功地运转一个工厂。不过，欧文公司的工资比附近其他城镇工厂的工资都要低好多。新拉纳克工厂的利润主要源于劳动力在较短时间内的高生产力，这得益于出色的组织和得到充分休息的工人，实际上要比维持体面生活所必需的实际工资的增长更有价值"①。

　　作为社会主义思想家，欧文认识到，他所做的一切就是使人生活在比较合乎人的尊严的环境中，而他在新拉纳克给工人创造的生活环境远不是合乎人的尊严的。他说："这些人都是我的奴隶。"欧文在新拉纳克办工厂，只是他理论的一个实践，既然这个试验获得了巨大的成功，他就要把它推广用以改造整个社会。于是，欧文向上流社会推出他的合作方案以拯救贫困、苦难和惨无人道的社会。

　　关于这个方案，所有的细节都已设计好了，并附上了平面图、正面图和鸟瞰图。这是一个具有平行四边形的新村，一个建立在公有制基础上的集体劳动的生产单位和消费单位。其最高权力机关是社员大会，由它公选产生的理事会作为常设领导机构。合作公社设有农业部、工业机械部、文学科学和教育部等，负责领导经济、文化等方面的工作。因自然条件等因素的差异，公社人数由几百至几千人组成。每位社员平均拥有 1~1.5 英亩

---

① 〔匈〕卡尔·波兰尼：《大转型：我们时代的政治与经济起源》，冯钢、刘阳译，浙江人民出版社，2007，第 146 页。

的土地。全体成员都要参加集体劳动，懒汉和失业者不复存在。全体成员都"各尽所能"地进行劳作。人们被分配到与其年龄、特长相适应的工作中，运用机器生产来减轻繁重的体力劳动。欧文提出，单纯从事农业劳动或工业劳动，会从经济和精神上对劳动者造成有害的影响。因此，每名成员应当二者兼顾，即通过多样性劳动获得全面发展。同时，把城市和乡村的优点结合起来，将每名成员的脑力和体力、教育和生产劳动相结合，以促进个人的全面发展。在欧文看来，未来社会的生产力将会迅速发展，每个社员劳动的时间将大大缩短，每天只需工作4小时，就可以实现物资丰裕，而个人消费品将按需分配。没有谁会取走超过自己所需的数量，因为财富像水源一样充足，"以致任何个人积累的欲望都将完全消失"。

但他的合作方案遭到了上流社会的冷嘲热讽。当欧文还只是一个慈善家的时候，他拥有财富、赞扬、名望和荣誉，他是欧洲最有名望的人物，不仅社会地位和他相同的人，连达官显贵、王公大人们也都点头倾听他的讲话。可是当他提出他的共产主义理论时，情况就完全变了，他被作为"疯子"逐出官场社会，并丧失了他的整个社会地位。但是他没有却步，决心自己来把他的理想付诸实践。1824年，他卖掉了新拉纳克工厂，在美国印第安纳州买进一片3万英亩的土地，建立了一个合作社，起名为"新和谐村"。这个新村是以生产资料公有、联合劳动、联合消费、消灭剥削和压迫为原则建立起来的。"新和谐村"仅维持了两年就失败了，欧文在这一试验中丧失了他全部财产的4/5，他变得一贫如洗，不得不回到英国。回到英国后，他继续为自己的理想而奋斗，宣传他的学说，并且直接转向工人阶级。值得欧文欣慰的是，他的合作思想在工人阶级那里扎下了根。

傅立叶将雇佣劳动制度称为"恢复了的奴隶制"，是少数富人掠夺穷人的制度。在他眼中，资本主义是混乱、丑恶、欺诈、贫困和罪恶的制度。生产的目的是追求个人利益，而非社会利益和幸福。因此，在资本主义社会，集体利益与个人利益相冲突，经济运行处于无政府状态。资本主义创造了巨大财富，却不能保证给予人民劳动和面包。这个社会2/3的成员（指官吏、军队、仆役、妓女、乞丐、大半数企业主以及9/10的商人）过着寄生虫般的生活，造成大量劳动力和物质财富的浪费，加深了劳动人民的苦难。傅立叶深入批判资本主义的商业欺诈，详举了囤积居奇、投机倒把等36宗罪。他认为，商业是一种有组织的和合法化的抢劫行为，商人是"吸血鬼"、"海盗"。但与欧文相反，傅立叶认为，人的本性不变。那么，就必须创造出符合人类本性的社会环境。为此，傅立叶构建了未来理想社会的"和谐制度"。这是一个由生产合作社和消费合作社所组成的全新社会系统，它的基层组织是"法郎吉"①，理想定额为1620人，这出自傅立叶对人类以12种基本情欲所组合出810种性格的考虑。人数为性格的倍加，可以让每个人都能找到所爱好的工作，还可设置副职。法郎吉的生产以农业为主，工业为辅，这基于人们对农业的爱好3倍于工业的观点，故每年农业需要3/4的劳动量投入。当然，农业和工业是相互结合的，人们可亦工亦农。每一个法郎吉占地4平方公里，它的中心是一个名为"法郎斯泰尔"的豪华大厦，大厦中央是包括公共食堂、商场等设施的公共场所，一侧是工厂，另一侧是住宅、客房等，外围是农场和果园。

在法郎吉中废除了雇佣劳动，不存在工资。劳动产品（以货币形式）的分配是按劳动、资本和能力发给所有成员一种特殊的股息。产品分配时，首先扣除维持全体成员生存所需部分，其余按比例分配，其中"资本占4/12，劳动占5/12，才能占3/12"。按股分红的真正目的是吸引资本家的投资，而资金是建立和谐制度所必需的。一方面，投资者已不再是剥削者，他们各尽所能参与生产。富人和穷人的子女共同接受教育，代际差异将不复存在。大股东虽在对法郎吉的管理中享有某些优先权，但不意味着他们享有政治特权。公职人员由人民公选，有教养、有经验、办事公正的人（包括资本家）将走上领导岗位。另一方面，傅立叶提出，通过对不同股份实行有差别的股息办法，来提高劳动在分配中的实际份额，并降低资本的份额。他建议对由小额储蓄所购买的数量有限的"工人股份"付给高股息，而对资本家的一般股份付给较低的股息。不是在一开始就消灭私有制，而是在长期的时间段内逐渐把全体社会成员都变成有产者，来根除私有制的剥削性质和灾难性的社会后果。

法郎吉的内部按劳动性质分为若干劳动专业队——"谢利叶"，下设

---

① "法郎吉"一词来源于希腊语，原意是队伍，指步兵的严整的队伍或方阵。

若干小组，每个小组7~9人。劳动是自由、多样化的，每个成员都可按其兴致自由地选择和交换工种，轮换参加几个"谢利叶"的劳动，资本主义分工中的消极因素被消灭了，并且由于法郎吉的每个成员一般都至少从事两种劳动，其收入也由多种形式组成。单个成员的劳动报酬由他所完成工作的社会价值、吸引人的程度和令人感到不快的程度不同而有所差别，但一般劳动（主要是体力劳动）的报酬由于他们参加各种"劳动组合"而平均化。妇女将享有与男子同等的地位和权利，和男子一样参加集体劳动，从事科学研究和艺术活动；而家务劳动由公共食堂和公共服务事业所承担代替。并且社会将承担教育儿童的责任，使其养成劳动习惯。这是一种崭新的生产动力：竞赛、社会承认、创造乐趣。因此，劳动生产率进一步提高，社会财富和收入迅速增长。未来社会是真正丰裕、健康、自然和快乐的社会。

建立这样的和谐制度需要400万法郎的资本，必须通过招股来募集。傅立叶确信，丰厚的股息会吸引资本家和慈善家，遗憾的是他在生前并未筹到款项。傅立叶死后，他的门徒们筹集到了资金，于是在充满生机的冒险天堂美洲大陆开始了试验。有一个时期，在这个国家有40个以上的法郎吉，其各自拥有的会员人数从15到900不等。与欧文的试验相比，傅立叶的试验则比较成功。在40多个法郎吉中，威斯康星州的法郎吉持续了6年，新泽西州的北美法郎吉持续了13年，然后以半旅馆、半公社的形式延续了好多年，直到20世纪30年代才结束。

合作主义的经济学理论是由李嘉图社会主义者们提供的。这些人主要有伯西·莱文斯登（Percy Ravpnstone，生平不详）、托马斯·霍吉斯金（Thomas Hodgskin，1787－1869）、威廉·汤普逊（William Thompson，1785－1833）、约翰·格雷（John Gray，1798－1850）、约翰·弗兰西斯·布雷（John Francis Bray，1809－1895）等，他们从李嘉图的劳动价值论出发，发展了约翰·洛克的劳动产权理论，要求"劳动者拥有享用他们产品的绝对权力"，从而为欧文主义的合作运动提供了强大的理论支撑。既然劳动不仅是创造财富的唯一源泉（土地是大自然无偿赐予的，资本不过是过去的劳动产品），也是创造价值的唯一源泉，那么，根据自然法，劳动者便自然而然地获得了占有其全部劳动产品的权利。布雷指出："唯有劳动才产生价值……每个人对于他付出辛勤劳动所取得的产品拥有无可置疑的权利。当他取得自己劳动的果实时，他没有损害别人，因为他没有干预或阻碍别人所具有的取得自己劳动产品的相同权利"[1]。格雷也指出："生活所必需的一切东西，能使生活愉快和舒适的一切东西，都是人类的劳动创造出来的"，"劳动是一切财产的唯一公平的基础。……在任何社会里，劳动都是资产的唯一的源泉，因而也是它的唯一的基础。"[2] 霍吉斯金批评把劳动当作商品的观点，指出其"极端错误地把劳动——一切财富的创造者——包括在商品这一范畴之内"[3]。然而，在资本主义制度中，劳动者只得到自己劳动所创造的部分产品，余下的则以利润、利息、地租等形式为非劳动者所占有。因此，资本主义雇佣劳动制是资本对劳动的暴力掠夺，应在劳动者获得全部劳动产品的基础上恢复劳动所有权。在生产大型化和社会化条件下，每位劳动者只参与某一产品的一部分生产，因此，最终产品属于参与其生产的全体个人。在寻求具体方案时，他们又把目光投向欧文的合作社运动，认为生产者合作社是消灭剥削、解决社会问题的唯一出路。大多数李嘉图社会主义者都是欧文主义者，他们投身于合作运动之中。

与傅立叶和欧文乞求有产阶级和达官贵人慷慨解囊资助实现其合作理想不同，法国的合作主义者和改良主义者路易·勃朗（Louis Blanc，1811－1882）乞灵于靠国家的帮助实现"社会工厂"。他猛烈地批判资本主义的弊端，指出私有制是资本雇佣劳动制的根源，无序竞争对人民造成苦难，引发犯罪和产生工业寡头。勃朗并没有像同胞傅立叶那样设计未来社会的蓝图，而是提出具体的行动方案。他在《劳动组织》（1840）一书中提出了依靠国家的帮助来建立工人合作工厂，向合作制经济社会过渡的设计方案。这部著作在法国工人群众中广为传播，再版九次并被译成多国文字，它把"劳动权利"、"劳动组织"等词变为19世纪40年代法国工人群众的政治要求、行动纲领和战斗口号。在勃朗看来，法国大革命没有实现真正

---

[1] John Bray (1839), *Labor's Wrongs and Labor's Remedy*, R. Thoemmes Press Reprinted, 1997, p. 33.
[2] 〔英〕约翰·格雷：《人类幸福论》，张草纫译，商务印书馆，1963，第12、34页。
[3] 〔英〕托马斯·霍吉金斯：《通俗政治经济学》，王铁生译，商务印书馆，1991，第161页。

的自由、平等和博爱，因为它没有为穷人提供生产物质资料的手段。毕竟，如果没有资本，一个自由的人能干什么呢？公民之间没有真正的平等就没有自由。解救苦难的唯一办法是建立协会或合作社，使工人赢得对生产手段的控制。勃朗并不提倡国有化和由国家控制工业，而认为对企业的管理应由工人选举的经理自行负责。但同工人自行创办的合作社不同，这种经济组织的资本最初是由国家拨款，而以后则是从未分配的收入中积累起来的。勃朗希望国家成为"穷人的银行老板"，在所有主要工业部门建立社会工厂。社会工厂的经理在第一年是由国家指派的，以后由工人民主选举产生。勃朗不承认资本有任何权利参与分红，因此，国家投入的资本不应该获取利润，而只能获得利息。他指责了傅立叶主义有资本主义成分，因为傅立叶允诺在他的法郎吉里资本在劳动产品中享有一个永久的份额。勃朗认为，利润首先并且最主要地应归于工人。利润的分配应分为三个部分：第一部分用于照顾老人和病人；第二部分用于缓解其他行业的危机；第三部分留作工厂购买工具、仪器以利于扩大生产。原则上所有的工资都相等，但在开始的阶段，收入分配是不平等的，然后逐渐越来越平等。

  1848 年法国革命给了路易·勃朗一次实践他的思想的机会。他是临时政府的成员，但资产阶级政府之所以允许他的存在，仅仅是因为他能使工人们保持安静。不久，他被骗去主持政府所谓的卢森堡委员会，该委员会的任务是研究工人问题并提出对策报告。不用说，这个委员会既无权力也无财力。1848 年二月革命后的 2 月 25 日，临时政府迫于无奈，匆忙地颁布了由勃朗起草的法令，该法令"承认法兰西共和国保证每一工人以他的劳动维持生存，并负责给予所有公民以工作"，并规定所有利润的 1/4 作为互助储备基金被保留下来以便在社会需要时使用。次日，又颁布了一条以实施"劳动权利"原则为名义的"国家工场"法令。在 1848 年 5 月的一次演讲中，勃朗号召实现一个真正的社会革命，以实现这样一个美好的理想，即"按能力生产，按需要消费"（to produce according to their powers, and consume according to their needs），这一思想后来经马克思之手，成为共产主义著名的公式。与此同时，政府所创立的国家工厂却是对勃朗社会工厂计划的极大讽刺。因为这个工厂将失业工人集中起来从事毫无意义的劳动或完全不劳动，其主要目的是在当时骚动的日子里使工人们远离街头。在议会否决了勃朗提出的成立劳动部的提议之后，他的委员会被解散。6月，临时政府下令关闭国家工厂，全部适龄工人参加军队或者遭返农村。六月革命随即爆发，但被25万政府军镇压。"劳动权利"的条款也在经过国民议会的激烈辩论后被剔除出新宪法草案，勃朗被控犯有"激起群众暴行阴谋"罪而被驱逐出境，不得已移居英国22年。第二帝国倒台后，他才回到巴黎，当上了国民议会的成员。他是极左派的一员并宣称他反对巴黎公社。

在路易·勃朗的影响下，德国的合作主义者斐迪南·拉萨尔（Ferdinand Lassalle，1825－1864）在19世纪60年代也提出了同样的拯救方案。他倡导由国家提供资本和贷款，帮助工人组织生产合作社，最终消灭雇主，工人自己占有他们集体生产的全部产品。拉萨尔指出："如果工人阶级是它自己的企业主，那么工资和企业主利润之间的那种区分就会消失，纯工资也会随之而完全消失，代替它的是作为劳动报酬的劳动所得！"[①] 为了实现这一目标，拉萨尔提出，靠国家贷款，由工人自愿组织生产合作社，这是最为和平、合法和客观可行的方法。他建议政府拿出1亿塔勒，在全国建立起合作社制度。国家首先在一些生产部门帮助建立合作社，在国家的扶持下，它们将在竞争中击败私人企业，然后扩大到其他部门和地区，逐渐涵盖整个工人阶级。各部门、地区和城市的合作社将集中为一个统一的大合作社系统，通过一个信贷组织或保险组织把全国的合作社联合起来，由中央委员会调节生产。一种新型的生产关系由此产生，资本主义经济危机被根除，实现全社会的幸福和富裕。并且，在新的收入分配模式下，工人成为企业的主人并获得全部的劳动所得。马克思对此讥讽道，这真不愧为是拉萨尔的幻想：靠国家贷款能够建设一个新社会，就像能够建设一条新铁路一样。

勃朗和拉萨尔的主张在当时无疑是空想和反动的，因为想要靠资产阶级国家来帮助实现社会主义是十分荒谬和有害的，而且被实践证明行不通。但是勃朗的观点在现代仍有一定的影响力。一个多世纪之后，在西方

---

① 《拉萨尔言论》，《机会主义、修正主义资料选编》编译组，三联书店，1976，第131页。

国家，智利政府为自治的农业合作社提供资本，秘鲁政府也为工人管理的乡镇企业和工业企业提供资本，美国也实行了工人股份所有制计划，以国家的帮助和银行贷款使工人持有本企业的股份。在东方国家，霍尔索夫斯基指出："尽管路易·勃朗的名字并非家喻户晓，也不是所有的社会主义者都了解，但他的思想一直流传下来，至今仍然有着强大的生命力。因此，如果今天的南斯拉夫奉行民主治理国家的路线，并发挥自己的工人管理企业模式，那么南斯拉夫的经济体系将对勃朗的设想，给予惊人的回答。不管怎么说，勃朗的模式在东欧许多经济学家的心目中秘密地享有盛誉，若在未来的某一时期，能对现行经济体制的选择进行公开的讨论，就像在捷克斯洛伐克 1968～1969 年发生的公开论战那样，那么勃朗的模式就会立即暴露出来。"① 霍尔瓦特也说："勃朗的在工业委员会管理下的互助储备基金，以相同的名称被引入到南斯拉夫的经济之中，用来弥补遭遇困难的集体的损失。"②

最完备表达合作方案的是法国人比埃尔·约瑟夫·蒲鲁东（Peierre Joseph Proudhon, 1809-1865）。这位靠自学成才的思想家涉猎了哲学、伦理学、社会学及经济学等许多领域，"他可以同等地被公认为社会学的创始人之一，无政府主义之父，合作主义和共存主义的先驱者之一，工团主义思想的创始人之一，'法国大无畏的思想家'（马克思语），联邦主义和区域自治的先驱及其大众教育的倡导者之一"③。然而，马克思说他大言不惭、喋喋不休地侈谈科学，熊彼特说他的缺乏训练在他许多著作的每一页上都表现了出来。蒲鲁东同时也是制造名词的好手，"科学社会主义"（Scientific Socialism）和"无政府主义"（Anarchism）就是经他之手创造出来的。但是，蒲鲁东的科学社会主义毫无科学之处。他既反对资本主义，也反对共产主义。他认为，共产主义和私有制所追求的东西是好的，但它们所导致的东西都是坏的。共产主义"以社会为借口而贬黜个性"，而私

---

① 〔美〕维克拉夫·霍尔索夫斯基：《经济体制分析和比较》，俞品根等译，经济科学出版社，1988，第146页。
② 〔克〕勃朗科·霍尔瓦特：《社会主义政治经济学：一种马克思主义的社会理论》，吴宇晖、马春文、陈长源译，吉林人民出版社，2001，第140页。
③ 巴尔托利为《新帕尔格雷夫经济学大辞典》所写的关于《蒲鲁东》的词条，《新帕尔格雷夫经济学大辞典》第3卷，经济科学出版社，1992，第1106页。

有制不符合正义和平等的要求。他要去掉两者的坏的东西，而把它们好的东西结合起来。

和路易·勃朗一样，蒲鲁东也强调工人进行自我管理。与勃朗不同的是，他反对政府的任何作用，无论是政府的经济作用还是社会作用，他一概反对。蒲鲁东是从人的本性推出他的美好的社会的。在他看来，最高的原则是正义。正义和劳动代表着人类不可改变的本性。自由和平等是从正义原则中推导出来的，自由是正义的基本前提，而每一个人在正义面前都是平等的。因此，符合正义的社会秩序应该建立在使每一个人享有充分的自由和平等的基础上。一旦符合正义的社会秩序建立起来，外部的强制将是不必要的，如果财产平均地分配，人们可以在不存在权威国家的社会里互助合作。废除国家的途径是把它溶解到经济组织之中和通过把所有权力移交给社团这个地方单位而使权力分散化。在这两个方面，社会必须在契约的基础上组织起来，这种契约是每一个人自愿签订的，所以，它防止对任何人的自由的侵犯。

建立在这种自愿契约基础上的经济组织将导致互助主义（Mutuellisme），即平等交换和在保存个人自由基础上的平等合作。为平等交换提供保障的负责机构是交换银行，而主要的经济组织形式是合作制。蒲鲁东的互助主义，是个人主义和旨在以平等为基础改造社会的混合。他宣称"财产是盗窃来的"，大的生产性私有财产与互助的正义相矛盾，因而应该被废除，但小的私有财产可以被接收。他认为，"占有"即由一个工人或一群工人控制生产所需的土地或机器的权利，是自由所必需的。因此，当技术条件需要使用大量的劳动时，私有财产应当被工人联合体的集体财产所代替。工人将在订立各自权利和义务的基础上组成企业，最初的资本是由交换银行提供的。独立的农民和手工业者拥有各自的小农场和小作坊，工厂和铁路之类的公共事业由工人协会经营，并由作为互助信贷系统的交换银行联结在一起。交换银行是在蒲鲁东社会里唯一存在的中央经济机构，它的任务是决定产品的劳动价值，并发给生产者相应的凭证，同时向生产者发放无息贷款，以使他们免受货币资本和高利贷资本的盘剥。单个生产者和单个企业在契约的基础上形成行业联邦，后者又以联邦的形式组成国民经济。蒲鲁东认识到极权主义压制经济的不合理性，因此在他的社会里，市场和市场竞争扮演着重要的角色。他这样写道,"竞争为价值的构成所需要,就是说为分配的原则所需要,因而也为实现自由所需要。只要一种产品仅由唯一的一个制造商所出售,这种产品的真正价值就始终是一个秘密,或者由于生产者的隐瞒,或者由于不注意把成本价格降到最低限度,或者由于无法把成本价格降到最低限度。因此,生产的特权对于社会是一种总体损失。工业的竞销和劳动者的竞争一样,都为社会所需要。所有想象出来的和可能想象到的乌托邦都不可能摆脱这个规律"①。

总之,蒲鲁东设计的是一个没有等级的社会,在这里人们看不到集中领导的作用,也不存在复杂的社会等级结构。新的社会秩序将在经济互助主义和政治联邦主义的基础上形成。在这样一个社会里,没有非劳动收入和剥削,不存在阶级,社会革命完成了。尽管蒲鲁东常常谈论革命,但他希望通过建立工人经济组织以实现和平变革。不用说,蒲鲁东的方案同样是空想、荒谬和反动的,因此受到了马克思的严厉批判。但是,蒲鲁东的思想对工人运动的影响很大,在19世纪50~60年代,蒲鲁东主义支配着法国的工人运动。在巴黎公社期间,蒲鲁东主义者负责制订公社在经济方面的种种法令。然而,正如恩格斯所指出的:"更令人惊异的是,虽然公社是由布朗基主义者和蒲鲁东主义者组成的,但它的措施却往往是正确的"②。巴黎公社失败后,蒲鲁东主义对法国工人运动的影响才消失了。但是它的影响现在仍然存在。霍尔瓦特承认,南斯拉夫在20世纪60年代和70年代经济体制改革的指导思想和改革方案,是在不知道蒲鲁东思想的情况下,反映了蒲鲁东主义和基尔特社会主义的许多思想。在一些西方市场社会主义者设计的经济体制模式中,也可以清楚地看到蒲鲁东的影子。

在合作主义者中间,小穆勒是一个比较特殊的人物。一方面,马克思认为他是一个有良心的资产阶级学者;另一方面,受爱妻的影响,他由社会主义的同情者变成了明显具有社会主义倾向的思想家。熊彼特称他是谨慎的具有协会主义色彩的社会主义者。穆勒明白地承认社会主义是人类进

---

① 〔法〕比埃尔·约瑟夫·蒲鲁东:《贫困的哲学》上卷,余叔通等译,商务印书馆,1961,第185页。
② 〔德〕恩格斯为马克思《法兰西内战》1891年单行本所写的导言,《马克思恩格斯选集》第2卷,中央编译局译,人民出版社,1972,第333页。

步的最后结果。然而,他对集权的共产主义压制自由和人性的可能性表示担忧。他说:"问题在于,个性的庇护所是否还存在? 舆论是否会成为暴君的桎梏? 每个人绝对从属社会全体并受社会全体监督的做法,是否会使所有人的思想、感情和行动变成平庸而划一的? ……还得弄清的是,共产主义计划是否会同意人性多种形式的发展,多种多样的差异;爱好和才能的五花八门和思想观点的不同;这些不仅构成人类生活的一大部分乐趣,而且才智相互冲突的刺激作用和向每个人提出他从未抱有的许多见解,会成为思想和道德进步的主要动力。"① 小穆勒认为,极权主义将不利于生产力的发展。他这样写道:"在决定生产要素的生产力的次要原因中,最重要的是安全感。这里所说的安全感,是指社会为其成员提供的全面的保护而使人感到很安全。这包括政府提供的保护和针对政府的保护。后者更为重要的。若一个人知道拥有一定资产,总担心随着局势的每一次动荡会被贪得无厌的政府官吏夺走,那就不大可能会有很多人努力生产多于生活必需品的东西。"② 他还指出:"假如公路、铁路、银行、保险机关、巨大的合股公司、大学以及各种公共慈善机构等都变成了政府的分支机构;再假如市政公会和地方议事会以及现在传留给它们的一切也都变成了中央行政系统的一些部门;又假如所有这些不同事业的从业员都由政府来任用和支付薪金,因而其生活上的每一提高都要巴望政府来赐予;那么,即使有一切所谓出版自由和平民的立法组织,也不足以使这个国度或任何国度成为一个名副其实的自由之国。并且,这种行政机构愈是构造得有效率和科学化,网罗最有资格的能手来操纵这个机器的办法愈是巧妙,为患就愈大。"③

对自由的崇尚和对集权的恐惧使小穆勒成为坚定的合作社会主义者。他认为合作社可以作为改造资本主义社会的途径和未来社会主义社会的生产组织形式,并且倡议进行更加广泛和迅速的合作制企业实验。小穆勒坚

---

① 〔英〕约翰·穆勒:《政治经济学原理》上卷,胡企林等译,商务印书馆,1991,第238页。
② 〔英〕约翰·穆勒:《政治经济学原理》上卷,胡企林等译,商务印书馆,1991,第135~136页。
③ 〔英〕约翰·穆勒:《论自由》,许宝骙译,商务印书馆,1959,第136~137页。

信，随着工人们在智力、教育和自由理念等方面的提高，他们将形成良好的行为习惯，从而可以掌握自己的命运。同时，又由于工业改良的进一步发展，依附性劳动的组织连同其工资制度将让位于新的社会安排——合伙制企业。这种合伙关系包括两种形式：劳动者与资本家合伙经营，或者劳动者之间的合伙经营，穆勒更倾向于后者。通过实例分析，小穆勒指出，工人合作制企业不仅会提高生产效率，还将改善社会道德关系，提高劳动者的尊严，使社会变得更加人道化。工人合作制企业的这些优越性代表着未来的前进方向，将成为社会占主导的劳动组织形式，无需通过暴力，社会将自然而然地实现社会主义。我在本书的相关部分已经详细地引证了小穆勒的这些观点，无须多言。需要指出的是，分权的社会主义者中间很少有训练有素的经济学家，他们很少下功夫分析他们所构想的制度的经济方面。他们提出的社会主义方案中的道德感召力的成分远远超过了经济分析的逻辑成分。小穆勒是个例外。他对合作事业的最大理论贡献就是运用经济分析工具证明其具有效率性。

无政府主义。合作主义与无政府主义有着密切的联系，后者只是前者的原则在政治领域的延伸。正如熊彼特指出的："如果我们把协会主义的原则推广到政治领域，并想象不仅工业企业已分解成为工人合作社，而且民族国家也已分解成为自愿组成的'公社'，那么，我们就得到了无政府主义。"① 无政府主义（Anarchism）② 又分成无政府个人主义、无政府集体主义和无政府共产主义。前者如德国的马克斯·施蒂纳（Marx Stirne）和美国的本杰明·杜克（Benjzmin Tucker）等与社会主义毫无关系，因此不在本论文的讨论范围之内。后者如杰勒德·温斯坦利（Gerrard Winstanley，1609－1676）、威廉·戈德温（William Godwen，1756－1836）、米哈依尔·巴枯宁（Mikhail Bakunin，1814－1876）、彼得·克鲁泡特金（Peter Kro-

---

① 〔奥〕约瑟夫·熊彼特：《经济分析史》第 2 卷，杨敬年译，商务印书馆，1994，第 120 页。

② 无政府的名称来自希腊词 anarchos，意谓"没有政府"。"无政府主义"一词最初似乎是在英国内战期间用来挖苦平等派的，那时，平等派的一个政敌称他们为"瑞士雇佣兵般的无政府主义者"。法国大革命期间，该词是大多数党派用来嘲弄在政治上站在其左边的那些人。在写这部分时，笔者参阅了《新帕尔格雷夫经济学大辞典》中的"无政府主义"、"蒲鲁东"、"巴枯宁"等有关词条。凡未指明出处的引文都是摘自上述词条。

potkin，1842－1921）等人，他们主张消灭私有制和以某种生产资料公有制取而代之。

作为一种政治哲学思想，无政府主义的基本特征是：第一，憎恶一切权力和权威，因为"权力起腐败作用；绝对的权力绝对地起腐败作用"（阿克顿勋爵语）；第二，主张废除强制性国家并以人们逐渐形成自愿的社会机构取而代之，因为任何国家都必然要产生统治、专制和奴役，"我们绝不想使个人自由服从于国家，而要使国家即公团服从于个人的自由"（蒲鲁东语），"我们宣布自己是任何政府的、国家的权力的敌人，是一切国家制度的敌人"（巴枯宁语）；第三，偏好一种松散的联邦制政治体制和以合作制为基础的自治经济。

第一个无政府主义思想家是温斯坦利。他在1649年《真理昂首挺立于诋毁之上》的小册子中，写下了后来为无政府主义者所普遍接收的基本主张：权力令人腐败，财产与自由水火不容，权威和财产乃万恶之源；只有在共享工作与产品的一个无统治者的社会中，人们才会既自由又快乐，因为他们按自己的判断而不是按上面强加的法律行动。温斯坦利还超越理论去指导行动，他宣称，只有通过自己的行动，人民才能改变他们的命运，他还带领追随者占领了英格兰的公有土地，试图建立一个共享一切的农业公社。

在温斯坦利之后是戈德温。他于1793年发表的《政治公正》一书被认为是集无政府主义理论之大成。在该书中，他强调，权力是反自然的，而且社会罪恶之所以存在，是因为人不能按理性自由行动，"已积累的财富"应予以没收，因为它是权力之源。戈德温先于其他无政府主义者强调分散化，他勾画了一种社会组织，其中最基本的单位是小型的自治公社或教区。

蒲鲁东是无政府主义的真正奠基人。熊彼特说蒲鲁东是无政府主义最明白的，但不是最正统的或最一贯的解释人。巴枯宁也承认，"蒲鲁东是我们所有人的首脑"。关于蒲鲁东的思想，我已经做过介绍，这里顺便提一下他与无政府主义的关系。1840年，蒲鲁东在他的《什么是财产》中，第一次从正面意义上使用"无政府主义"这个名词。他表明自己的政治立场，宣布"我是个无政府主义者"。他说："正如人们在平等中寻求公正，社会在无政府状态中寻找秩序，无政府（不存在统治者）正是我们日渐接近的一种政府形式。"在被拿破仑三世监禁期间所写的《19世纪革命一般思想》一书中，他提议的不是中央集权制国家，而是一种联邦制政体，它由地方自治公社和工人协会以合作和互利而不是以法律联结在一起。在这里，仲裁取代法院，工人管理取代官僚机构，综合教育取代经院式教育。蒲鲁东相信，此种模式会出现自然的社会联合，他将这与无政府等同起来。

巴枯宁对无政府主义的影响是两方面的：第一，他把无政府主义由政治思辨理论转到了政治行动理论。巴枯宁的著作缺乏像戈德温、蒲鲁东这些无政府主义者的冗长沉闷的思辨，它们呼吁行动。他于1842年提出了一个著名的格言："我们相信这个破坏和毁灭的不朽神灵，是因为它是高深莫测和永具创造性的策动力。这种毁灭的策动力同时也是创造的策动力"，并说，暴动是建设自由和平社会的必要前奏。巴枯宁不满足于仅仅阐述现存社会的罪恶和制订美好社会的蓝图，他到处游说宣传，建立秘密政治协会，支持他那一时代的每一次政治暴动——大的或小的、有希望的或注定要失败的。巴枯宁的这种喜欢暴力的倾向使不熟悉无政府主义理论传统的人很容易把他作为罪犯和精神病患者来对待。熊彼特称巴枯宁主义是病态的社会主义，除了打乱社会主义计划和为革命骚动局势增加混乱以外，他们生来是什么事也做不了。第二，他还把无政府主义从仅仅是小资产阶级激进派的一个哲学观点变成一种得到工资劳动者和游民无产者大力支持的政治哲学。他对意大利、法国和西班牙，特别是在第一次世界大战前30年有组织的无政府主义运动的兴起，具有潜在的重要影响。

巴枯宁的社会改革方案的第一步是废除继承权。他提出，由国家法律规定的继承权是"劳动资料私有制的基础和主要条件"①，使土地和其他社会财富发生有利于少数人的异化。个人不能拥有精神和体力发展的同等手段，这是一切社会和政治不平等的重要原因。作为一种特权，无论对它怎样加以限制，都不能消除其经常威胁公有权利的不正义性。因此，废除继

---

① 〔俄〕巴枯宁：《在国际巴塞尔代表大会上的发言》，《巴枯宁言论》，《机会主义、修正主义资料选编》编译组，三联书店，1978，第172页。

承权是社会革命的起点,把财产交给社会,这是"解放劳动的一个必要条件"①。在此基础上,摧毁国家,建立无政府社会,并实行财产集体所有制。在新社会中,工厂归工人、土地归农民,建立起工业组合和农业组合。这种组合自由联合起来,实行分散经营,不受任何形式的集中领导和统一计划的限制。这样,工人、农民都各自独立,并根据自己的意愿,自由地组织成工业或农业合作社。通过把私有制变为集体所有制可以实现社会各阶级的平等。这将是一个没有政府、绝对自治的"自由社会"。巴枯宁提出,随着国家和一切权威的废除,一切政治和经济组织应当自下而上、从地方到中央按照自由联合和联邦的原则来组织社会。基本单位是地方公社,再由公社组成自由联邦,直至最后建立国际联邦;每个人可以自由地退出公社,每个公社可以自由地退出联邦,不受任何权威的干预。他认为,只有此时,一种合理的、富有生命力的制度才能实现,个人的利益、自由和幸福才不再同社会利益相矛盾。

值得一提的是无政府主义者与马克思之间的大论战。自从社会主义思想在19世纪产生以来,马克思强调"人剥削人"的现象,而蒲鲁东、巴枯宁则强调"人统治人"的危险。他们彼此发生了激烈的争论。第一国际则成为马克思主义者的社会主义与无政府主义者的自由社会主义之间相互厮杀的战场。开始,斗争是在马克思与蒲鲁东的门徒之间进行的(蒲鲁东已于第一国际成立的1864年去世);之后,是巴枯宁与马克思之间的论战。论战的基本冲突在于马克思认为工人应该夺取对国家的控制而进行革命,而巴枯宁认为工人应该进行革命以摧毁国家以及其他一切形式的政治权力。马克思赢得了这场斗争,但是这两个巨人之间的斗争最后摧毁了第一国际。

巴枯宁在1873年发表了《国家主义与无政府主义》一书,对马克思进行了粗暴的攻击。他在马克思主义学说中发现了极权主义的倾向和少数管理者的专制。用东德的持不同政见者鲁道夫·巴罗在其《抉择》一书中的话来说,同时是无政府主义者又是俄国人的巴枯宁在马克思和他的学说

---

① 〔俄〕巴枯宁:《巴塞尔代表大会废除继承权问题小组委员会的报告》,《巴枯宁言论》,《机会主义、修正主义资料选编》编译组,三联书店,1978,第175页。

后面发现了斯大林的阴影。在该书中，巴枯宁这样写道，他们，马克思主义者，在人民把全部政权交给他们之后，"将建立一个统一的国家银行，集中掌握全部工商业的、农业的，甚至科学的生产，并且将把人民群众分成为两只军队：工业军和农业军，由国家工程师们直接指挥，这些工程师将构成新的政治和科学的特权阶层"[①]；"更危险的是，它好像是所谓人民意志的表现"，因为"它掩盖着少数管理者的专制"，因为这个"博学的并因此是特权的少数将这样进行管理，似乎它比人民自己更好地了解人民的真正利益阶级"；"由于思想、理论、科学至少现在只是为数很少的人的财富，那么这些为数很少的人就应该成为社会生活的领导者"，因此，这个由"真正的或冒牌的学者所组成的一个新的人数很少的贵族阶级非常专制地管理人民群众。人民是没有学问的，这就是说，他们将完全从管理的操劳中解放出来，将完全被当做被管理的畜群"。"但是，马克思主义者说，这个少数将是工人。是的，大概是过去的工人，但是一旦他们变成了人民的代表或者人民的统治者，他们就不再是工人了。他们将从'国家'的高度来看一切普通的工人：他们将代表的，已经不是人民而是他们自己和他们想管理人民的'野心'"。因此，"学者的管理是世界上最令人难堪的、最令人屈辱的管理，尽管它具有一切民主的形式，但将是实实在在的专政"。马克思怒不可遏地称巴枯宁提出的"学者的管理""简直是胡说"！

巴枯宁对马克思的批评显然是毫无根据的，因为他无视马克思于1871年为巴黎公社而写的《法兰西内战》这部伟大著作。关于马克思对未来共产主义社会的政治和经济制度及其组织形式的设想是下一节要着重阐述的。巴枯宁主义确实是一种胡说。巴枯宁是一个野心家和阴谋家，他到处鼓吹工人毫无意义的起义，企图使无产阶级运动为他的狂妄野心和自私自利的目的服务。当1873年夏季西班牙起义，工人们在巴枯宁主义的号召下投入战斗并接管了政权的时候，他们没有任何纲领和根本不知道自己究竟要做什么，而"所谓的无政府状态、独立小组的自由联合原则的唯一结果，只能是无限制地和荒谬地分散革命的斗争力量，让政府用一小撮士兵

[①] 巴枯宁的引文均转引自马克思所写的《巴枯宁"国家制度和无政府状态"一书摘要》，见《马克思恩格斯全集》第18卷，中央编译局译，人民出版社，1972。

几乎没有遇到抵抗就把各个城市一一征服"①。但是,巴枯宁也提出这样一个政治难题:如何获得最大限度的个人自由而又不求助于权威主义的方法和组织形式。西班牙内战结束,导致了无政府主义在20世纪的40~50年代的普遍衰落。然而,在60年代的激进环境下,无政府主义经历了复兴。无政府主义团体再次在北美和欧洲出现,著名的无政府主义理论家的著作重新问世。如今的无政府主义不再是当年轰轰烈烈的西班牙,或程度较低的法国和意大利出现的那种群众运动,它现在更多地作为一种思想倾向而存在,鼓励对权威的机构和行为进行批评。

工团主义。合作主义和无政府主义对法国工人运动的影响表现为工团主义（Syndicalism）。起初,"工团主义"只是法国工会主义的法文名称,但后来法国工会运动分裂成改革派和革命派,后者称作"革命工团主义",后又称"无政府工团主义",简称工团主义。在工人阶级组织随着1870年巴黎公社的失败被禁止后,法国工会运动在19世纪80年代再度复兴。工团主义是在这一时期出现的反对正统的工联主义的工人运动。工团主义比当时处于四分五裂的法国社会主义政党对工人阶级具有更大的吸引力,因为它最直率地表达了工人阶级的最迫切愿望,即"工团主义根本上站在生产者的立场反对消费者;它所关心的是改革劳动制度和工业组织,而不仅仅是提高劳动报酬。这一立场成了其生机和个性的源泉。它旨在以经济斗争取代政治行动,并利用工会组织达到正统社会主义者要求求助于议会去到达的目的"②,这里所说的经济斗争,是指"用肉体上的暴力,最后经过总罢工来赢得他在那里做工的工厂"③。

---

① 〔德〕弗里德里希·恩格斯:《行动中的巴枯宁主义者》,《马克思恩格斯选集》第2卷,中央编译局译,人民出版社,1972,第579页。1936~1939年西班牙内战再一次证明了巴枯宁主义的危害。当时,无政府主义的工会联盟（全国总工会）是西班牙最大的劳工组织,会员曾达200万之众。内战期间,数十年的巷战经验使西班牙东部城市的无政府主义工人在佛朗哥政变初期打败了将军们。之后,他们派遣民兵纵队到各条战线。同时,他们试图通过没收工厂和大庄园在后方实现无政府主义的太平盛世。报告表明,许多工厂在工人的管理下运转良好,而土地的集体化激发了农民的工作自尊和热情。因为憎恨权威,虽然无政府主义者在组织集体劳动上卓有成效,但在组织军队上无能为力。他们的试验性公社在佛朗哥胜利后被禁止。
② 〔英〕勃特兰·罗素:《自由之路》上,李国山等译,文化艺术出版社,1998,第47页。
③ 〔奥〕约瑟夫·熊彼特:《经济分析史》第2卷,杨敬年译,商务印书馆,1994,第424页。

英国著名哲学家勃特兰·罗素（Bertrand Russell, 1872 – 1970）在《自由之路：社会主义、无政府主义和工团主义》（1918）一书中详细地研究了工团主义。他指出："与社会主义和无政府主义不同，工团主义是从一个现存的组织开始，然后发展到适合于它的观念来。而社会主义和无政府主义是从观念开始，然后再发展出作为其载体的组织来。……工团主义的观念其后只是作为政治和经济形势的自然后果而出现。这些观念几乎都不是新的；它们几乎全都来自旧国际的巴枯宁派思想。"[①] 工团主义所依赖的组织是"劳动总联合会"和"劳动交换所联合会"，后者最后并入前者。

熊彼特认为，工团主义的突出特色之一，是没有最终价值的某种明确的方案，它拒绝任何理论的指导和知识分子的领导。他说："在劳工总同盟的工团主义阶段（1895～1914）组织和领导了这个同盟的人们，大多数是真正的无产阶级或工会职员，或兼两种身份的人。他们满腔愤怒，并有战斗的意志。他们对于有朝一日他们成功了的时候，面对那支破船，他们该干些什么的问题并不焦虑。"[②] 熊彼特的观点是一种误解。实际上，工团主义是有某种明确的价值方案的，其核心是主张工人自治和由工人管理工厂。这正像英国经济学家莱昂内尔·罗宾斯所概括的那样，"工团主义主张一个完全非中央集权化的经济，各生产性企业都归生产者的联合所有，并由它们管理，管理与工资控制是'民主的'，意思是说联合中的工人也像法国职工会或英国工会里的成员那样，拥有同一类型的终极权利，但又是经济的其他方面的政策及服务的主人"[③]。1911年9月出版的《工团主义铁路工人》第一期上刊登的一篇旨在向英语读者介绍工团主义学说的文章这样写道："所有工团主义、集体主义和无政府主义旨在废除现存经济制度和大多数财产的私人所有制；但是，集体主义以全民所有制取而代之，无政府主义以无人所有制取而代之，工团主义则旨在建立联合劳工所有制。因此它是一个按照社会主义者提出的经济学说和阶级斗争学说建立

[①] 〔英〕勃特兰·罗素：《自由之路》上，李国山等译，文化艺术出版社，1998，第45页。
[②] 〔奥〕约瑟夫·熊彼特：《经济分析史》第2卷，杨敬年译，商务印书馆，1994，第425页。
[③] 〔英〕莱昂内尔·罗宾斯：《过去和现在的政治经济学》，陈尚霖等译，商务印书馆，1997，第148页。

起来的纯工会组织。它坚决摒弃集体主义所依赖的议会斗争；正是在这一点上，它同无政府主义是志同道合的，而且，实际上它同无政府主义的区别仅仅在于其行动范围更为有限。"①

当然，罗素也承认，工团主义的目标不如工团主义的革命手段那么明确，工团主义者希望看到每一个工业行业的自治，但就如何调节不同行业之间的关系问题，他们没有拿出明确的看法来，而基尔特社会主义者做到了这一点。工团主义者认为，国家是最大的敌人，在他们眼里，国家本质上是用于镇压工人的资产阶级组织工具。因此，工团主义是一次革命，这次革命的目的，不仅是要废除现存社会秩序，还要消灭国家本身。然而，工团主义者坚决反对无政府主义者主张通过武装起义或暴力来达到目的，也坚决反对社会主义者主张的议会道路。"工团主义的根本学说是阶级斗争，以经济手段而非政治手段进行的阶级斗争。他们倡导的经济斗争手段主要有罢工、联合抵抗、错运和怠工。"② "比较起来，工团主义所采取的最为重要的手段就是罢工了。为某些特定目标而举行的罢工被当作演习，当作完善组织和培养热情的手段，不过，即使这些罢工以胜利而告终，工团主义者也不认为从此劳资双方就可以相安无事了。工团主义者利用罢工，并不只是想取得这些细小方面的进展，而是要摧毁整个雇佣和被雇佣的制度，取得工人的完全解放。要实现这一目标，就得实现总罢工，要大多数的工人停止所有的生产活动，使资本主义生产陷于瘫痪。"③

作为有组织的劳工运动，革命工团主义起源于法国，并且在美国、英国和其他国家传播，直至第一次世界大战爆发以后才逐渐偃旗息鼓。然而，正如罗素所指出的那样："作为一场独特运动的法国工团主义或将死亡，但是，即使是这样，它们也不会失掉其重要性，因为它给所有文明国家中最有活力的工人运动提供了新的动力，指明了新的方向。"④ 他还这样写道："无论人们认为工团主义是否可行，工团主义带给世界的思想无疑对工人运动的复兴起了巨大的作用，并且向人们提醒了行将遗忘的一些重

---

① 〔英〕勃特兰·罗素：《自由之路》上，李国山等译，文化艺术出版社，1998，第51页。
② 〔英〕勃特兰·罗素：《自由之路》上，李国山等译，文化艺术出版社，1998，第49页。
③ 〔英〕勃特兰·罗素：《自由之路》上，李国山等译，文化艺术出版社，1998，第50页。
④ 〔英〕勃特兰·罗素：《自由之路》上，李国山等译，文化艺术出版社，1998，第47页。

大事情。工团主义者将人看作生产者而不是消费者。他们更关心在劳动中获得自由而不是提高物质待遇。他们复兴了在议会社会主义制度下一度变得模糊的对自己的追求,他们还提醒人们我们的现代社会所需要的不是东修西补,也不是当权者会欣然同意的微小调整,而是一个彻底的重建:扫除产生压迫的根源,解放人们的创造力,并以全新的方式构想和调节生产和消费关系。工团主义的这一贡献十分巨大,相比之下,它的细微缺点就是微不足道的了,而且即使工团主义作为一个运动随着战争的结束而不再延续下去,它的这一贡献也是永远不可磨灭的。"[1]

基尔特社会主义。基尔特社会主义(Guild Socialism)是20世纪前20年在英国蓬勃开展起来的以实现工人自治为目标的一股理论思潮和工人合作社运动,用罗宾斯的话来说,基尔特社会主义是法国工团主义的英国式稀释物。罗素也这样写道:"纯粹工团主义看来不会在英国流行开了。它的精神有太多的革命色彩,又太过散漫了,与我们的民族气质不合。只有在其修改过的形式即基尔特社会主义中,那些得自'劳动总联合会'和'世界工人协会'的思想才有希望结出果实来。"[2]

基尔特社会主义[3]这个有点奇怪的名字的产生是由于历史的偶然原因。在1906年,阿瑟·培弟(Arthur Penty),一个憎恶资本主义工业革命的基督教社会主义者,写了一本名为《回归基尔特》的书,主张回到中世纪通过行会组织的手工工艺。次年,《新时代》杂志开始倡导基尔特社会主义。1914年,《新时代》杂志的主要撰稿人霍布逊(S. G. Hobson)发表《国民基尔特:工资制度及出路》,在该书中,他在完全不同的意义上使用了基尔特这个词——工人是生产工具的主人,而基尔特作为管理工业的机构,这便是"基尔特社会主义"这一名称的来源。

罗素把基尔特社会主义的基本主张表述为:"产业界的每一家工厂都由经选举产生的管理者自由控制它的生产工具。在一特定产业中不同的工厂联合成全国基尔特,该组织负责处理市场营销和整个产业的总体事务。

---

[1] 〔英〕勃特兰·罗素:《自由之路》上,李国山等译,文化艺术出版社,1998,第60页。
[2] 〔英〕勃特兰·罗素:《自由之路》上,李国山等译,文化艺术出版社,1998,第57~58页。
[3] 基尔特是拉丁文译音,意即同业联合或行会,因此也被称为行会社会主义。

'国家将作为社会的受托人占有生产资料；基尔特又作为社会主义的受托人管理这些生产资料，并向国家缴纳单一税或租金。任一基尔特倘若将自己的利益凌驾于社会利益之上，那么它便失去信誉，并要交由同等代表所有生产者和消费者的法庭进行审判。这个联合会是最高权力机关，也是产业界的最高仲裁机构。它不仅规定基尔特的税额，也确定产品的价格，并定期对税额和产品价格进行调整。'整个行业的工人是基尔特的自然成员，至于各基尔特内部成员之间如何进行收入分配则自行决定。……基尔特社会主义者把国家看作消费者的代表，而把基尔特看作生产者的代表。因此，议会和基尔特大会就是分别代表消费者和生产者的两个并列的权力机构。凌驾于两者之上的是议会和基尔特大会的'联合委员会'，它负责解决涉及消费者和劳动双方利益的问题。基尔特社会主义者认为，国家社会主义者只把人当作消费者来考虑，而工团主义者则只把他们当作生产者来考虑。基尔特社会主义者说：'问题是把两者的观点调和起来。这正是国家基尔特的倡导者要做的工作。工团主义者要求一切归生产者的产业组织所有，集体主义者则要求一切归消费者的地区或政治组织所有。两者同样失之偏颇；你不可能通过否定其中的一个而把两者调和起来。'"[①]

就像妥协是英国的思想传统一样，基尔特社会主义是集权社会主义和无政府工团主义的调和物，前者主张将一切权力集中于国家，而后者主张摧毁国家以自治团体的自愿联盟取而代之。基尔特社会主义更靠近无政府工团主义，它并不主张废除国家，但必须淡化中央政府或国民政府的角色，它希望集权社会主义者主张的许多中央政府职能被分解为由横向的地方自治联盟和纵向的基尔特组织来承担。基于政治、经济二元论以及职能划分原则，基尔特社会主义主张国家与基尔特应各司其职：国家代表消费者的利益，作为生产工具的所有者，而作为劳动者自治团体的基尔特则代表生产者的利益，负责生产工具的管理，各项工业之外，凡宗教、教育等非经济性活动，也应组织基尔特来自行管理事务。国家虽然是必要的，但国家与自治团体在职能上处于平等的地位。基尔特社会主义者要表达的关

[①] 〔英〕勃特兰·罗素：《自由之路》上，李国山等译，文化艺术出版社，1998，第58~59页。

键词是"自治",即在保存现有国家政权的条件下,由工厂、地方和行业的自治组织进行管理,而由国家保证全民的消费,从而使劳动者同时获得政治自由与经济自由。就国家消亡的具体形式而言,基尔特社会主义比其他形式的社会主义表达得更为明确和具体——通过建立基尔特社会主义制度,国家不是在朦胧的未来而是即刻就开始消亡。罗素比较了基尔特社会主义与其他社会主义,他认为,纯粹的无政府主义在当前是非常短命的,马克思的社会主义和工团主义比现行制度要好得多,但都不是最佳选择:前者赋予国家过大的权力,后者虽旨在取消国家,但为了协调各生产者组织很可能会被迫再次建立一个中央集权机关。因此,最佳方案是基尔特社会主义。"基尔特社会主义旨在实现产业自治,进而限制国家权力,但它不想取消国家。他们所倡导的社会制度,我想是迄今所提出的最好的一种,它最有可能保证自由,同时又不会担着纯无政府制度下经常要诉诸武力的危险"①。

最著名的基尔特社会主义理论家是英国杰出的社会主义理论家和工党知识分子科尔(G. P. H. Cole, 1889 – 1959),他毕生从事的主要事业是倡导非中央集权的、自我管理和参与型的社会主义。他在1915年领导成立了"全国基尔特联盟"(National Guild League),宣言废除工资制度,反对官僚政治,主张经由各种不同基尔特的组织而形成国家,以彻底实现"产业的自治"。他还出版了关于基尔特社会主义的几本书,其中包括《产业的自治》(Self-government in Industry, 1917)和《重申基尔特社会主义》(Guild Socialism Restated, 1920)。科尔一度是费边主义者,并长期担任费边社的主席。在20世纪30年代,他曾和凯恩斯一道在经济顾问委员会工作。他认识到凯恩斯的宏观经济学对社会主义的重要性,对凯恩斯革命倍加赞扬。但是,当新费边主义把费边社会主义与凯恩斯主义结合到主张建立英国式的混合经济的正统体系之时,他与费边主义决裂了,并辞去费边社主席一职。他于1950年发表的《社会主义经济学》小册子中,清楚地说明了他与费边主义的分歧。他认为,凯恩斯主义过分涉及总量问题,对结构问题关注不够,而结构问题对于一个代替资本主义制度的社会主义经济来

---

① 〔英〕勃特兰·罗素:《自由之路》上,李国山等译,文化艺术出版社,1998,第58页。

说却是必要的。他认为新费边主义提供了一种淡化的社会主义形式，它"并不比稍加修饰的凯恩斯的自由主义有所不同"。他还直截了当地拒绝将现行的混合经济"作为一种永久的休息地"，并且继续研究他早期所致力于探讨的非官僚主义、与民主形式相一致的社会主义经济形式。

科尔论证了基尔特社会主义倡导的三个基本原则：（1）最重要的价值原则是人的价值，而社会被认为是按其成员的意愿所结成的一个复杂的联合体；（2）仅仅得到被统治者消极承认的政府是不够的，因为普通公民的权力仅局限于选择他们的统治者，公民应该是他自己的统治者，社会应该是自我管理的社会；（3）民主不仅运用于政治领域，而且运用到社会活动的每一个领域。现代社会的最大弊病不是贫穷，而是奴役和不安全。一个人在日常劳动中的地位决定了他作为公民在社会中的地位。没有工业民主，政治民主仅仅是一种伪装。"基尔特社会主义者的观点所有的精华就是这样一种信仰，即社会应当被组织起来以便给社会中的每一个成员的个人和集体的自我表现以最大可能的机会。它包括和意味着自治在社会所有领域的延伸"[1]。为了这个目的，全权的国家和全权的议会是不合适的。

科尔的核心观点是"代表性民主"（representative democracy），但这种民主有一个特殊的用语："功能性多元化"（functional pluralism）。与蒲鲁东、克鲁泡特金和威廉·莫里斯（William Morris）的观点一样，科尔认为，没有人能真正地和永远地代表其他人，只有当关系某种特殊的目的或团体的目的时，公民才必须选出某些人来代表他的观点。社会上的每一个团体都必须自治，并且有自己的代表，"在社会上，这会导致一定存在着许多执行独特功能的分别选举出来的代表性团体"[2]，社会的管理应该是这种代表性团体的联合或联盟，联盟具有协调各个自治团体的功能，并奉行多数人胜出原则，在更大的范围内，社会是联盟的联盟。这是一种功能性多元化民主，这种民主将导致一个没有单一的统治者和政治权力分散在各个功能性集团手中的多元化社会。图 5-1 表示的是科尔构建的功能性多元化民主。

---

[1] Cole, G. D. H., *Guild Socialism Restated*, London, L. Parsons, 1920, p. 13.
[2] Cole, G. D. H., *Guild Socialism Restated*, London, L. Parsons, 1920, p. 33.

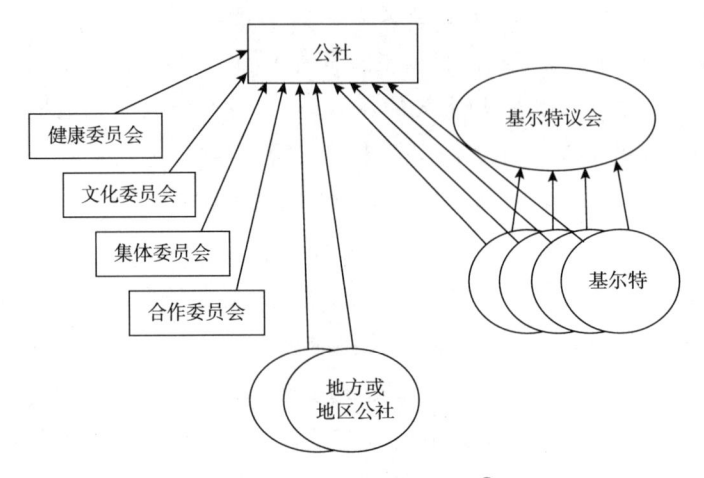

图 5 – 1　科尔构建的组织①

每一个车间、工厂和矿山等都是功能性群体，所以一定要有自己的代表委员会和实行内部自治。一个行业的管理是这些组织的一个联盟，这个联盟可以是集权的，也可以是分权的，这取决于根据惯例和不同的时间和地点决定的不同行业的性质，一些行业仍需要大量的集中，但考虑到对分权的偏好，在一般情况下，这是一个相当松散的联盟。这些企业的联盟就是该行业的基尔特，即作为管理该行业整体事务的一个机构。"一个国民基尔特将成为某一个具体工业部门或服务业部门的所有脑力劳动者和体力劳动者的联合体，它的功能将是代表整个社团管理那个工业或服务业"②。各个行业的基尔特联合起来组成一个城市或地区的经济管理机构，而国家的经济管理就是各个城市和地区基尔特联盟的联盟。

生产基尔特仅仅是社会中代表劳动者的功能性组织，这远远是不够的。除了作为劳动者之外，一个人还有许多其他身份，他同时是一个产业的工作者，一个城镇或地区的居民，一个消费者，他必须成为每一个团体的公民，并选举出自己的代表。因此，社会必须是各种不同类型的功能性

---

① 见 Roger A. McCain, Guild Socialism Reconsidered, http://home.comcast.net/~romccain/gild1.html。
② Roger A. McCain, Guild Socialism Reconsidered, http://home.comcast.net/~romccain/gild1.html。

团体的叠加联盟。具体而言，除生产基尔特组织外，有三个功能性组织：消费者组织或合作事业委员会；市民服务组织或市民基尔特；公民组织或文化和健康委员会。这些功能性团体是公民作为消费者对公共事务和私人消费提出需求的代表性机构。在城镇、地区和国民的不同层次上，这些功能性组织联盟组成这样一个社团组织或"协调机构"——"公社"（commune，科尔指出他是在按最关键的标准不存在国家这种意义上使用这一术语的）。"公社"是基尔特社会主义社会最低限度的"国家"，它的任务是：(1) 它将协调这些功能性团体使之成为一个社团并决定整体的事务；(2) 为各个功能性团体之间的利益冲突充当仲裁法庭；(3) 配置资源和在一定程度上调节价格和收入；(4) 协调在较小区域内活动的团体使之成为一个较大的社团；(5) 它将决定各种功能团体之间的分界线。总之，"基尔特社会的国民调节机制与现代国家有本质的不同。它将具有很少的直接行政性职能"[①]。传统国家权威的减少和所有的劳动组织中的自我管理——这是基尔特社会主义的本质。

基尔特社会主义最初包括少数知识分子，在1912年以后吸引了工人。在基尔特运动中形成了巴顿（J. M. Paton）的"蚕食控制政策"（encroaching control），即通过逐渐地掌握工业的控制权而侵蚀资本主义传统制度。工人将积极参与工厂的决定性事务的决策，工人将剥夺所有者，所有者将成为没用的阑尾，很容易在最终的过渡时期被消灭。拥有财产的阶级功能萎缩，摧毁了他们在道义上对权利的索取权，"繁忙的富人"（the busy rich）将成为"闲散的富人"（the idle rich），然后被最终消灭。基尔特的另一个任务是工人阶级夺取政权，以便使工业成为公有制。之后，议会将行政权移交给国民基尔特组织。在第一次世界大战期间和之后，一些基尔特组织成立。最主要的是重新组织了建筑业的基尔特，在这里，工人经过选举而成为管理者。开始阶段建筑基尔特非常成功，但在1922~1923年的英国战后第一次经济衰退中基尔特运动破产了。一年以后，基尔特社会主义作为有组织的运动在英国消失了。在南非、奥地利和日本的基尔特运动也覆灭了。东欧剧变时，在波兰出现的团结工会组织曾试图实现基尔特社

---

① Cole, G. D. H., *Guild Socialism Restated*, London, L. Parsons, 1920, p.136.

会主义的目标。

第二节　马克思和恩格斯

马克思和恩格斯不是预言家，他们生活的年代距离社会主义还十分遥远，对未来共产主义的探索，不是马克思和恩格斯的主要任务。马克思给自己规定的任务是对资本主义的批判，"是宣告现代资产阶级所有制必然灭亡"。甚至在他的早期书信中，马克思就宣布："如果我们的任务不是推断未来和宣布适合将来任何时候的一劳永逸的决定，那么我们便会更明确地知道，我们现在应该做些什么，我指的就是要对现存的一切进行无情的批判。"① 马克思的批判，既包括塑造批判的武器，也包括运用武器进行批判，而批判"最后归结为人是人的最高本质这样一个学说，从而也归结为这样一条绝对命令：必须推翻那些使人成为受屈辱、被奴役、被遗弃和被蔑视的东西的一切关系"②。

诚如马克思所言，问题不仅在于解释世界，而在于改变世界。然而受历史局限性和研究任务所限，马克思、恩格斯不可能提供一整套解决如何建设未来共产主义问题的完整答案，他们也拒绝这样做，并把这一问题留给了后人。马克思曾明确指出："在将来某个特定的时刻应该做些什么，应该马上做些什么，这当然完全取决于人们将不得不在其中活动的那个特定的历史环境。但是，现在提出这个问题是虚无缥缈的，因而实际上是一个幻想的问题，对这个问题的唯一的答复应当是对问题本身的批判。"③ 在马克思看来，论述一种并不存在的社会就是乌托邦。他对热衷于对未来社会主义社会进行细节描述并具有许多荒唐幻想成分的空想社会主义者拯救世界的方案非常反感。特别是空想社会主义者企图通过呼吁上流社会来为新的社会福音开辟道路，已经损害了严肃的社会主义的威信，所以到了

---

① 〔德〕卡尔·马克思：《摘自"德法年鉴"的书信》，《马克思恩格斯全集》第 1 卷，中央编译局译，人民出版社，1956，第 416 页。
② 〔德〕卡尔·马克思：《黑格尔法哲学批判导言》，《马克思恩格斯选集》第 1 卷，中央编译局译，人民出版社，1972，第 9 页。
③ 〔德〕卡尔·马克思：《马克思致费迪南·多梅拉·纽文胡斯》，《马克思恩格斯全集》第 35 卷，中央编译局译，人民出版社，1971，第 154 页。

1840年，社会主义这一名词事实上具有一种乌托邦的意味。马克思不喜欢这样一个已经获得了一种"体面"气味的词，所以马克思用"共产主义"这一名词来代替"社会主义"这个术语。

为了避免陷入乌托邦，马克思对未来共产主义社会的描述是慎之又慎的，而且在大多数情况下是极不情愿的，只是在与资本主义社会的基本特征作鲜明对比的时候，才阐述了未来共产主义社会的一些基本原则。马克思不可能超越自己的时代，他根本没有把宣布即将来临的社会主义的太平盛世看成是科学社会主义的主要任务，他明确宣布，"我们不想教条式地预料未来，而只是希望在批判旧世界中发现新世界"①。尽管是极不情愿、极不完善和极不系统的，马克思和恩格斯还是在批判旧世界中对新世界的基本特征做了描述。

马克思和恩格斯对未来共产主义社会的基本特征所作的描述根植于现代生产力和资本主义生产关系的矛盾运动，其参照物为资本主义社会所表现出来的种种非正义性和非合理性。因此，马克思和恩格斯对未来共产主义社会基本特征的描述可以分为两个方面：一方面是从法国大革命继承下来的，资本主义社会没有真正实现或至多在形式上实现的自由、平等、博爱价值观，另一方面是社会化大生产所要求的、而现代资本主义社会生产资料的占有方式和由此表现出来的生产的无政府状态所无法满足的社会合理性。这两方面是相互矛盾的。前者要求自治和分散，要求平等的社会地位和权利；而后者要求集中和思想、行动的整齐划一，而这显然是以不平等的权力和权利为基础的。这正像英国市场社会主义者大卫·米勒所指出的，"对社会活动的自觉性指导需要一个单一的指导中心，这可能与社会主义者诉诸的广泛的民主发生冲突。同样，社会主义的个人自由的信念也与共同体的价值不相容，后者需要社会强制地规定一个共同的道德价值"②。开始时，马克思和恩格斯并没有意识到这其中的矛盾，他们要求将

---

① 〔德〕卡尔·马克思:《摘自"德法年鉴"的书信》，《马克思恩格斯全集》第1卷，第416页。
② Miler, David, "A Vision of Market Socialism: How It Might Work and Its Problems", Frank Roosevelt and David Belkin ed. *Why Market Socialism: Voices from Dissent*, M. E. Sharpe Inc. 1994, p. 248.

一切权力集中在无产阶级夺取政权后的国家手中。后来通过总结无产阶级革命的经验特别是巴黎公社的经验，他们改变了观点，即一个集权的国家在过渡时期是必要的，但在过渡时期结束后，国家应该立即消亡，代之以经济民主和政治民主为基本特征的、以每个人的全面而自由的发展为基本原则的社会形式——"自由人联合体"。让我们从马克思和恩格斯对未来共产主义社会基本特征的描述开始。

虽然马克思、恩格斯并没有给共产主义下过什么精确的定义，也没有详细地描绘过这个社会的蓝图；但是他们曾经用这样一句名言来精炼地概括了共产主义社会的基本特征，那就是："每个人的自由发展是一切人自由发展的条件。"① 马克思和恩格斯所说的自由超越了传统意义上的"消极自由"和"积极自由"——免于……的自由（free from）和自由行动（free to do）——之间的区别，它首先应该从必须把人从异化的物质生活条件和精神生活条件中，从阶级、阶级对立和阶级统治中，从各种形式的剥削、压迫、统治和奴役中解放出来这种意义上来理解。这就是说，只有当人免于受经济上的剥削、政治上的压迫和思想上的异化等种种强制性的束缚时，他才是真正自由的人。这正是消极意义上的自由的概念。这意味着，首先必须消灭私有制和雇佣劳动制，用生产资料公有制代替私有制，为消灭剥削和异化产生的根源创造必不可少的前提条件。因此，未来共产主义社会的一个基本特征是消灭了人直到现在受他们自己的生产资料奴役的情况和由此产生的社会财富分配的极大不公（实现公有制和按劳分配）。其次，必须炸毁旧的国家政权并以新的真正民主的国家政权来代替。"自由就在于把国家从一个站在社会之上的机关变成完全服从这个社会的机

---

① 〔德〕马克思、恩格斯：《共产党宣言》，《马克思恩格斯选集》第1卷，中央编译局译，人民出版社，1972，第273页。1894年1月3日，卡内帕请求恩格斯为3月在日内瓦出版的周刊《新纪元》找一段题词，用简短的字句来表达未来的社会主义纪元的基本思想，以别于但丁曾说的"一些人统治，另一些人受苦难"的旧纪元。恩格斯1月9日回信说："我打算从马克思的著作中给您寻找一行您所要求的题词。……但是，除了从《共产党宣言》中摘下下列一段话外，我再也找不出合适的了：'代替那存在着阶级和阶级对立的资产阶级旧社会的将是这样一个联合体，在那里，每个人的自由发展是一切人自由发展的条件。'"（见《马克思恩格斯全集》第39卷，人民出版社，1974，第189、535页）

关"①。只有废除了由社会制度和国家强制实行的人剥削人、人压迫人和人统治人的现象,人才能成为自己命运的主人,而不至于沦为他人的工具;他才能自主地决定自己想要做什么,而不是受别人的控制。当人可以按着自己的计划和意图行事去实现自己的目的时,他才是真正自由的。这正是积极意义上的自由的含义。"社会化的人,联合起来的生产者,将合理地调节他们和自然之间的物质变换,把它置于他们的共同控制之下,而不让它作为盲目的力量来统治自己;靠消耗最小的力量,在最无愧于和最适合于他们的人类本性的条件下来进行这种物质变换"②。

马克思和恩格斯把在资本主义制度环境中出现的工人合作工厂视为代表新的生产方式的企业制度,并且认为,只要对它稍作改造便可作为"自由人联合体"社会的基本经济组织。关于这一点,马克思和恩格斯从来就没有怀疑过,这种观点贯穿于他们著作的始终。从工人合作运动伊始,马克思就对合作制经济表现出了浓厚的兴趣。他把合作工厂的创办者称作"勇敢的手",用非常热情的语言高度评价了合作运动的伟大意义,称其为劳动的政治经济学对财产的政治经济学取得的一个更大的胜利,"对这些伟大的社会试验的意义不论给予多么高的评价都是不算过分的"。马克思对工人合作工厂的性质给以充分的肯定,他指出:"合作运动是改造以阶级对抗阶级为基础的现代社会的各种力量之一。这个运动的重大功绩在于,它用事实证明了那种专制的、产生赤贫现象的、供劳动附属于资本的现代制度将被共和的、带来繁荣的、自由平等的生产者联合的制度代替的可能性。"③ 他还指出:"工人们不是在口头上,而是用事实证明:大规模的生产,并且是按照现代科学要求的生产,在没有利用雇佣工人阶级劳动的雇主阶级参加的条件下是能够进行的;他们证明:为了有效地进行生产,劳动工具不应当被垄断起来作为统治和掠夺工人的工具;雇佣劳动,也像奴隶劳动和农奴劳动一样,只是一种暂时和低级的形式,它注定要让

---

① 〔德〕卡尔·马克思:《哥达纲领批判》,《马克思恩格斯选集》第 3 卷,中央编译局译,人民出版社,1972,第 20 页。
② 〔德〕卡尔·马克思:《资本论》第 3 卷,中央编译局译,人民出版社,1972,第 926~927 页。
③ 〔德〕卡尔·马克思:《临时中央委员会就若干问题给代表的指示》,《马克思恩格斯全集》第 16 卷,中央编译局译,人民出版社,1964,第 219 页。

位于带着兴奋愉快心情自愿进行的联合劳动。"①

在《资本论》中，马克思指出："在合作工厂中，监督劳动的对立性质消失了，因为经理由工人支付报酬，他不再代表资本而同工人相对立"，"合作工厂提供了一个实例，证明资本家作为生产上的管理人员已经成为多余的了，就像资本家本人发展到最高阶段，认为大地主是多余的一样"。"工人自己的合作工厂，是在旧形式内对旧形式打开的第一个缺口，虽然它在自己的实际组织中，当然都到处再生产出并且必然会再生产出现存制度的一切缺点。但是，资本和劳动之间的对立在这种工厂内已经被扬弃，虽然起初只是在下述形式上被扬弃，即工人作为联合体是他们自己的资本家，也就是说，他们利用生产资料来使他们自己的劳动增值。这种工厂表明在物质生产力和与之相适应的社会生产形式的一定发展阶段上，一种新的生产方式怎样会自然而然地从一种生产方式中发展并形成起来"②。恩格斯也明确指出，"至于在向完全的共产主义经济过渡时，我们必须大规模地采用合作生产作为中间环节，这一点马克思和我从来没有怀疑过……但事情必须这样来处理，使社会（即首先是国家）保持对生产资料的所有权，这样合作社的特殊利益就不可能压过全社会的利益"③。

如果说马克思在《资本论》中把工人合作工厂视为是对资本主义生产方式"积极地扬弃"，是由前者转化为联合的生产方式的一种"过渡形式"，那么他看到巴黎公社没收和接管被资本家遗弃的工厂并通过合作制把主要用做奴役和剥削劳动的工具的生产资料变成自由集体劳动的工具时，"当普通工人第一次敢于侵犯自己的'天然尊长'的管理特权，在空前艰苦的条件下虚心、诚恳而卓有成效地执行了这个工作"时，马克思直截了当地宣布，合作制是未来共产主义社会的基本生产组织形式。他说："如果合作制生产不是作为一句空话或一种骗局，如果它要排除资本主义制度，如果联合起来的合作社按照总的计划组织全国生产，从而控制全国

---

① 〔德〕卡尔·马克思：《国际工人协会成立宣言》，《马克思恩格斯选集》第 2 卷，中央编译局译，人民出版社，1972，第 133 页。
② 〔德〕卡尔·马克思：《资本论》第 3 卷，中央编译局译，人民出版社，1972，第 436、435、498 页。
③ 〔德〕弗里德里希·恩格斯：《致奥古斯特·贝贝尔》，《马克思恩格斯全集》第 38 卷，中央编译局译，人民出版社，1972，第 416~417 页。

生产，制止资本主义生产下不可避免的经常的无政府状态和周期的痉挛现象，那么，请问诸位先生，这不就是共产主义，'可能的'共产主义吗？"①

由于工人生产合作社是在资本主义环境中生长起来的，它必然带有旧制度的主要缺陷，所以必须对其进行改造。马克思和恩格斯指出，必须完成以下两个方面的改造工作，才能使合作制成为新社会的基本劳动组织：第一，实行生产资料的社会所有制或国有制②，以克服工人合作组织的自身狭隘性；第二，实行全国的统一计划即"由社会预见指导社会生产"，以克服自治共同体必然会产生的生产无政府状态。然而，马克思和恩格斯所说的国家所有制并不是将所有企业都纳入国家经营，并采取技术官僚型的中央集权计划经济体制即斯大林模式，他们所说的计划也不是自上而下的、按等级制原则贯彻的行政命令，因为这些与"自由人联合体"的基本特征相矛盾。这就是说，工人合作制企业的核心内容——劳动者作为工厂的主人并按照经济民主的原则管理工厂——并没有被颠覆，改变只是自由人联合体的"联合劳动"的方式，以便使这些小的、各自为政的自由人联合体组成一个统一的、自由人联合体社会，其目的是在社会范围内实现劳动者更大的自由和平等。为了说明这一点，我们必须回顾马克思和恩格斯的国家改造理论。

马克思和恩格斯关于国家改造理论的核心是打碎、摧毁或铲除旧的等级制的、中央集权的和以对人的统治为其主要职能的国家官僚机器，代之以民主的、自治的和以对物的管理为其主要职能的新型国家。马克思和恩格斯的这一思想是在总结无产阶级革命特别是巴黎公社的经验基础上得出来的，是对社会主义的"国家消亡理论"的丰富和发展。

社会主义在传统上把国家视为统治阶级的镇压机器，为了无产阶级的解放，必须推翻国家。一旦无产阶级取得国家政权，对人的统治将被对物

---

① 〔德〕卡尔·马克思：《法兰西内战》，《马克思恩格斯选集》第2卷，中央编译局译，人民出版社，1972，第379页。
② 当代马克思主义者对马克思和恩格斯究竟主张生产资料社会所有制还是国有制一直争论不休。实际上，这是一个伪问题。读一读马克思的《法兰西内战》就会知道，马克思国家改造理论的核心就是要将凌驾于社会之上的、窃据社会主人地位的国家转变为社会的公仆。一旦按照巴黎公社的原则加以改造，国家就代表社会。国家所有制就是社会所有制，二者没有实质性区别。

的管理取代，国家的性质也随之发生根本的转变。因此，国家不是被废除的，而是自行消亡的。这是一种十分幼稚的观点。试问，"按照系统的和等级的分工原则建立的"，"以其无孔不入而且极其复杂的军事、官僚、僧侣和司法机构像蟒蛇一样地把活生生的市民社会从四面八方网罗起来（缠绕起来）的国家机器"，"这个社会的超自然的怪胎"，"这个令人窒息的恶魔"，"市民社会身上这个冒充为其完美反映的寄生赘瘤"，这个为了追求自己特殊的利益，"窃据社会主人地位而不是充当社会公仆的政府权力"（马克思语）的国家，怎么会自行消亡呢？它怎么可以不加改造地自动充当全体人民的代表而行使管理社会的权利呢？如果旧的国家机器必须被废除，取代它的组织应该是什么样子？早期的社会主义者并没有考虑这些问题，早年的马克思和恩格斯也是如此。在《共产党宣言》中，他们没有涉及改造国家问题，而是简单地宣布："无产阶级将利用自己的统治，一步一步地夺取资产阶级的全部资本，把一切生产工具集中在国家即组织成为统治阶级的无产阶级手里，并且尽可能快地增加生产力的总量。"①

1871年，巴黎的工人阶级建立第一个无产阶级政权。"公社一开始就得承认，工人阶级在获得统治时，不能继续运用旧的国家机器来进行管理"②。巴黎公社以革命激情创造了公社这个"帝国本身的真正对立物，也就是国家政权，集中化行政权力的对立物"③。为了防止国家和国家机关追求自己特殊的利益，由社会公仆变成社会主人，为了防止人们去追求升官发财——这种现象至今在所有的国家中都是不可避免的，巴黎公社采取了两条根本措施：第一，公社彻底废除了等级制和官僚制，以普选选出的、随时可以罢免和只享受普通工人待遇的代表代替骑在人民头上作威作福的老爷们。第二，以自治、民主和联邦制的原则构建新型国家的政治体制。这一措施由于巴黎公社被普法联军镇压而未能在全国范围内加

---

① 〔德〕马克思、恩格斯：《共产党宣言》，《马克思恩格斯选集》第1卷，中央编译局译，人民出版社，1972，第272页。
② 恩格斯为马克思的《法兰西内战》1891年单行本写的导言，《马克思恩格斯选集》第2卷，中央编译局译，人民出版社，1972，第334页。
③ 〔德〕卡尔·马克思：《法兰西内战》初稿，恩格斯为马克思的《法兰西内战》1891年单行本写的导言，《马克思恩格斯选集》第2卷，中央编译局译，人民出版社，1972，第411页。

以实施。

马克思对巴黎公社的这两条原则给予了极高的评价。马克思称赞公社消除了从前存在的一种错觉:"以为行政和政治管理是神秘的事情,是高不可攀的职务,只能委托给一个受过训练的特殊阶层,即国家寄生虫,高俸厚禄的阿谀之徒,闲职大员等高位权贵们,这个阶层从群众中吸取有教养的分子,并利用他们去反对居于等级社会下层的群众自己。现在这种错觉已经消除。彻底清除了国家等级制,以随时可以罢免的勤务员来代替骑在人民头上作威作福的老爷们,以真正的负责制来代替虚伪的负责制,因为这些勤务员经常是在公众监督之下进行工作的。他们所得的报酬只相当于一个熟练工人的收入。"①

巴黎公社发展的、前所未有的、彻底的、民主的国家政权形式使马克思得出关于无产阶级政权各级组织应如何建设的具体设想,即无产阶级国家应在地方自治的民主基础上建立社会的统一领导。马克思指出:"公社的存在自然而然会带来地方自治。"②他还这样写道:"只要公社制度在巴黎和各个次要的中心确立起来,旧的中央集权政府就得也在外省让位给生产者的自治机关。在公社没有来得及进一步加以发挥的全国组织纲要上说得十分清楚,公社应该成为甚至最小村落的政治形式……设在专区首府的代表会议,应当主管本专区所有一切农村公社的公共事务,而这些专区的代表会议则应派代表参加巴黎的全国代表会议;代表必须严格遵守选民的manda imperatif(确切训令),并且随时可以撤换。那时还会留给中央政府的为数不多然而非常重要的职能,则不应该像有人故意捏造的那样予以废除,而应该交给公社的官吏,即交给那些严格负责的官吏。民族的统一不是应该破坏,相反地应该借助于公社制度组织起来,应该用过这样的办法来实现,即消灭以民族统一的体现者自居同时却脱离民族、凌驾于民族之

---

① 〔德〕卡尔·马克思:《法兰西内战》初稿,恩格斯为马克思的《法兰西内战》1891年单行本写的导言,《马克思恩格斯选集》第2卷,中央编译局译,人民出版社,1972,第414页。
② 〔德〕卡尔·马克思:《法兰西内战》,恩格斯为马克思的《法兰西内战》1891年单行本写的导言,《马克思恩格斯选集》第2卷,中央编译局译,人民出版社,1972,第377页。

上的国家政权",这就"给共和国奠定了真正民主制度的基础"①。

这种新的真正民主的国家政权的基本特征正如马克思在总结巴黎公社制国家的特点时所描述的那样,"全法国都会组织起独立工作的、自治的公社;国民军会代替常备军;大批国家寄生虫会被排除;教师会代替僧侣等级;国家法官会改换为公社的机构;国民代表的选举会不再是总揽一切大权的政府玩弄手段的事情,而是自治起来的各公社的意志的自觉表现;国家的职务会只限于几项符合于普遍性、全国性目地的职务"②。20年后,在对德国社会民主党《爱尔福特纲领》草案进行批判时,恩格斯进一步强调指出,工人阶级所要求的单一不可分的共和国既要保证中央政府也要保证地方政府有较大的职权,是一个联邦制共和国。他建议,通过两项要求来改换民主共和国的写法,这就是:"把一切政治权力集中于人民代议机关之手"和"省、专区和市镇通过普选权选出的官吏实行完全的自治。取消由国家任命的一切地方和省的政权机关。"③

马克思高度赞扬了巴黎公社首创的公社制国家,他指出:"这次革命不是一次反对哪一种国家政权形式——正统的、立宪的、共和的或帝制的国家政权形式的革命。它是反对国家本身这个社会的、超自然的、怪胎的革命,是人民为着自己的利益重新掌握自己的社会生活。它不是为了把国家政权从统治阶级这一集团转给另一集团而进行的革命,它是为了粉碎这个阶级统治的凶恶机器本身而进行的革命。它不是阶级统治的行政权形式和议会形式之间所进行的无聊斗争,而是同时对这两种形式进行的反抗"④。巴黎公社的伟大意义在于,它通过革命的激情创造的公社制国家使"社会把国家政权重新收回,把它从统治社会、压制社会的力量变成社会

---

① 〔德〕卡尔·马克思:《法兰西内战》,恩格斯为马克思的《法兰西内战》1891年单行本写的导言,《马克思恩格斯选集》第2卷,中央编译局译,人民出版社,1972,第375~376、377页。

② 〔德〕卡尔·马克思:《法兰西内战》初稿,恩格斯为马克思的《法兰西内战》1891年单行本写的导言,《马克思恩格斯选集》第2卷,中央编译局译,人民出版社,1972,第415页。

③ 〔德〕弗里德里希·恩格斯:《1891年社会民主党纲领草案批判》,《马克思恩格斯全集》第22卷,人民出版社,1965,第274、276~277页。

④ 〔德〕马克思:《法兰西内战》初稿,《马克思恩格斯选集》第2卷,中央编译局译,人民出版社,1972,第411页。

本身的生命力；这是人民群众把国家政权重新收回，他们组成自己的力量去代替压迫他们的有组织的力量；这是人民群众获得社会解放的政治形式"①，是"终于发现的、可以使劳动在经济上获得解放的政治形式"②。

马克思根据巴黎公社原则得出这样一个非常重要的结论："工人阶级不能简单地掌握现成的国家机器，并运用它来达到自己的目的。奴役他们的政治工具不能当成解放他们的政治工具来使用"③，并且修正自己早期对国家的看法。在1872年《共产党宣言》的德文版序言中，马克思和恩格斯这样写道："由于首先有了二月革命的实际经验而后来尤其是有了无产阶级第一次掌握政权达两月之久的巴黎公社的实际经验，所以这个纲领现在有些地方已经过时了。特别是公社已经证明：'工人阶级不能简单地掌握现成的国家机器，并运用它来达到自己的目的。'"④

马克思和恩格斯之所以给予巴黎公社原则以如此之高的评价并修正了自己早期的观点，是因为他们已经认识到，国家不但要维护统治阶级的利益而且国家机关还有自己的特殊利益。这种特殊利益不仅不同于全体社会成员的利益，也并不必然等同于统治阶级的利益。恩格斯指出："社会起初用简单分工的办法为自己建立了一些特殊的机关保护自己共同的利益。但是，后来，这些机关，而其中主要的是国家政权，为了追求自己的特殊利益，从社会的公仆变成了社会的主人。这种情况不但在例如世袭的君主国内可以看到，而且在民主的共和国内也可以看到。"⑤ 无产阶级夺取政权后并不意味着国家的特性就会发生根本转变，"实际上，国家最多也不过是无产阶级在争取阶级统治的斗争胜利以后所继承下来的一个祸害；胜利了的无产阶级也将同公社一样，不得不立即尽量除去这个祸害的最坏方

---

① 〔德〕马克思：《法兰西内战》初稿，《马克思恩格斯选集》第 2 卷，中央编译局译，人民出版社，1972，第 413 页。
② 〔德〕卡尔·马克思：《法兰西内战》初稿，《马克思恩格斯选集》第 2 卷，中央编译局译，人民出版社，1972，第 378 页。
③ 〔德〕卡尔·马克思：《法兰西内战》二稿，《马克思恩格斯选集》第 2 卷，中央编译局译，人民出版社，1972，第 434 页。
④ 〔德〕马克思、恩格斯：《共产党宣言》，《马克思恩格斯选集》第 1 卷，中央编译局译，人民出版社，1972，第 229 页。
⑤ 〔德〕弗里德里希·恩格斯为马克思的《法兰西内战》1891 年单行本写的导言，《马克思恩格斯选集》第 2 卷，中央编译局译，人民出版社，1972，第 334~335 页。

面，直到在新的自由的社会条件下成长起来的一代能够把这全部国家废物抛掉为止"[①]。这是最早的关于"政府失败"的观点。熊彼特曾对此给予了高度评价，"大多数经济学家，当他们探讨公共政策时，都不自觉地把现代代议制国家中的政治权威特别是政府看作是一种努力实现人民意志和普遍利益的神。政治科学本身总的来说很少关心它所研究的问题的事实，而且总是倾向于对这种普遍利益和人民意志进行哲学探讨。因此，马克思使这种状态从云端降到实际的分析领域；这是他的一个主要的科学功绩"[②]。不仅如此，马克思和恩格斯还通过总结巴黎公社的做法发现了克服政府失败的有效办法。

总之，马克思和恩格斯通过总结巴黎公社的经验形成了关于未来共产主义社会政治经济体制的基本轮廓和大致的特征：在经济上，以工人合作制作为基本生产组织形式，以经济民主作为生产组织的基本管理形式，以生产资料社会所有制或国家所有制作为生产性财产所有制形式，以及执行"为数不多然而非常重要的职能"的中央政府在全国范围内对生产进行计划协调，但这里的计划经济是限制国家权限的自觉组织计划。在政治上，以民主（直接的和代议制）、联邦制、计划（并不排斥市场）、协商、谈判、合作组成更大的社会联合体和社会联合的生产方式。这便是马克思的"自由人联合体"。

第三节　支持和反对的观点：西方经济学家们

由于受到小穆勒对工人合作制经济的观点的影响，特别是由于19世纪80年代之后西方主要资本主义国家的工人合作运动的蓬勃发展，许多西方经济学家开始关注工人的合作运动和合作制的经济理论，特别是研究合作经济的社会价值和经济效率问题，从而引发了一些争论与思考。我们先从美国谈起。

[①] 〔德〕弗里德里希·恩格斯为马克思的《法兰西内战》1891年单行本写的导言，《马克思恩格斯选集》第2卷，中央编译局译，人民出版社，1972，第336页。
[②] 〔奥〕约瑟夫·熊彼特：《〈共产党宣言〉在社会学和经济学中的地位》，《马克思主义与现实》1997年第3期。

小穆勒曾在论述工人合作制经济可以提高生产效率的原因时指出,在资本所有者企业里,销售者人数过多,非生产性费用较高,所以生产出来的财富很大一部分没有分配到生产者手中。而在合作制企业中,"销售者不是生产者,而是生产的辅助人员"。而由消费合作社和生产合作社组成的联合组织将有效地减少销售者,"使其恰好等于把商品提供给消费者所需要的数目——这正是合作制度所产生的直接结果——将为生产节省大批人手,他们所使用的资本和获得的报酬将用来向生产者提供资本和报酬"[1]。对此,弗朗西斯·沃克(Francis Amasa Walker,1840-1897)在其著作《工资问题:关于工资及工资阶级的契约》(1876)中对这一观点进行了直接批评。他首先提出了"雇主—企业家"这一概念,雇主兼企业家具备技术认知能力、商业知识和管理水平,组织不同技术水平的工人进行生产协作,把劳动力与其他稀缺资源有效地结合起来,进行产品生产,推动企业发展。沃克认为,与穆勒所分析的情况恰恰相反的是,生产者合作社并不能摆脱"雇主—企业家"这种传统的企业模式,因此根本无法独立于乃至颠覆资本家控制资本的社会体系。沃克指出,合作社必须"整合到同一个人,他兼具劳动者和企业家才华的功能,而不是通常所说的劳动者和资本所有者的功能"[2]。而由于企业家才能具有稀缺性,这决定着生产者合作社模式难以消除的弊端和发展瓶颈,无法持续地大规模发展起来。而对于当时已经蓬勃发展的利润分享型企业和消费者合作社,沃克也并不看好。

沃克对工人合作制企业的批评引起伊利的不满。理查德·伊利(Richard T. Ely,1854-1943)是美国制度经济主义经济学的开拓者和经济学历史研究方法的代表人物。18世纪80年代,他将研究重点放在工人运动方面,促使学术界与劳动运动之间的联系持续性地紧密起来。伊利对于积极推动建立生产合作社运动的工业协会"劳工骑士团"[3](Knights of Labor)

---

[1] 〔英〕约翰·穆勒:《政治经济学原理》下卷,胡企林等译,商务印书馆,1991,第358页。

[2] Walker, *The Wages Question: A Treatise on Wages and The Wages Class*, New York: Augustus McKinley, 1968, pp. 213-214.

[3] 组建于1869年的"劳动骑士团"是美国工人阶级的第一个全国性组织,1886年时拥有73万名成员。

很感兴趣,并鼓励他的学生加入其中,以更好地理解和研究工人运动。同时,他对发生在明尼阿波利斯箍桶业的生产者合作社运动所取得的成功十分赞赏。伊利所领导的研究小组将美国工人运动中的合作建设看作通往新社会秩序的主要动力。他反对那种认为合作社仅仅与商业有关的看法,而倡议将对合作制经济的研究置于更为广阔的视野中。伊利把合作社运动看作"一次全面的,以和平手段的社会转型"①,并把此次运动与他的基督教信仰相联系,宣称合作社"本身是一次可以与基督教文明的全面胜利相兼容相和谐的重要一环"。

不过,美国这场兴起于19世纪60年代并在80年代开展得红红火火的合作社运动在19世纪90年代中后期开始进入低潮。很多合作制企业经营陷入窘境或蜕变为联合股份制公司。总体讲,失败的企业主要是那些经营水平不高,或最初是以抵制替代传统手工劳作、实行专业化分工和规模经济的机械化大生产浪潮为目的而建立起来的工人合作社。在工业化迅速扩张时期,劳动力市场时常发生短期性剧烈波动,企业主很可能会借此解雇工人和降低工资,工人便自发地建立了许多劳动合作社,以便在劳资谈判僵持、工厂停工时,为工人提供就业岗位,这样可以增加工人在劳资谈判时的筹码,从而在一定程度上为工人争取权益。19世纪90年代,随着大规模和有组织的工会崛起,这种生产合作社消失了。面对变化着的客观实际,伊利对合作制经济的态度也发生了转变。他提出了一个对"社会主义的科学替代模式",其主要内容是私有产权,市场竞争和政府的必要规制,必要的公共自治机构,以及由国家主导的福利计划以保证社会财富能够更加公平分配等机制。很明显,生产合作制企业并不在这个模式当中。伊利把自己的模式称作"处于无政府主义和社会主义的中间道路,可以被称为社会团结原则"。在用社会团结原则代替合作制原则之后,伊利提出,"社会这些最重要机制必须是稳健平和的,但要符合积极自由的利益。这必须在经济关系上达到精密细致的组织和稳妥可靠的实施"。尽管仍然十分值得期待,"但利润分享及合作制的企业模式当前已有很大的局限性"②。

---

① Ely, Richard T., *The Labor Movement in America*, New York: Arno Press, 1969, p. 169.
② Ely, Richard T, *Studies in the Evolution of Industrial Society V*2. New York: Kennikat Press, 1971, pp. 421-422, 482.

伊利的态度转变反映了 19 世纪末期至 20 世纪初期，生产和消费合作社实验的热情被有组织的工会活动，政府对市场竞争的调控以及托拉斯和工业合资公司的发展代替。例如，美国制度主义经济学的先驱者之一亨利·亚当斯（Henry Carter Adams，1851－1921）提出，相比生产合作社而言，托拉斯和工业合资公司是工业组织模式改革和发展的更佳选择。生产合作社尽管曾有所发展，但在解决劳资实际问题上效果很小。他认为，所谓合作制的社会体系，并不是要广泛的建立以消费者合作社和生产者合作社为基本单位的市场经济体制，而是要根据经济发展的实际情况来加强宏观方面的改革，政府规制和经济调控被放在重要位置，以促进各类企业的发展。

其他美国经济学家认为合作社运动应该被限定在一定的限度内发展。如著名经济学家约翰·贝茨·克拉克（John Bates Clark，1847－1938）在《财富的哲学》（1885）中提出，合作制经济应当被赋予一个平等的竞争环境来与传统资本主义企业相共存，但不应当把生产合作社当作未来经济组织的普遍模式来发展[1]。此外，美国经济学会会长埃德温·塞利格曼（Edwin Seligman，1861－1939）进一步发展了沃克关于企业家才能稀缺性的观点，他认为，合作社是由全员参与管理的经济模式，普通工人显然缺乏企业家应有的业务素质，这违背了企业经营的客观性。亚瑟·哈利德（Arthur Hadley，1856－1930）则更进一步地提出，工业企业必须由无可置疑的个人权威来领导才能保证管理的高效率。

再回到英国。英国是合作运动的发祥地，有着用合作思想改造社会的历史和思想传统，加之小穆勒的大力提倡，英国的正统经济学家们对合作制经济有着浓厚的兴趣。从 1873 年至 19 世纪 80 年代末，英国这一世界上最强盛的资本主义国家经济出现波动，其"世界工厂"的地位日益丧失，国内阶级矛盾开始激化。在这样的历史背景下，剑桥大学教授阿尔弗里德·马歇尔（Alfred Marshall，1842－1924）研究了合作社运动和合作制经济问题。在《合作制》（1890）一文中，马歇尔完全赞同小穆勒的观点，

---

[1] Clark, John Bates, *The Philosophy of Wealth*, New York, Augustus: M. Kelley, 1976, pp. 175－176.

并且对工人合作制经济的社会价值和经济效率继续给予相当高的评价。他认为,合作社运动毫无疑问地推动了人类道德水平的提高,并对原有的社会秉性变革具有独特魅力。他指出,合作社运动"是志向远大的期望与沉着冷静和脚踏实地的行为相结合,训练个人在集体资源的帮助下采取协调行动,并在集体收益为最终目标的劳动过程中很大程度地提高了个人的生产效率和生产技能。这对社会的其他成员产生了一定的吸引力"[1]。通过列举合作社运动的主要构想和行动目标,马歇尔得出结论,合作制经济模式将"产生更有素质的人"[2],并有可能成为比较典型的和具有代表性的生产模式。

在马歇尔看来,合作制经济最根本的优势是可以避免资本主义企业中生产效率的浪费,最有效地利调动劳动者的积极性从而提高生产效率。合作社让劳动者感到自己是工厂的主人,主人翁意识使他们对企业富有责任感,有更大的生产热情并积极地研究生产方法的革新。当劳动者不是为别人而是为自己工作时,那些在资本主义企业中被压抑的工作热情将得到充分地释放,更加高效实干的工作将创作出巨大的前所未有的生产力。马歇尔将人类历史中正在被压抑和未充分利用的生产力称作 the waste productivity, 这是工人阶级所掌握的一种潜力巨大的能量。

谈到合作社运动的未来发展,马歇尔认为,合作社在提高人的素质的同时并不破坏"物质财富的根基",因此也不会影响经济的平稳与发展。尽管自我管理体系的本质特征是引入了经济行为的团结原则,但这并不意味着各企业放弃追求自身的经济利益,最终"一个全新的人"将被塑造出来。对于那些失败的合作社,马歇尔认为其主要原因是由于经营管理水平不善。因为当前合作社的管理者中缺乏私有制企业那种经过市场竞争所训练和挑选出来的应变灵活、机警果断且技能全面的那种专业管理者。这影响了工人合作制企业的普遍发展,而消费合作社由于对经理的要求不如工业生产合作社那样高,受此方面影响小,因而成功率很高。

---

[1] Marshall, Alfred, "Cooperation", *In Memorials of Alfred Marshall*, A. C Pigou ed., New York: M. Kelley, 1925, p. 227.
[2] Marshall, Alfred, "Cooperation", *In Memorials of Alfred Marshall*, A. C Pigou ed., New York: M. Kelley, 1925, p. 228.

对于合作社运动发展的总体方向，马歇尔指出，为了达到合作制经济的理想状态，人类的本质需要进行改进与提升。他的评价性结论是"当今世界仅仅处于为了更先进的合作制经济运行的最初阶段"[1]，希望在未来各种形式的合作制经济将比现在和过去具有更好的发展基础和环境，为劳动者在企业管理中提高技能，获得同伴之间的相互尊重与信任，使符合条件的劳动者获得充分发挥才能的管理职位，提供很好的机会。最终，出色的合作社劳动者将是充满工作热情并具备经营管理才能的，尽管他们的报酬可能比自己开办和经营企业或在私人企业中担任经理要低一些，但他们的自我实现充分，事业满足感很强。在社会充分发展，教育水平普遍提高和合作社精神广泛传播之后，会有更多的合作社劳动者能够达到这一标准。同时，马歇尔反对那种以中央集权化来开展合作社运动的观点，他认为这将破坏合作社所倡导的分权与自由组织生产等必要元素。

马歇尔的学生庇古则更强调合作制经济所具有的社会价值即他说的"非经济福利"。他指出："在伟大的合作运动中，非经济方面的因素至少与经济方面的同等重要。……在合作性组织中，一致的利益是最重要的，环境对生活基调产生影响。……团队精神以及对于企业命运的关注，使得雇主与雇员之间建立起亲密的人际交往，这将给工人们以鼓励，除了导致生产的财富增加以外，其本身就是福利水平的提高。"[2] 他还这样写道："资本是劳动者的暴君。产业组织的变化，倾向于给工人以更多的控制自己生活的余地，无论是通过组建监督纪律事项的工人委员会，还是通过车间组织与雇主之间的沟通，或者通过由民主选举的议会直接负责国有企业，或者，如果证明可行的话，通过某种形式的由国家承认和控制的国家工会来实现这些变化，这样做都将增加总福利，尽管经济福利可能并没有发生变化，甚至实际上蒙受了损失。"[3]

---

[1] Marshall, Alfred, "Cooperation", *In Memorials of Alfred Marshall*, A. C Pigou ed., New York: M. Kelley, 1925, p. 307.
[2] 〔英〕阿瑟·庇古:《福利经济学》，金镝译，华夏出版社，2007，第13页。
[3] 〔英〕阿瑟·庇古:《福利经济学》，金镝译，华夏出版社，2007，第14页。

第四节　续前：劳动者管理型企业的经济学

在20世纪50年代之后，特别是在20世纪70～80年代，西方经济学家对合作制经济的研究兴趣突然加强了。究其原因，不外乎以下几点：第一，主要资本主义国家的经济运行在这一时期出现了问题；第二，工人的合作运动和合作制企业在这一时期有了较大的发展；第三，南斯拉夫的工人自治经济在这一时期表现出良好的经济绩效。对合作制经济的市场配置效率问题是这一时期西方经济学家研究的重点和热点，并且吸引了众多具有不同立场的东、西方经济学家们加入讨论之中。他们运用新古典经济学的分析工具研究劳动者管理型企业的配置效率，得出了不同的结论，并且引发了关于劳动者管理型企业的经济效率的一系列争论，从而产生了一门新的经济学分支——劳动者管理型企业的经济学。

讨论发端于本杰明·沃德（Benjamin Ward）——一个当时的博士研究生。20世纪50年代初，沃德便着手研究南斯拉夫的工人自治社会主义经济模式，以此为主题写作博士学位论文。他在担任斯坦福大学经济学副教授时，以自己的博士论文为基础，在1958年在《美国经济评论》上发表了《伊利里亚中的企业：市场工团主义》[1]一文，运用一般均衡理论分析了劳动者管理型企业的运行，开创了运用新古典经济学框架来研究合作制经济的先河。沃德还在著作《社会主义经济：关于替代性组织的研究》（1967）中对这一问题进行了充实和扩展。

沃德模式的基本特征和前提假设是：（1）国家是企业生产资料的所有者，假定国家是以资本利息费的形式得到它在企业收入中的职能份额，国家的职能仅限于税收和通常的监督，税收只有一种，相当于国家对企业预付资本征收的利息；（2）它由工人经营管理，工人的唯一动力是同资本家

---

[1] Ward, Benjamin, "The Firm in Illyria: Market Syndicalism", *American Economic Review*, Vol. 48, No. 4, Sep., 1958: 566-589. 伊利里亚（Illyria）是古希腊一个民族的称谓，后来与进入巴尔干地区的南斯拉夫人发生民族融和，19世纪以后伊利里亚还一度成为南斯拉夫人统一的象征和代名词。在这里，伊利里亚被沃德用来指称一种独特的市场社会主义模式，是对南斯拉夫经济体制模式的理论抽象，用沃德的话来说，"在那里，事情要简单得多，行为也更加一致"。

的物质私利相类似的个人物质利益；他们被其个人的物质利益激励，将关心利润和工资；(3) 商品和劳务的生产和交换完全由市场因素支配，企业只对市场价格的边际涨落做出反应；(4) 经营决策由一个选举产生的管理者做出，管理者对工人负责，但在工作时对工人具有至高无上的权力，工人实际上只对当前的货币收入感兴趣，他们随时可能离职或被解雇。

在此基础上，沃德假定伊利里亚企业的目标是使人均收入最大化。沃德假设该企业只生产一种产品，产量为 Q，价格为 p，$Q \cdot p = Y$，Y 为总收入；假定生产中投入两种要素：劳动 L 和资本 K。其中，资本是从完善的资本市场以租金率 r 的代价租得的。因此，企业力图使下列表达式最大化，即：$\frac{Y}{L} = \frac{pQ - rK}{L} = \frac{pQ}{L} - \frac{rK}{L}$。在短期内，企业使用的固定资本 K 不变，租金率 r 不变，所以，企业为使用固定资本而支付的租金也不变。当雇用的劳动人数正好使新增加的边际工人的边际物质产品（MPP_L）的价值（$P \cdot MPP_L$，即劳动的边际产品价值 VMP_L）等于工人的平均收入时，企业的人均收入 $\frac{Y}{L}$ 达到最大，公式是：$VMP_L = \frac{pQ}{L}$。为什么？很简单，如果新增加的边际工人的边际产品价值大于平均收入，那么雇用这个工人将使企业的平均收入增加；反之，如果小于平均收入，雇用这个工人将使平均收入降低，所以，如果伊利里亚企业希望使工人平均的净收入价值最大，就应该雇用工人一直到新增加的最后一个人的边际产品价值等于企业的平均收入为止。在长期内，就雇用工人来说，短期的公式仍然适用，只是使用的资本费用不再是固定费用，而是变动的费用。为使平均收入最大化，伊利里亚企业不但要考虑雇用多少工人，而且必须选择使用最适度的资本 K，并且要按所使用的每单位的资本量交付租金 r。就使用的资本量来说，只要资本的边际物质产品（MPP_K）的价值（$P \cdot MPP_K$，即资本的边际产品价值）大于使用资本的租金率 r，那么租用更多的资本就会使企业的人均收入增加，反之，如果 $P \cdot MPP_K < r$，企业的人均收入就要减少；所以企业将租用资本一直到 $P \cdot MPP_K = r$ 时为止，这时企业的人均收入为最大。

沃德指出，在许多方面，伊利里亚企业会和完全竞争的资本主义企业一样行事，它们都追求企业净收益的最大化，但它们之间有一个本质的不同：资本主义企业追求扣除工资以后的净收益最大化；而伊利里亚企业追求的净收益最大化包括个人的工资在内。在资本主义企业中，工资是成本，不包括在企业的净收益中，企业的目标是追求利润最大化；而在伊利里亚企业中，工资是企业净收益的重要部分，企业的目标是追求工资最大化。企业的目标模式的这一改变将会导致非常重要的不同结果。沃德从以下三个方面分析了伊利里亚企业与资本主义企业运行的区别。

第一，如果两个生产相同产品的劳动者管理型企业的生产效率不同，就会存在劳动和资本的不合理配置，对资本主义企业来说，则不会出现这种情况。假设经济在开始时处在不平衡的状态，企业 A 的产品供不应求，企业 B 的产品生产过剩。在资本主义的环境下，A 产品的提高是通过从 B 那里吸引过来更多的工人来完成的，因为由于 A 的利润水平较高，工人的收入水平也较高，而 B 的利润水平和工资收入水平都较低，B 的工人为提高收入将转移到 A 中去。随着一部分工人由 B 转到 A，A 的劳动边际生产力将降低，而 B 的将提高，一直到两个企业的劳动边际生产力相等为止。而伊利里亚企业 A 不会从 B 那里吸收更多的工人，因为这将降低工人的人均收入。我们知道，劳动者管理型企业只有在新增加工人的边际产品价值大于企业的平均收入时才愿意雇用工人，如果新增加工人的边际产品价值低于企业的平均收入，企业雇用这一工人并给他同样的工资，将会降低企业原有工人的人均收入。这样，企业没有吸收新工人的动机。

就资本的配置来看，伊利里亚企业的行为也是不合理的。在资本主义的环境下，如果 A 的资本边际生产力高于 B，A 就要扩大使用资本，从 B 那里吸取资金，资本就要从边际生产力低的企业流向高的企业。A 的资金扩大是通过两条渠道：一是从利润中提取一部分作为企业自有资金，用于扩大生产规模；二是发行股票，从 B 那里吸取更多的资金。这两条渠道在伊利里亚经济中都不会产生真实的结果。因为从收入中提取一部分作为企业自有资金就会降低企业的平均收入，而发行股票对生产效率较低的 B 而言，是不会产生有益的结果的。因此，合作制经济不能像资本主义经济那样达到资源的最佳配置。

第二，沃德认为，在短期内，当面对同样的技术条件和市场条件时，与资本主义企业相比，劳动者管理型企业使用较少的工人生产较少的产量。图 5-2 说明了这一点。在劳动管理型企业中，工人的收入 y 取决于两个因素：首先是 $\frac{pQ}{L}$，表示扣除资本成本之前的人均收入。由于产品市场是完全竞争市场，所以价格 P 不变，但在短期内，由于边际收益递减规律，工人的平均物质产品 $\frac{Q}{L}$ 随着劳动者人数的增加而减少，因此 $\frac{pQ}{L}$ 曲线的斜率为负；其次是 $\frac{rK}{L}$，表示人均固定租赁资本的成本，在短期内，设 $K = K*$，表示在短期内资本存量为固定。K 曲线随劳动者人数 L 增加而以递减的比率下降，并逐渐接近固定的工资曲线 W。W 曲线表示资本主义企业的工资率（短期内，按所签订契约执行的固定工资），VMP 曲线代表劳动的边际价值产品，亦即资本主义企业对劳动的需求曲线。

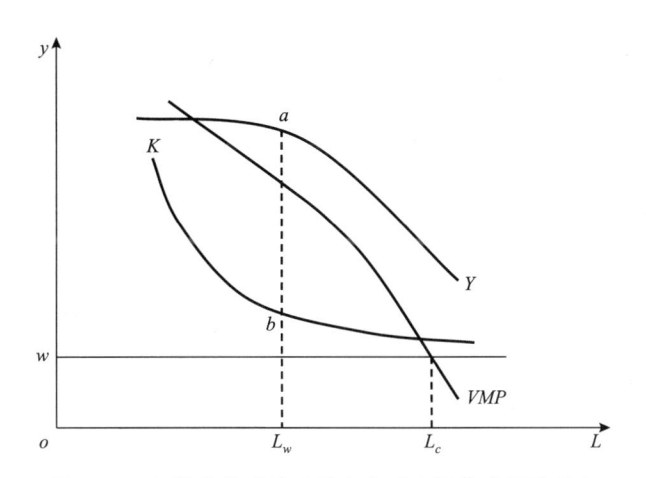

图 5-2　短期内劳动管理型企业对雇佣劳动量的反应

由于假定劳动管理型企业的目标是使每个工人的平均收入最大化，这表现为 $\frac{pQ}{L} - \frac{rK}{L}$ 之间的最短距离，即两条曲线的斜率相等之点（a 和 b），所以伊利里亚企业在达到均衡时使用的劳动人数为 L_w。而资本主义企业在 $W = VMP$ 时达到利润最大化，所以它雇佣的工人为 L_c。很显然，$L_c > L_m$，这说明在利润为正的情况下，劳动管理型企业的规模（或就业量）比同类的资本主义企业要小，可能出现就业不足的缺陷。

第三，沃德又进一步证明，劳动管理型企业的产品价格的变化会导致产量朝相反的方向发生变化,这就是说,它的供给曲线是负斜率的。即价格上升,产量反而下降,这是反常和不合理的。如果供给曲线的斜率小于需求曲线的斜率,其结果可能使产品市场均衡状态的存在出现问题(见图5-3)。

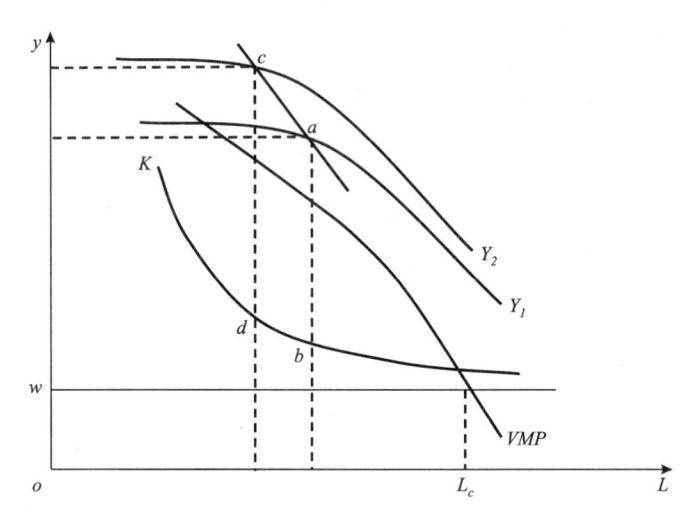

图 5-3 短期内劳动管理型企业的"反常供给反应"

假设 L_1^* 与 Y_1^* 为初始均衡,所对应的价格为 p_1。当价格由 p_1 上升到 p_2,将使边际产量收益提高 $(p_2 - p_1)(\frac{\partial Q}{\partial L})$,平均收入提高 $(p_2 - p_1)(\frac{Q}{L})$。由于在要素收益边际递减的情况下 $\frac{Q}{L} > \frac{\partial Q}{\partial L}$,因此,新收入曲线 Y_2 最高点必然位于初始均衡点的左端,Y_2 曲线变高变陡。为此,企业将减少劳动力投入量以便进一步提高收入,最后达到新的均衡点 L_2^* 与 Y_2^*。由于在短期内,资本 K 固定不变,则劳动力投入量决定产量。当价格提高时,劳动者管理型企业的劳动投入量反而减少,技术不变,产量随之下降。把企业在价格 p_1 和 p_2 时均衡点 c 和 a 连接起来,便得出斜率为负、向右下方倾斜的供给曲线,从而出现了价格上升、供给却下降的"反常供给反应"现象(perverse supply reaction),这后来又被称为"沃德效应"。

沃德指出,在通常的假设市场和技术条件下,劳动管理型企业面临着一条斜率为负的供给曲线。但这并不意味着伊利里亚模式中的竞争市场是不稳定的。图 5-4 绘制了某一产品市场的供求曲线。如果需求曲线从 DD 变化为 $D'D'$，则 A 点不再是均衡点。如果这是一个通常情况下的价格自我调整市场，市场价格机制使得价格移动符合增加的需求，从而价格上升，最终均衡点将得以恢复。而如果需求曲线的斜率比供给曲线的斜率更为陡峭，则市场价格调整机制使得均衡点偏离并带来市场的不稳定。此外，如果产品需求缺乏弹性也会加剧市场不稳定。

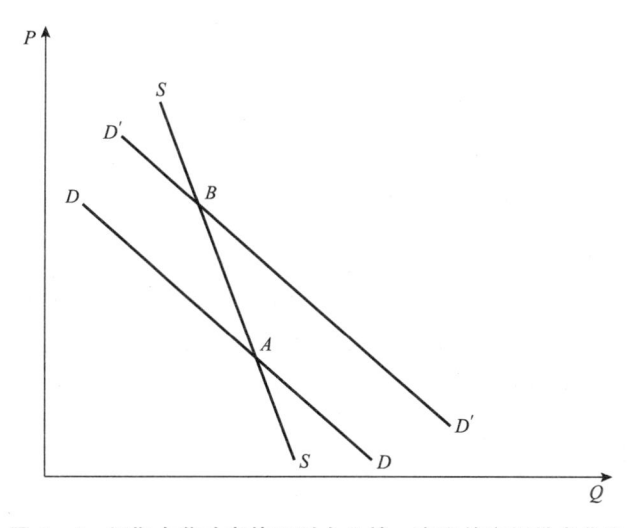

图 5-4　短期内劳动者管理型企业某一产品的市场供求曲线

最后，沃德还论证，如果劳动者管理型企业处在非竞争的环境下，它可能是不受欢迎的，因为垄断劳动者管理型企业比垄断资本主义企业的效率更低，前者将雇用较少的劳动，生产较少的产品，但索取更高的价格。

起初，沃德的论文并未引人注意。1966 年，美国麻省理工学院的波兰裔经济学教授埃弗塞·多马（Evsey Domar，1914-1997）在《美国经济评论》上发表了《作为生产者合作社的苏联集体农庄》一文，引起了西方主流经济学家对沃德模型的重视。他指出，沃德的伊利里亚模式是运用新古典经济学对劳动管理型企业的资源配置效率进行研究的拓荒之作，但它和其他先锋者一样，并未获得西方经济学界的足够重视。多马是凯恩斯主义经济学的拥护者和冷战时期苏联经济问题的著名研究专家，他选取了苏联集体农庄作为参照物，对沃德的模型进行了分析与修正，同样得出了价格上涨可能导致自我管理的企业减少职工和产值的矛盾结果。之后，1977年诺贝尔经济学奖得主、英国经济学家詹姆斯·爱德华·米德（James Edward Meade，1907-1995）在《经济期刊》上连续发表《劳动管理型企业及利润分享的理论》（1972）、《劳动管理型企业在非完全竞争下的状态》（1974）和《在规模和完全竞争条件下劳动合作社持续性收入的调整》（1979）等学术论文，对劳动管理型企业的经济效率问题进行研究，得出了与沃德相似的结论。

沃德的文章引发了东、西方经济学家对劳动者管理型企业经济学的大讨论，并且促使他们对劳动者管理型企业做了更深入、细致的研究。同时，沃德模型也启发了许多对劳动者管理型企业持积极态度的经济学家们对其所固有的缺陷进行深入的思考，他们在批评沃德模型的同时，也提出了富有建设性的理论建议，从而进一步完善了关于劳动者管理型企业的理论。对沃德结论的批评和反驳的观点主要集中在沃德模型的基本前提和假设条件脱离实际，因此所得结论不能为劳动者管理型企业定性，也有许多经济学家通过经验验证来反驳沃德的结论。由于受篇幅所限，这里仅介绍瓦内克的反批评。

第一，瓦内克指出，沃德的伊利里亚模式是以掺假的形式塑造南斯拉夫的经济改革。他在列举12条批驳性的理由之后指出，没有实践经验足以证明南斯拉夫企业具有一种同沃德的伊利里亚模式相一致的行为。最明显的证据是，工人管理的企业在不符合最低赢利标准时仍能继续存在和经营；管理者与工人的关系也不能同资本主义企业相类比。因此，这种模式对认识起全面的妨碍作用。

第二，对于沃德关于参与制企业的劳动和资本的边际生产力不能相等因而不能达到静态效率的观点，瓦内克认为，这只有在短期内即在企业数目不变的条件下才可能如此，在长期存在企业自由进退的条件下，特别是通过新建企业是能够达到劳动和资本边际生产力都相等这一静态条件的。例如，在长期竞争条件下，通过新建立的企业可以使资源从配置效率较低的企业转移到较高的企业中去。

第三，那种认为参与制企业仅仅追求人均收入最大化而不追求总收益最大化的批评观点是不真实的。因为要在市场的竞争环境中生存，参与制公司必须节省一部分收入用作储蓄，积极执行投资政策。在真实生活的不确定环境中，企业总收益的提高是使每个成员收入提高的最基本的保证。因此，参与制企业十分自然地集中在如何使它的收益的绝对值最大化，而不是集中在收益不变的条件下如何通过改变和调整工资使企业的人均收入达到最大。

第四，对参与制经济模式的批评是以企业成员平等地分享企业的净收益这一假定为前提的，但这一前提不一定是必需的，可能是不现实的。例如，新成员可以享有和老成员不等的待遇，工资和分享企业剩余的份额可以低一些，或者收取新成员的成员资格费。这样，原有成员就有吸收新成员的动机。就资源配置的效率而言，效率低、收入低的工厂的工人就可以被转移到效率高、收入高的工厂中去。

第五，瓦内克还坚持认为，参与制企业的供给曲线不会像沃德指出的那样是负斜率的。如果企业生产多种产品，如果企业面临着外在的劳动约束（external labor constraint），企业的劳动供给曲线就是正斜率的，因而企业的产品的供给曲线也是正斜率的。瓦内克还指出，伊利里亚模式中的企业行为与20世纪50～70年代的南斯拉夫的实际情况不符。比较明显的悖论是，南斯拉夫企业会在遭受经济困难时降低工资水平、缩减工时，维持工人就业继续经营，在短期内，价格上升，企业的供给也不会减少，因为开除工人是由民主的程序决定的，而参与制企业不会像资本主义企业那样随意解雇工人。

劳动者管理型企业的经济学所涉及的只是这一新型企业在市场经济中的运行效率问题，而没有涉及该企业民主自治的社会价值及其与经济效率的相互作用问题。实际上，无论是赞成还是反对沃德结论的经济学家们都对该企业所体现的社会价值及其经济价值给予了高度评价。沃德本人就是激进经济学家，他对资本主义企业制度持批判态度。多马研究劳动者管理型企业的结论是："在限定的新古典经济学分析方法下，短期内，劳动管理企业的表现并不是那么令人满意。但在现实中，它所采取的成员身份模式很可能比资本主义企业或国有企业的资本雇佣劳动的方式在生产效率上产生更加积极的作用。同样，作为资本主义同族（capitalist cousin）的利润分享方案也会促进生产效率的提高。"① 米德对比了劳动管理型企业与资本主义企业的总体特点,指出了前者的优点。他认为,在主要采取计件或计时工资制的资本主义企业中,工人仅会付出能够维持其职位的最低程度的努力。由于工人额外的努力所带来的利润由资本家获得,并且工人不能参与到企业管理当中,因此他们缺乏必要的工作热情来为公司发展做出贡献,这使得资本主义企业的生产效率难以充分发挥。而劳动管理型企业通过使职工获得红利的分配方式起到了很好的激励作用。当然,劳动者成员数目的增加可能会影响这种作用的充分发挥,因为一个劳动者额外的努力所带来的直接经济收益将由全体成员来分享。但即便如此,民主参与管理的机制会对作为整体的企业和作为成员的劳动者的发展都提供强大且广泛的发展动力②。米德还指出,关于工人参与管理的分析不仅仅是一个简单的投入—产出的效率问题,它超出了单纯的经济学分析,需要心理学家和社会学家加入,来研究合作社所采取的自我治理方式对经济效率的影响。

因此,关于劳动者管理型企业配置效率的争论并不是要否定这种新型企业制度的社会价值和经济价值,事实上也不可能否认经济民主所具有的这些价值。对劳动者管理型企业的经济学的研究直至今日仍然继续着,这一研究实际上导致了积极的结果,即经济民主企业如何克服其自身的缺陷,以便更好地发挥其在经济和社会改革中的重要作用。

---

① Domar, E. "The Soviet Collective Farm as a Producer Co-operative", *American Economic Review*, Vol. 56, No. 4, 1966, p. 749.
② Meade, J. E., "The theory of Labour-managed Firms and Profit Sharing", *Economics Journal*, 1972, Vol. 82, p. 403.

| 跋 |

作为最人道的经济组织形式，我不仅希望自我管理成为世界上各个地方的普遍规则，而且我还确信和已经论证了，总有一天它会实现，即使我们中间的大多数人在有生之年看不见它。

——雅罗斯拉夫·瓦内克

对一个"好社会"来说，正义和繁荣（经济效率）如鸟之双翼，凭此双翼，可以"大鹏一日同风起，扶摇直上九万里"。尽管二者不可偏废，但仍然存在着一种"词典式序列"的排序，即正义原则优先于福利或效率原则，只有充分满足了前者的要求，才能考虑到后者；同时，只有实现了前者，才能也实现后者。正义和效率可以是相互促进的，也可以是相互矛盾的，这取决于社会政治经济基本制度和基本结构的安排。一个社会可能既不是正义的，也没有效率；也可能是有效率的，但不是正义的。如果正义和福利都是我们所渴求的，那么它们便成为衡量"好社会"的双重标准；如果这两条标准不能同时得到满足，它们便成为推动社会变革和社会进步的两股重要力量。本书的基本观点是，经济民主既是正义的，也是有效率的，所以它可以成为"好社会"的基本经济制度和经济组织形态。那么，接下来必须要回答的问题是，你把经济民主说得天花乱坠，为什么它没有被普遍地接受？为什么目前在任何国家和地区它都不是占主导地位的经济组织形式？为了回答这个问题，我们必须分析阻碍经济民主得以实现的因素有哪些，推动它前进的力量是什么。

对大多数怀疑者来说，经济民主制度是一种明显带有理想主义色彩的精心设计，而且被证明是失败了的社会试验，因此它就是乌托邦。在这里，首先要为乌托邦正名。乌托邦是指空想的、没有意义的、没有历史地位和未曾存在的东西。在道义上不存在指责或谴责乌托邦的理由。人总是对目前的状况不那么满意，需要想象，试图做点什么；想象是创作力的源泉，而改变目前现状的努力正是社会向前发展的推动力。法国作家阿纳托·弗朗斯（Anatole France，1844－1924）说过，如果没有空想家，人类到今天还住在山洞里。现今社会的绝大多数东西在历史上都曾是乌托邦。正是人类的这种想象力和创造力使世界和社会发生日新月异的变化。这世上任何有益于人类的发明和发现都是从无到有的，其产生和发展都不是一帆风顺的，复杂的社会经济系统更是如此。

经济学家和社会科学家的主要任务被认为是分析和解释社会，当他们试图设计一个未曾存在的新社会以取代他们并不满意的旧世界时，他们的理论往往被指责为乌托邦。为什么一个工程师或发明家在设计或发明一种未曾存在的东西时，没有人认为它是乌托邦？在自然科学研究中，一种未被证实的、或者在实验中被证明是失败了的新理论的提出也没有人认为是乌托邦，为什么社会科学家提出的、具有同样性质的关于未曾存在的社会政治经济制度的理论设计就被认为是乌托邦呢？答案在于机械的历史决定论和自发秩序论。前者忽视了人的主观的创造力和破坏力，而把人类社会视为与物理世界无本质性的差别，它或将沿着某种确定的路线走向一种预知的结局，而在这一自然的历史过程中，人只能被动地适应物质力量。后者则把人类社会等同于生物世界，认为人类社会中存在的种种有序的结构不是刻意人为安排的结果，而是许多人追求各自计划的行动的副产品，就像生物的进化一样，社会的发展是逐渐的，演进的和不确定的。这两种解释社会进步的理论虽然有本质的不同，但它们都忽视了人的精神和主观的能量和作用，而这正是人类社会与物理世界及生物世界的根本区别。正是人的有目的行动和有计划的努力塑造和改变社会，为了达到目的，人必须利用手段，而要发现、发明和创造出有效的手段，就必须掌握知识，为此人必须学习。人们在交互行动中的学习过程，是长期的历史过程，是一种反复的试错过程，也是发现和不断地创新的过程。学习的正确途径不是我们怎样才能消灭错误，而是怎样把错误导向有用的知识。人们在实践中学习，在纠错的过程中获得有用的知识。知识需要世代积累，错误的将被淘汰，正确的终将沉淀下来，就像大浪淘沙一样。认识和能力不断地提高，自为将变成自在。知识增强了人类对社会制度的选择能力，知识改变命运。

所谓乌托邦不仅是一个理想主义的蓝图问题，而且是手段上的一个问题。古代人想像鸟儿一样在天上飞，像鱼儿一样在水中游，这在当时就是乌托邦。美国著名哲学家和社会理论家赫伯特·马尔库塞（Herbert Marcuse, 1898–1979）指出："乌托邦是一个历史的概念，指的是那些不能实现的计划。而我们今天有能力把世界变成地狱，也有能力把世界变成天堂。"他还指出，乌托邦这一概念今天已在某种程度上改变了它的内涵，当代社会生产率的提高已经使乌托邦失去了它传统的非现实的内容，被人们谴责为"乌托邦主义"的东西，不再是那些在历史领域中没有地位、不可能有任何地位的东西，而是由于现存社会力量的阻碍而不能发生的东西。

德国著名社会学家卡尔·曼海姆（Karl Mannheim, 1893–1947）指出："每一种改进社会制度的新观点在那些把现有制度视为理所当然的人看来都似乎是乌托邦。"把现存的当作合理的，要么是消极的，要么是积极的。消极的人认为，个人的力量是渺小的，无力改变现状，他们或者听天由命，或者遁世离俗，或者愤世嫉俗，或者同流合污（如果我不能改变世界，那就改变我的世界观）。积极的人往往都是既得利益者或特殊利益集团，他们为现存的秩序辩护，并且希望永远停留在现在，因为保持现状符合他们的根本利益。这便是阻碍经济社会改革的两股现存社会力量。特别是特殊利益集团，人数虽少，但有巨大的能量。按照奥尔森的集体行动的逻辑，他们不仅有团结一致、自觉自愿地采取行动以维护其共同利益的坚强决心，也有其他集团所不具备的、使集体行动获得成功的资源和"选择性激励"手段。制度的变迁和演进必须要打破既得利益或特殊利益的格局。按照马克思的观点，改变的力量来自社会生产力的发展。按照新制度经济学家的观点，人口增长的压力与不同资源稀缺程度之间的相对价格的变化以及由这种变化而引起的不同产权制度安排的机会成本的不同，知识存量的增长，劳动分工和专业化的发展，国家的政体以及"暴力潜能"的分配方式的不同，军事技术水平的改进，一个地区的地理环境和资源状况以及人对环境的认知能力等因素都对制度的演进和变迁起决定性作用。不论是哪一种观点，既得利益的格局都终将被打破和必然被打破。

笔者不是历史决定论者，并不认为经济民主处在社会必走的下一步棋的有利位置。经济民主只是许多选择之一。关键是由谁来选择和为什么要选择它。有两股力量推动经济民主前行。一股是物质的力量，另一股是思想的力量，这两股力量可以合成一股力量，即知识的力量。

科学和技术的高度发展，使社会生产率极大提高。是知识在实践中的应用，而不再是资本的物质生产力，成为劳动生产率提高的主要源泉。仿佛又回到工业革命之前的时代，是人而不是物，成为物质财富和价值的唯一源泉。资本成为次要的东西，而物质财富的极大丰裕也提高了资本供给的丰裕程度，这些都削弱了资本所有者在博弈中的讨价还价能力，资本所有权将不再是企业配置经济权力的基础。在高科技企业里，我们看到了企业制度和企业组织的一系列变形：从劳资合伙到劳资合作再到劳动者自治，其共同特征都是改变了由资方单方面说了算的权力格局。随着科技进一步发展，我们将会看到这种企业组织越来越多。西方经济学家也看清了由科技革命而引起的社会革命的变化，但他们不能摆脱物化的思维，把人在财富和价值创造过程中的主导作用称作"人力资本"。人不是资本，人就是人。

我们回到关于人的理论上，从两个层次探讨这个问题。第一个问题是：人是什么？即人与动物的区别是什么？第二个问题是什么是人？即人应该是什么？这两个问题都是在探讨关于人的本质是什么这样一个根本性问题，但使用的方法有所不同：前者是实证性分析，而后者是规范性分析。这两种分析方法的目的是一样的，即如何才能使人向人的本质复归？

人是有目的和有计划的、会利用所学的知识创造出达到目的和实现计划的手段并利用手段来达到目的的高级智慧动物。不像其他动物只能适应这个世界，人在实现自己的目的和计划的过程中必然会改变这个世界，就是说，人是有创造力的。然而，人的创造力可以导致一种毁灭性的结局，也能产生一种光明的前景。人对人可以像对待自己的手足一样，也可以像狼对狼一样。那么，是什么规定了人的本质呢？马克思的回答是："人的本质并不是单个人所固有的抽象物。在其现实性上，它是一切社会关系的总和。"① 人的现实本质规定性是由他生活在其中的社会环境决定的,"不管个人在主观上怎样超脱各种关系,他在社会意义上总是这些关系的产物"②。社会的基本结构和主要政治、经济制度安排决定了人们之间的社会关系,占主导地位的教育和意识形态固化了这些关系,从历史上传承下来的文化以及他的亲身经历,教导他如何做一个人。存在决定意识。当人的存在与人的本质相脱离,便产生了异化。异化使人的创造力变成了奴役自己的力量,"人生产了产品,创造了市场,然后,市场的非个人力量便开始主宰他们的社会关系。人创造了党、工会、国会,然后这些制度便开始了它们独立的生活,逃避它们的创造者的控制。因此,在一种较为一般的意义上,一旦异化的原罪犯下了,人的创造就常常作为异化的和威胁性的力量与他相对立"③。如果一个社会出现了大面积的异化,那一定是因为社会基本制度和基本结构的不合理。要消灭异化和向人的最高本质复归,就必须进行社会制度根本性的变革。

为了不使这个世界变成地狱,为了使人远离兽性,社会哲学家们在思考人应该是什么,社会应该怎样组成这些问题。孟子云:无恻隐之心,非人也;无羞恶之心,非人也;无辞让之心,非人也;无是非之心,非人也(《孟子·公孙丑章句上》)。启蒙思想家说,人人生而平等,只是为了保障这些最基本的人权,他们才愿意置身于权威之下,所以封建的等级制是不合理的,专制统治必须被推翻。道德哲学家康德说,人是一种自由和平等的理性存在物,既然人是自由的、平等的和有理性的,就要永远把人类(无论是你自己还是他人)当作一种目的而绝对不仅仅是一种手段来对待。社会哲学家马克思说,人的最高本质或人的根本是自由人的全面发展,是在社会中自我价值的相互实现,即每个人的自由发展是一切人自由发展的条件。政治哲学家罗尔斯告诉我们,什么才是正义的社会基本制度和基本结构。这些理论推动了思想的进步,提高了人们对社会的认知能力、改造

---

① 〔德〕卡尔·马克思:《关于费尔巴哈的提纲》,《马克思恩格斯选集》第 1 卷,中央编译局译,人民出版社,1972,第 18 页。
② 〔德〕卡尔·马克思:《资本论》第 1 卷,中央编译局译,人民出版社,1975,第 12 页。
③ 〔克〕勃朗科·霍尔瓦特:《社会主义政治经济学:一种马克思主义的社会理论》,吴宇晖、马春文、陈长源译,吉林人民出版社,2001,第 105 页。

社会的能力和选择社会制度的能力，因而也推动了社会的进步。

　　思想和理论具有魅力和巨大的感召力。马克思指出："批判的武器当然不能代替武器的批判，物质力量只能用物质力量来摧毁；但是理论一经掌握群众，也会变成物质力量。理论只要说服人，就能掌握群众；而理论只要彻底，就能说服人。所谓彻底，就是抓住事物的根本。但人的根本就是人本身。"① 凯恩斯也说："我很确信，既得利益之势力，未免被人过分夸大，实在远不如思想之逐渐侵蚀力之大。这当然不是在即刻，而是在经过一段时间以后；理由是，在经济哲学以及政治哲学这方面，一个人到了25岁或30岁以后，很少再会接受新说，故公务员、政客、甚至鼓动家应用于当前时局之种种理论往往不是最近的。然而早些晚些，不论是好是坏，危险的倒不是既得权益，而是思想。"② 正是强大的物质力量和思想力量推动着人向人的最高本质的回归，推动着人类社会向更人道的方面发展。

　　经济民主并非是不现实的和不可行的。在社会正义、政治民主已经被广泛接受、生产力高度发展的当前社会，只要它成为全体一致同意的选择，它就能实现。不是说因为我们选择了它，它才是更人道的，而是说它是更人道的，所以我们选择了它。当然，会有很大的阻力。然而，正如威茨曼所说，"问题的关键是，有志者事竟成。如果我们有勇气战胜失败主义、惰性、吹毛求疵、目光短浅，我们就能实施几种完善的经济刺激结构中的任何一种，从而让大家都生活得更好"③。

---

① 〔德〕马克思：《黑格尔法哲学批判》导言，《马克思恩格斯选集》第1卷，中央编译局译，人民出版社，1972，第9页。
② 〔英〕约翰·梅纳德·凯恩斯：《就业利息和货币通论》，徐毓枬译，商务印书馆，1983，第330页。
③ 〔美〕马丁·威茨曼：《分享经济》，林青松等译，中国经济出版社，1986，第101页。

参考文献

中文文献

[1] 埃斯特林和格兰德编《市场社会主义》，经济日报出版社，1993。

[2] 《巴枯宁言论》，三联书店，1978。

[3] 贝尔等编《经济理论的危机》，上海译文出版社，1985。

[4] 博恩斯坦主编《比较经济体制》，中国财政经济出版社，1988。

[5] 勃朗：《劳动组织》，商务印书馆，1983。

[6] 波兰尼：《大转型：我们时代的政治与经济起源》，浙江人民出版社，2007。

[7] 邓恩编《民主的历程：公元前508～1999年》，吉林人民出版社，1999。

[8] 布坎南：《经济学家应该做什么？》，西南财经大学出版社，1988。

[9] 布坎南：《自由、市场与国家：80年代的政治经济学》，上海三联书店，1991。

[10] 弗朗茨：《X效率：理论、论据和应用》，上海译文出版社，1993。

[11] 弗里德曼：《资本主义与自由》，商务印书馆，1986。

[12] 《傅立叶选集》第1卷，商务印书馆，1979。

[13] 格雷：《人类幸福论》，商务印书馆，1963。

[14] 加尔布雷斯：《好社会：人道的记事本》，译林出版社，1999。

[15] 贡斯当：《古代人的自由与现代人的自由》，上海人民出版社，2003。

[16] 汉密尔顿、杰伊、麦迪逊：《联邦党人文集》，商务印书馆，1980。

[17] 哈耶克：《通往奴役之路》，中国社会科学出版社，1997。

[18] 霍吉金斯：《通俗政治经济学》，商务印书馆，1991。

[19] 霍尔索夫斯基：《经济体制分析和比较》，经济科学出版社，1988。

[20] 霍尔瓦特：《社会主义政治经济：一种马克思主义的社会理论》，吉林人民出版社，2001。

[21] 今井贤一、小宫隆太郎主编《现代日本企业制度》，经济科学出版社，1995。

[22] 凯恩斯：《就业利息和货币通论》，商务印书馆，1983。

[23] 《拉萨尔言论》，三联书店，1976。

[24] 罗宾斯：《过去和现在的政治经济学》，商务印书馆，1997。

[25] 洛克：《政府论》下篇，商务印书馆，1996。

[26] 罗尔斯：《正义论》，何怀宏等译，中国社会科学出版社，1988。

[27] 罗素：《自由之路》（上），文化艺术出版社，1998。

[28] 卢梭：《社会契约论》，商务印书馆，1982。

[29] 《马克思恩格斯选集》第1、第2、第3卷，人民出版社，1972。

[30] 马克思：《资本论》第1、第3卷，人民出版社，1975。

[31] 纽伯格和达菲等著《比较经济体制：从决策角度进行的分析》，商务印书馆，1984。

[32] 《新帕尔格雷夫经济学大辞典》第1、第3卷相关词条，经济科学出版社，1992。

[33] 穆勒：《政治经济学原理及其在社会哲学上的若干应用》上、下卷，商务印书馆，1991。

[34] 穆勒：《论自由》，商务印书馆，1959。

[35] 《欧文选集》第1卷，商务印书馆，1982。

[36] 庇古：《福利经济学》，华夏出版社，2007。

[37] 蒲鲁东：《贫困的哲学》，商务印书馆，1961。

[38] 斯密：《国富论》上、下卷，商务印书馆，1972。

[39] 汤普逊：《最能促进人类幸福的财富分配原理的研究》，商务印书馆，1997。

[40] 托克维尔：《论美国的民主》上、下卷，商务印书馆，1988。

[41] 威茨曼：《分享经济》，中国经济出版社，1986。

[42] 吴宇晖：《市场社会主义：世纪之交的回眸》，经济科学出版社，2000。

[43] 熊彼特：《资本主义、社会主义和民主主义》，商务印书馆，1979。

[44] 熊彼特:《经济分析史》第 2 卷, 商务印书馆, 1994。
[45] 姚大志:《何谓正义: 当代西方政治哲学研究》, 人民出版社, 2007。
[46] 姚大志:《当代西方政治哲学》, 北京大学出版社, 2011。
[47] 张嘉昕:《劳动者管理型企业的经济学说述评》, 吉林大学博士学位论文, 2010。

英文文献

[1] Adizes, Ichak, *Industrial Democracy*, New York: Free Press, 1971.

[2] Archer, Robin, *Economic Democracy: The Politics of Feasible Socialism*, Clarendon, Oxford: Oxford University Press, 1995.

[3] Bardhan, Pranab and Roemer, John, *Market Socialism: The Current Debate*, Clarendon Oxford: Oxford University Press, 1993.

[4] Cole, G. D. H., *Guild Socialism ReStated*, London: Published by Routledge, 2010.

[5] Craig, Ben and Pencavel, John, "The Behavior of Worker Cooperatives: The Plywood Companies of the Pacific Northwest", *American Economic Review*, 1992, Vol. 82, pp. 1083 – 1105.

[6] Domar, Evesy, "The Soviet Collective Farm as a Producer Co-operative", *American Economic Review*, Vol. 56, No. 4, 1966, pp. 734 – 757.

[7] Dow Gregory K, "Why capital hires labor: A bargaining perspective", *American Economic Review*, 1993 Vol. 83, pp. 118 – 134.

[8] Dreze, Jacques, *Labour Management, Contracts and Capital Markets: A General Equilibrium Approach*, Oxford: Blackwell, 1990.

[9] Ellerman, David, *The Democratic Worker-owned Firm*, London: Unwin Hyman Limited, 1990.

[10] Espinosa and Zimbalist, *Economic Democracy Workers' Participation in Chilean Industry: 1970 – 1973*, Academic Press, 1978.

[11] ——, "On the Role of Capital in 'Capitalist' and in Labor-managed Firms", *Review of Radical Political Economics*, Vol. 39, No. 1 (Winter), pp. 5 – 26, 2007.

[12] Furubotn, Eirik and Pejovich, Steve, "Property Rights, Economic Decentralization and the Evolution of the Yugoslav Firm, 1965 – 1972", *Journal of Law and Economics*, 1973, pp. 275 – 302.

[13] Fulton, M. E, "Leadership in Democratic and Participatory Organizations", *Canadian Journal of Agricultural Economics*, 2001, Vol. 49, pp. 381 – 394.

[14] Goodman, Paul, Akkin, Robert and Associates, *Absenteeism: New Approaches to Understanding, Measuring and Managing Employee Absence*, San Francisco, London: Jossey-Bass Publishers, 1984.

[15] Hahnel, Robin, *Economic Justice and Democracy: From Competition to Cooperation*, London: Routledge Press, February, 2005.

[16] Harris, Andrea, Brenda Stefanson, Murray Fulton, "New Generation Cooperatives and Cooperative Theory", *Journal of Cooperatives*, 1996, pp. 5 – 27.

[17] Herrick, Neal, *Joint Management and Employee Participation*, Jossey-Bass Publishers, 1990.

[18] Jones, Derek C., *Participatory and Self-managed Firms*, Jan Svejnar D. C. Health and Company, 1980.

[19] Jossa, Bruno and Schweickart, "Economic Democracy", *Radical Political Economics Review*, 2004, Vol. 36, pp. 546 – 561.

[20] Jossa, Bruno and Gramsci, "the Labor-managed Firm Review of Radical Political Economics", *Radical Political Economics Review*, 2009, Vol. 41, pp. 5 – 22.

[21] Jossa, Bruno and Cuomo, Gaetano, *Economic Theory of Socialism and the Labour-managed Firm: Markets, Socialism and Labour Management*, Cheltenham: Edward Elgar Publishing, 1997.

[22] Leibenstein, Harvey, *Beyond Economic Man: a New Foundation for Microeconomics*, Cambridge, Massachusetts: Harvard University Press, 1976.

[23] Meade. J. E., "The theory of Labour-managed Firms and profit Sharing", *Economics Journal*, 1972, Vol. 82, pp. 402 – 428.

[24] Miller, David, *Market, State and Community Theoretical Foundations of*

Market Socialism, Clarendon, Oxford: Oxford University Press, 1989.

[25] Roosevelt, Frank and Belkin, David ed, *Why Market Socialism: Voices From Dissent*, New York: M. E. Sharpe Inc. Armond, 1994.

[26] Marshall, Alfred, "Cooperation", Pigou A. C. ed, *In Memorials of Alfred Marshall*, New York: M. Kelley, 1925.

[27] Nozick, Robert, *Anarchy, State and Utopia*, New York: Basic Books, 1974.

[28] Pencavel, John, *Worker Participation: Lessons from the Worker Coops of the Pacific Northwest*, New York: Russell Sage, 2001.

[29] Prychitko, David L., "The Critique of Workers Self-management: Austrian Perspectives and Economic Theory", *Advances in Austrian Economics*, 3, 1996, pp. 5 – 25.

[30] Rothschild, Joyce and Whitt, Allen, *The Cooperative Workplace: Potentials and Dilemmas of Organizational Democracy and Participation*, Cambridge University Press. 1986.

[31] Roosevelt, Frank and Belkin, David ed, *Why Market Socialism: Voices from Dissent*, M. E. Sharpe Inc., Armond, New York, 1994.

[32] Roger A. McCain. "On the optimum financial environment for worker cooperatives", *Journal of Economics*, Vol. 37, 1977, September, pp. 355 – 384.

[33] Schweickart, David, *After Capitalism*, second edition, New York: Rowwan & Littlefield Publisher, 2011.

[34] Vanek, Jaroslav, *The General theory of Labor-managed Market Economies*, Ithaca, N. Y.: Cornell University Press, 1970.

图书在版编目(CIP)数据

经济民主论/吴宇晖著.—北京:社会科学文献出版社,2013.6
(吉林大学哲学社会科学学术文库)
ISBN 978-7-5097-4591-5

Ⅰ.①经… Ⅱ.①吴… Ⅲ.①经济民主-研究 Ⅳ.①F271

中国版本图书馆 CIP 数据核字(2013)第 097734 号

·吉林大学哲学社会科学学术文库·

经济民主论

著　　者 / 吴宇晖	
出 版 人 / 谢寿光	
出 版 者 / 社会科学文献出版社	
地　　址 / 北京市西城区北三环中路甲 29 号院 3 号楼华龙大厦	
邮政编码 / 100029	
责任部门 / 经济与管理出版中心 (010) 59367226	责任编辑 / 高　雁　谈　娟
电子信箱 / caijingbu@ssap.cn	责任校对 / 师军革
项目统筹 / 恽　薇　林　尧	责任印制 / 岳　阳
经　　销 / 社会科学文献出版社市场营销中心 (010) 59367081　59367089	
读者服务 / 读者服务中心 (010) 59367028	
印　　装 / 北京鹏润伟业印刷有限公司	
开　　本 / 787mm×1092mm　1/16	印　张 / 18.5
版　　次 / 2013 年 6 月第 1 版	字　数 / 293 千字
印　　次 / 2013 年 6 月第 1 次印刷	
书　　号 / ISBN 978-7-5097-4591-5	
定　　价 / 59.00 元	

本书如有破损、缺页、装订错误,请与本社读者服务中心联系更换

▲ 版权所有　翻印必究